普通高等教育"十二五"规划教材
全国高等院校规划教材·公共课

实用社交礼貌礼仪教程
（第二版）

主　编　刘金同　刘晓晨　田桂芹
副主编　伦凤兰　李凌云　李素霞

编　委　朱吉美　吴莲香　赵守君
　　　　王晓玲　魏　巍　刘　卉
　　　　刘学斌　单　宁　陈永顺
　　　　尹国玉　薛　静　崔晓红
　　　　张艳梅　赵　璐　侯永光

内 容 简 介

本书根据社交礼仪教学的要求和当今社会的实际需要编写,阐述了现代社交礼仪的基本准则和要求,涵盖了社交礼仪概述、个人礼仪(仪表、着装、仪态)、交际礼仪、餐饮礼仪、仪式礼仪、出行礼仪、宗教礼仪、网络礼仪和我国主要的传统礼俗(婚俗、诞辰礼仪、传统节日及主要的少数民族礼俗)等,内容完整充实,结构科学系统,集科学性、系统性、实用性和趣味性于一体。本书既适用于大中专院校社交礼仪教学,也适合社会各界人士学习礼仪之用。

图书在版编目(CIP)数据

实用社交礼貌礼仪教程/刘金同,刘晓晨,田桂芹主编. —2版. —北京:北京大学出版社,2013.1

(全国高等院校规划教材·公共课)

ISBN 978-7-301-21467-1

Ⅰ. ①实… Ⅱ. ①刘…②刘…③田… Ⅲ. Ⅳ. ①心理交往—礼仪—高等学校—教材 Ⅳ. ①C912.1

中国版本图书馆 CIP 数据核字(2012)第 252747 号

书　　名	实用社交礼貌礼仪教程(第二版)
著作责任者	刘金同　刘晓晨　田桂芹　主编
策划编辑	李　玥
责任编辑	李　玥
标准书号	ISBN 978-7-301-21467-1/G·3519
出版发行	北京大学出版社
地　　址	北京市海淀区成府路205号　100871
网　　址	http://www.pup.cn　　新浪微博:@北京大学出版社
电子邮箱	编辑部 zyjy@pup.cn　　总编室 zpup@pup.cn
电　　话	邮购部 010-62752015　发行部 010-62750672　编辑部 010-62704142
印刷者	北京虎彩文化传播有限公司
经销者	新华书店
	787毫米×1092毫米　16开本　15印张　362千字
	2007年2月第1版
	2013年1月第2版　2025年1月第9次印刷　总第15次印刷
定　　价	29.00元

未经许可,不得以任何方式复制或抄袭本书之部分或全部内容。

版权所有,侵权必究

举报电话:010-62752024　电子邮箱:fd@pup.cn

图书如有印装质量问题,请与出版部联系,电话:010-62756370

第二版前言

中国素以"礼仪之邦"著称于世,讲"礼"重"仪"是中华民族世代相传的优良传统。源远流长的礼仪文化是前人留给我们的一笔丰厚的财富。随着经济和社会的发展,人际交往已经是社会人生活中必不可少的部分。我国加入 WTO 后,礼仪、礼节、礼貌成为我国人民走向世界,与世界交往的名片,也是国家吸引投资,体现国家形象的重要组成部分。在现代社会,明礼知仪也是人们树立自身形象,赢得他人尊重的前提。作为当代大学生,理应了解和掌握我国优良的礼仪文化传统,适应交往的需要,成为懂文明知礼仪的合格大学生。

孔子说:"不学礼,无以立。"大学是距离社会最近的阶段,大学的学习直接为进入社会做准备。礼仪的学习是人们一生要研习的必修课。"少年知礼则国家壮大。"大学生是祖国的未来,民族的希望,肩负着中华腾飞的重任,大学生的健康成长关系到国家的前途和命运。我们身居礼仪之邦,应为礼仪之民。知书达礼,待人以礼,应当是当代大学生的一个基本素养。为了更加符合社会生活的实际,与时俱进,我们在《实用社交礼貌礼仪教程》第一版的基础上,修订编写了《实用社交礼貌礼仪教程》第二版,以适应社会的迅猛发展。

较之第一版,第二版着重阐述社交礼仪知识,介绍社交礼仪的规范和礼仪文化的优良传统,介绍一些礼仪的训练方法,丰富礼仪的案例,使其兼具知识性、趣味性与实用性,重视理论联系实际,遵循当代大学生的特点,实例丰富。主要体现在以下几个方面。

第一,本书各章体系更加完善的,使教材更加适合教师教学和学生学习。

每章开头部分增加了知识学习目标,以利于教师备课和学生学习;每章结尾部分添加了思考与练习,补充大量案例,便于学生学习巩固。

第二,在保留第一版精华的基础上,对各章节内容进行了补充和完善。

将原来的第二章仪容改为仪表,并突出了第三章仪表中的着装内容;删除了第七章交际礼仪(三)中商务谈判的一些补充内容,强调了商务谈判的注意事项;增加了第八章中餐宴请的程序和禁忌,删除了西餐做一个美食家的内容;第九章迎送礼仪分成了拜访和接待,并对剪彩和开业庆典也做了修改;第十章中增加了电梯礼仪的内容;增加了第十一章网络礼仪的内容;对第十二章婚俗也进行了恰当的修改。

本书既可作为大中专院校开设礼仪课程的教材使用,也可作为社会各界人士掌握礼仪规范的有益读物。

本书由潍坊科技学院刘金同、中泰宝石学院刘晓晨、山东经贸职业学院田桂芹任主编,负责体例设计和统稿;潍坊科技学院伦凤兰、李凌云、李素霞任副主编。由刘金同、伦凤兰(第一章、第十二章),李凌云、刘晓晨(第二、第三章),李凌云、刘卉(第四章),朱吉美(第五、第六章),吴莲香(第七章),赵守君(第八章),李素霞、田桂芹(第九章、第十章),王晓玲、魏巍(第十一章)编写修订。编委有:北京航空航天大学刘学斌,潍坊科技学院崔晓红、张艳梅,山东经贸职业学院单宁,日照市技工学校侯永光、山东科技职业学院陈永顺、尹国玉、赵璐,山东省劳动职业技术学院薛静。

再版修订编写过程中,参考了许多中外专家的著作和有关的文献资料,在此表示衷心的感谢!由于编者水平有限,缺点和不妥之处敬请读者批评指正。

编　者

2012 年 9 月

第一版前言

清代思想家颜元说:"国尚礼则昌,家尚礼则大,身尚礼则修身,心有礼则心泰。"

现代社会,在我们的政治、经济和文化交流活动中,在我们的生活、学习和工作中,礼仪处处起着重要的作用,显示出无穷的魅力。礼仪体现一个人的修养、体现一个民族的素质。一个人较高的礼仪修养水平,能使其行为举止留给人们美好的印象。能够娴熟地掌握和得心应手地运用社交礼仪,是一个人成功的重要因素。

礼仪在实施过程中,包含施礼者和受礼者的双向情感交流,充满着人情味,这种人情味最主要体现在施礼者与受礼者之间的互相尊重。我国素有"礼仪之邦"的美称,早在两千多年前,就已经有了比较成熟的"周礼"。人类社会发展到今天,创造了灿烂的文化,形成了系统完备的社交礼仪文化,礼仪的内涵也更加丰富、新潮、多元。

现代人,不能不学社交礼仪。现代人,不可不接受社交礼仪教育。于是,现代社交礼仪教育更加凸显必要。

孔子曰:"不学礼,无以立。"一方面,礼仪道德教育为历代所重视。礼仪讲究的是自我约束、尊重他人。在这个前提下,人们相互理解、相互合作,自觉地认识和处理个人与他人以及社会的关系,表现出良好的社会公德和职业道德,有助于形成良好的社会风气并创造和谐温馨的人际关系和社会环境。另一方面,在倡导全面素质教育的今天,礼仪教育已成为素质教育中非常重要的内容。广大公民特别是大、中专学生通过礼仪教育,可以系统掌握现代社交礼仪,提高自身修养,展示良好形象。

本书由潍坊科技学院刘金同(第一章)、山东科技职业学院陈永顺(第三章)、山东经贸职业学院田桂芹(第九章)任主编,负责体例设计和统稿;由山东经贸职业学院单宁(第十章)、日照市技工学校侯永光(第五章)、山东科技职业学院尹国玉(第四章、第十一章)、山东省劳动职业技术学院薛静(第六章)任副主编;参编人员有:潍坊科技学院崔晓红(第七章)、张艳梅(第十二章)、伦凤兰(第十二章),山东科技职业学院赵璐(第八章),东华大学刘晓晨(第二章)。

本书在编写过程中,参考了许多中外专家的著作和有关的文献资料,在此表示衷心的感谢!由于编者的水平有限,缺点与不妥之处敬请读者批评指正。

编　者
2006 年 11 月

目 录

第一章 社交礼仪概述 ... 1
第一节 礼仪的内涵与起源 ... 3
一、礼仪的内涵 ... 3
二、礼仪的内容 ... 4
三、礼仪的起源 ... 5
第二节 我国礼仪的历史沿革 ... 6
一、古代礼仪的雏形时期 ... 6
二、古代礼仪的成熟时期 ... 7
三、古代礼仪的变革时期 ... 8
四、封建礼仪的强化时期 ... 9
五、封建礼仪的衰落时期 ... 9
六、现代礼仪发展轨迹 ... 10
第三节 礼仪的特性、功能与原则 ... 10
一、礼仪的特性 ... 10
二、礼仪的功能 ... 11
三、现代礼仪的原则 ... 13

第二章 个人礼仪——仪表 ... 17
第一节 仪表的清洁 ... 19
第二节 仪表美的基本要求 ... 20
第三节 妆容礼仪 ... 26
一、美容化妆 ... 26
二、化妆技巧 ... 28
三、怎样正确使用香水 ... 31
四、仪表与头发 ... 32

第三章 个人礼仪——着装 ... 41
第一节 着装的基本礼仪 ... 43
一、服装色彩的配置 ... 43
二、不同场合的着装 ... 45
三、日常着装"五忌" ... 46
第二节 男式西装的着装礼仪 ... 47
一、西装的穿着 ... 47
二、领带的学问 ... 48
第三节 女装的着装礼仪 ... 49
一、着装的 TOP 原则 ... 49

| 二、职业女性着装的要求 | 50 |

二、职业女性着装的要求 …………………………………… 50
三、女子着西装时的注意事项 ………………………………… 50
四、女性不恰当的着装 ………………………………………… 51
　　第四节　着装佩饰 ……………………………………………… 51

第四章　个人礼仪——仪态 ………………………………………… 57
　　第一节　站姿、坐姿、行姿与蹲姿 ………………………… 59
　　　　一、站姿 …………………………………………………… 59
　　　　二、坐姿 …………………………………………………… 59
　　　　三、行姿 …………………………………………………… 60
　　　　四、蹲姿 …………………………………………………… 60
　　　　五、做几个体态的练习 …………………………………… 60
　　第二节　眼神、微笑与手势 ………………………………… 61
　　　　一、眼神 …………………………………………………… 61
　　　　二、微笑 …………………………………………………… 62
　　　　三、手势 …………………………………………………… 63
　　第三节　空间方位礼仪 ……………………………………… 64
　　　　一、方位观 ………………………………………………… 64
　　　　二、接待工作中的座次安排 ……………………………… 65
　　　　三、大会主席台座次的安排 ……………………………… 66
　　　　四、乘车的座次安排 ……………………………………… 67
　　　　五、上下楼梯和搭乘电梯的方位礼仪 …………………… 68
　　　　六、出入房间的方位礼仪 ………………………………… 68

第五章　交际礼仪（一）…………………………………………… 75
　　第一节　称呼 ………………………………………………… 77
　　　　一、称呼在人际交往中的意义 …………………………… 77
　　　　二、人际交往中常用的几种称呼 ………………………… 77
　　　　三、称呼的礼仪规范 ……………………………………… 81
　　第二节　介绍 ………………………………………………… 81
　　　　一、自我介绍 ……………………………………………… 81
　　　　二、介绍他人 ……………………………………………… 83
　　第三节　交谈 ………………………………………………… 84
　　　　一、交谈在人际交往中的作用 …………………………… 85
　　　　二、交谈的礼仪规范 ……………………………………… 85
　　　　三、有效地选择话题 ……………………………………… 86
　　　　四、交谈中的禁忌 ………………………………………… 87
　　第四节　演讲与通话 ………………………………………… 87
　　　　一、演讲礼仪 ……………………………………………… 87
　　　　二、通话礼仪 ……………………………………………… 88

第六章　交际礼仪（二）…………………………………………… 93
　　第一节　握手 ………………………………………………… 95

目 录

  一、握手时伸手的次序 ············ 95
  二、握手的方式 ············ 96
  三、握手的注意事项 ············ 96

 第二节 名片的使用 ············ 98
  一、名片的种类 ············ 98
  二、如何使用名片 ············ 99
  三、名片的制作 ············ 99
  四、交换名片的时机 ············ 100
  五、名片的递送与交换 ············ 100
  六、名片的放置 ············ 101
  七、名片的利用 ············ 102
  八、如何让名片受到重视 ············ 102
  九、名片也能体现你的个人风格 ············ 103

 第三节 馈赠礼仪 ············ 103
  一、赠送礼品的基本要求 ············ 103
  二、礼品的避讳 ············ 104
  三、收礼的礼仪 ············ 104
  四、各国的赠礼习俗 ············ 104
  五、在中国送礼的秘诀 ············ 105

第七章 交际礼仪（三） ············ 107

 第一节 宴请 ············ 109
  一、宴请的形式 ············ 109
  二、赴宴之前的准备 ············ 109
  三、宴会中的礼仪 ············ 110
  四、宴会结束礼仪 ············ 114

 第二节 拜访 ············ 114
  一、待客 ············ 114
  二、做客 ············ 117

 第三节 商务谈判 ············ 119
  一、商务谈判的九大技巧 ············ 119
  二、商务谈判过程的注意事项 ············ 120

 第四节 舞会 ············ 121

第八章 餐饮礼仪 ············ 127

 第一节 中餐 ············ 129
  一、宴会活动的组织 ············ 129
  二、餐桌的安排 ············ 129
  三、餐具的使用 ············ 130
  四、宴请的程序 ············ 131
  五、中餐的禁忌 ············ 131

 第二节 西餐 ············ 132

一、西餐的文化背景 ………………………………………………… 132
　　二、用西餐的场合 …………………………………………………… 132
　　三、餐桌的布置 ……………………………………………………… 134
　　四、西餐餐桌礼仪 …………………………………………………… 137
第三节　饮品 …………………………………………………………… 139
　　一、茶的礼仪 ………………………………………………………… 139
　　二、咖啡的礼仪 ……………………………………………………… 141
　　三、酒的礼仪 ………………………………………………………… 141

第九章　仪式礼仪 …………………………………………………… 147

第一节　迎送礼仪 ……………………………………………………… 149
　　一、拜访礼仪 ………………………………………………………… 149
　　二、接待礼仪 ………………………………………………………… 150
第二节　会议礼仪 ……………………………………………………… 152
第三节　剪彩仪式 ……………………………………………………… 155
　　一、剪彩的准备 ……………………………………………………… 156
　　二、剪彩的程序 ……………………………………………………… 158
　　三、剪彩的注意事项 ………………………………………………… 158
第四节　升旗仪式 ……………………………………………………… 159
　　一、升国旗仪式 ……………………………………………………… 159
　　二、升军旗仪式 ……………………………………………………… 160
第五节　开业庆典 ……………………………………………………… 160
　　一、开业庆典的准备工作 …………………………………………… 160
　　二、开业庆典的仪式过程 …………………………………………… 161

第十章　出行礼仪 …………………………………………………… 167

第一节　乘车乘船礼仪 ………………………………………………… 169
　　一、乘坐轿车的要求 ………………………………………………… 169
　　二、乘坐公共汽车的要求 …………………………………………… 171
　　三、乘坐火车的要求 ………………………………………………… 172
　　四、乘船礼仪 ………………………………………………………… 174
第二节　乘机礼仪 ……………………………………………………… 176
　　一、先期准备要求 …………………………………………………… 176
　　二、办理登机手续的要求 …………………………………………… 177
　　三、乘机礼仪规范 …………………………………………………… 178
第三节　住宿礼仪 ……………………………………………………… 179
　　一、宾馆住宿礼仪 …………………………………………………… 179
　　二、保持卫生的要求 ………………………………………………… 180
　　三、内部活动礼仪 …………………………………………………… 181
第四节　电梯礼仪 ……………………………………………………… 183
　　一、搭乘电梯的一般礼仪 …………………………………………… 183
　　二、共乘电梯所要注意的礼仪 ……………………………………… 183

第十一章 网络礼仪 ··· 187
第一节 网络礼仪概述 ··· 189
一、网络礼仪的概念 ··· 189
二、网络礼仪的组成 ··· 189
三、网络礼仪的特点 ··· 190
第二节 网络礼仪的基本内容 ··· 191
一、电子邮件礼仪 ··· 191
二、网络新闻礼仪 ··· 192
第三节 网络规范 ··· 193
一、网络规范的特点 ··· 193
二、网络规范的内容 ··· 194

第十二章 我国主要的礼俗介绍 ··· 197
第一节 婚俗 ··· 199
一、汉族传统婚俗 ··· 199
二、少数民族婚礼礼仪 ··· 202
第二节 诞辰礼仪 ··· 203
一、出生礼 ··· 203
二、生日礼 ··· 205
第三节 传统节日 ··· 207
一、春节 ··· 208
二、元宵节 ··· 212
三、春龙节 ··· 213
四、清明节 ··· 213
五、端午节 ··· 214
六、七夕节 ··· 216
七、中秋节 ··· 218
八、重阳节 ··· 219
九、冬至节 ··· 221
十、腊八节 ··· 223

参考文献 ··· 225

第一章 社交礼仪概述

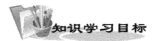 知识学习目标

通过本章的学习，了解礼仪的内涵与起源，学习我国礼仪的历史沿革，掌握礼仪的特性、功能与原则。

自从人类诞生的那天起，便开始了对文明与美的追求。礼仪作为社会文明的产物是随着社会的发展和进步逐渐形成的，它的发展体现着人类不断摆脱愚昧、落后，不断走向进步与文明的历程。在我国的历史上，礼仪始终扮演着十分重要的角色，参与"修身、齐家、治国、平天下"的宏图伟业，与社会的政治、经济以及文化生活有机地融合在一起。今天，礼仪作为日常生活的基本行为准则，不仅是调节人际关系的重要手段，而且是人们高层次的生活追求。尤其是随着对外交往的进一步深入，在一个日益开放的系统中，无论是个人还是组织都需要在广泛的、频繁的社会交往中谋求自身的发展，争取事业的成功，掌握丰富的礼仪知识，并且躬身践行，乃是社会交往成功的关键所在。礼仪虽然体现在生活的细节之中，然而正是细节展示素养，细节塑造形象。作为大学生这一特殊群体应该成为社会文明的使者，优秀传统文化的推崇者，所以了解我国丰富多彩的礼仪，以及简单的国际通用礼仪是必修的一课。

第一节 礼仪的内涵与起源

一、礼仪的内涵

人类区别于动物的一个显著特征，毫无疑问是人类的社会性。人类的活动不但受着自然规律的影响和制约，而且还受着社会规律以及由社会规律决定的各种社会规范的影响和制约。在这些社会规范中，除了道德规范和法律规范以外，还有一个很重要的方面，这就是礼仪规范。礼仪，作为在人类历史发展中逐渐形成并积淀下来的一种文化，始终以某种精神的约束力支配着个体的行为，从一个人对它的适应和掌握的程度，可以看出他/她的文明与教养的程度。因此，礼仪是人类文明进步的重要标志。

何谓礼仪呢？我们先来看一下《辞海》对"礼"的解释：（1）本谓敬神，引申为表示敬意的通称；（2）为表敬意或表隆重而举行的仪式；（3）泛指奴隶社会或封建社会贵族等级制的社会规范和道德规范。

在欧洲，"礼仪"一词最早见于法语的"etiquette"，原意是"法庭上的通行证"。它上面记载着进入法庭应该遵守的事项，不过它不是当庭宣读，而是将其写在或印在一张长方形的"etiquette"即通行证上，发给进入法庭的每一个人，作为其进入法庭后必须遵守的规矩或行为准则。当"etiquette"一词被译为英文后，它的含义便成为"人际交往的通行证"。后来，经过不断的演变和发展，"礼仪"一词的含义逐渐变得明确起来，今天我们将礼仪理解为是在社会交往中形成并得到共同认可的、以一定的程序方式表现出来的一系列律己敬人的行为规范。

在理解礼仪的概念时应注意以下几点。

首先，礼仪是一种行为准则或规范。礼仪表现为一定的讲法，所谓"入乡随俗，入境问禁"。进入某一地域，对那儿的习俗和行为规范有所了解，并按照这样的习俗和规范去约束行为，这才是有礼的。

其次，礼仪准则或规范是一定社会中的人们约定俗成、共同认可的。在社会实践中，礼仪往往首先表现为一些不成文的规矩、习惯，在一定范围内得到认可，然后才逐渐上升为大家共同认可的，可以用语言、文字、动作来准确描述的行为准则，并成为人们有礼可循、可以自觉学习和遵守的行为规范。

最后，讲究礼仪的目的，是为了实现人与人之间关系的和谐。在现代社会，礼仪可以有效地展现施礼者和受礼者的教养、风度与魅力，它体现着一个人对他人和社会的认知水平、尊重程度，是一个人的学识、修养和价值的外在表现。一个人只有在尊重他人的前提下，自己才会被他人尊重，人与人之间的关系才能和谐，也只有在这种互相尊重的过程中，才会逐步建立起来人与人之间的信任。礼仪的主要表现形式为风俗习惯和传统，所以礼仪是一个国家、民族道德水准、精神风貌和风俗习惯的集中体现。

从根本上讲，礼仪是由"礼"和"仪"两部分组成的，"礼"是指律己敬人的规范的内容，而"仪"则是指对该内容的表达方式。

二、礼仪的内容

随着时代的变迁和社会的进步，人们的文明程度在不断提高，尤其是随着全球经济一体化进程的推进，国际交往日益增多，礼仪的内容也在不断地丰富发展，在对传统礼仪扬弃的基础上经过不断地推陈出新，形成了更趋完善、更趋合理的现代礼仪内容体系，具体可以细分为以下六个组成部分。

（一）礼节

礼节是人们在社会交往中约定俗成的表示致意、问候、祝愿、迎来送往等方面的惯用形式。常用的礼节有介绍礼节、握手礼节、通联礼节、宴请礼节、迎宾礼节等。礼节是社会外在文明的组成部分，是人教养的外化，具有严格的礼仪性质。同时，它反映了一定的道德原则的内容，反映了对他人的重视和尊敬。礼节有着很强的民族性和地域性，我国是一个多民族的国家，对同一礼节的表达方式在各民族之间是有很大差异的。

（二）礼貌

礼貌是指人们在社会交往过程中良好的言谈和行为，是语言和动作谦虚、恭敬的表现。主要包括口头语言的礼貌、书面语言的礼貌、态度和行为举止的礼貌。礼貌是人与人之间在交往中相互表示敬重和友好的行为，所以礼貌是一个人道德修养最直接、最简单的体现。它一方面体现了个体的文化层次和文明程度，另一方面也是社会风尚的体现。在现代社会，使用礼貌用语，待人态度和蔼可亲，举止适度，彬彬有礼，尊重他人已经成为日常的行为规范。

（三）仪表

仪表通常是指人的外表，包括仪容、仪态、风度、服饰等。仪表美是礼仪的基本要求之一，对个人形象的塑造以及组织形象的塑造意义重大。仪表美虽然属于美德外在因素，但却反映人的精神状态。仪表美应该是一个人内在美与外在美的和谐统一，美好纯正的仪表往往源自丰富的内在修养，是个人精神境界的外现。端庄的仪表既是对他人的一种尊重，也是自尊、自爱的一种表现。

（四）仪式

仪式是指活动的过程或程序，是礼仪的具体表现形式，而且是一种隆重而正规的表现形式。人们在举行重大的活动或者有重要的事情发生之前，为了显示隆重或者为了昭示他人，一般都要举行仪式。常见的仪式主要有纪念仪式、结婚仪式、成人仪式、开幕仪式、闭幕仪式、奠基仪式、剪彩仪式、签字仪式、交接仪式、宣誓就职仪式、升旗仪式、告别仪式等。仪式具有程序化的特点，这些程序大多为约定俗成的，每一个环节均有特定的内涵，所以不能省略。也有些仪式程序过于复杂，内涵不明确，在传承中逐渐趋于简化。仪式在我国传统文化中备受重视，除了以示隆重之外还有另一个原因，那就是象征意义，即仪式在一定程度上可以代替事件本身，如古代盛行的"结拜"仪式，在性质上等同于血缘。

（五）礼俗

礼俗即民俗礼仪，是指在一定环境中经常重复出现的行为方式。礼俗是礼仪的一种特殊形式，也是礼仪体系的主体部分。礼俗是由于历史的原因而形成，普及于各个阶层之间，涵盖了人们日常生活的方方面面，如婚丧嫁娶、衣食禁忌等。俗话说"十里不同风，百里不同俗"，不同的国家、民族、地域甚至是一个小小的村落在漫长的历史长河中都形成了各具特色的民俗礼仪。

（六）礼制

中华礼仪由两部分组成：一为礼制，二为礼俗。礼制是我国礼仪体系的特有组成成分。概括来讲，礼制即国家规定的礼仪制度，目的是为了维护阶级统治。礼制通过特定的程序将礼俗程式化、系统化，使其庄严神圣且规范统一。在阶级社会中，礼制简称礼，是上层建筑的重要组成部分。礼规定了社会统治阶级和被统治阶级的区分，规定了社会各个等级的尊卑贵贱，因而具有鲜明的阶级性。另外，礼还有一个重要作用，就是维护封建的等级制度。《礼记·坊记》篇曰："制国不过千乘，都城不过百雉，家富不过百乘。"意思是分封的诸侯国不可以有超过千乘的军力，城墙不可以有超过高一丈、长三百丈的规模；卿大夫之家不可以有超过百乘的财力。类似这样的许多规定，都是用来维护封建等级制的。礼制还有强制性的特点，古代的"礼"在很多方面起到了今天"法"的作用。

三、礼仪的起源

中华民族是人类文明的发祥地之一，礼仪作为中华民族文化的基础，有着悠久的历史。礼仪究竟于何时因何故而起，自古以来，人们做过种种探讨，归纳起来，大体有五种礼仪起源学说：一是天神生礼仪；二是礼为天、地、人统一的体现；三是礼起源于人的自然本性；四是礼为人性和环境矛盾的产物；五是礼生于理，起于俗。

（一）天神生礼说

礼仪的起源可以追溯到原始社会，那时由于生产力水平极为低下，人们对一些自然现象无从认识，更无从把握，只好推测在人类之外存在一种超自然的力量来干预着人类的生活，这种超自然的力量源于天地鬼神。于是人们对其产生敬畏，进而开始了相关的祭祀活动，这些祭祀活动的动作、程序就是礼仪的渊源。《左传》有言："礼以顺天，天之道也。"说明了顺乎天意的礼便是合乎"天道"。

（二）天、地、人统一说

该观点认为天地和人具有统一性和制约关系，天地的观念包含了许多自然界的规律，而礼仪便是对这种制约关系和统一性的体现。子产曰："夫礼，天之经也，地之义也，民之行也，天地之经，而民实则之。"就礼仪的内容而言的确有一部分反映了三者之间的制约关系和统一性，如顺天地之规律，行四时之政等。当然也有很大一部分与此无关，如等级贵贱之分决非源于天地之别。

（三）礼源于人性说

这是儒家学说的基本观点，它把人性和礼结合起来。孟子认为在人性中存在善端，故而人皆有恻隐之心、羞恶之心、辞让之心、是非之心。恻隐之心为仁之端，辞让之心乃礼之端。孟子从人的本性上找到了礼的心理依据。孔子则以"仁"释礼，把礼当作处理人际关系的行为准则；同时他又把"仁"当作礼的心理依据，克己爱人则为仁，以仁爱之心处理人与人的关系则为礼。

（四）礼源于人性和环境矛盾的产物

该观点同样与人性有关。荀子认为人天生好逸恶劳，欲壑难填，但是社会资源是有限的，为了解决这一矛盾，于是圣人出现制定礼仪，目的就是用来抑制人的恶性，培育人的善性。在此，礼被看成了抑恶扬善的工具。

（五）礼生于理、起于俗

《管子·心术上》曰："礼者，谓之有理。"理，是指事物发展的必然性和规律性。该观点认为人们如果想正常地生存和发展，就必须有一套规范来约束，这些合理的行为规范就是礼。荀子又曰："礼以顺民心为本，顺人心者，礼也。"此话把事物的理落到实处，使之与风俗习惯相联系，于是就有了礼起源于俗的说法。从理和俗两方面来说明礼的起源，不仅使礼获得了哲学上的依据，也使礼获得了民间的基础，这样就可以解释礼可因理而变，因俗而异。这一观点是对礼的起源的更深入的探讨与概括。

综合以上五种论点，结合现代人类学研究的成果，可以认为礼仪是与部落群居的形成过程同步产生的，部落群居的生活要求人们必须进行交往，原始人开始用手势、表情来反映意向，用击掌、拍手、拥抱等来表达感情，用手舞足蹈庆贺丰收等，这些都是人际交往礼仪的雏形。敬天祭神（表现形式主要是图腾）活动的开展使礼具备了最基本的内容。

第二节　我国礼仪的历史沿革

中国有"礼仪之邦"之称，礼是传统文化的内核，所以中国的历史可以说是一部有关礼的历史。礼文化源远流长，所以，揭示礼仪的起源理清其历史演变的脉络，有利于我们更深刻地把握礼仪的本质，全方位地了解礼仪文化，并通过对传统礼仪文化的扬弃，更好地指导我们今天的礼仪实践。需要指出的是中华礼仪由两部分组成，即礼制和礼俗，两者既相互吸收，又独立发展。在我国，历代统治阶级几乎都推崇"礼治"。礼仪在中国既是人们生活、交往的行为规范，又是阶级产生后统治者治国平天下的手段。从历史发展的脉络看，中国礼仪演变的过程大致可分为以下六个阶段。

一、古代礼仪的雏形时期

追溯中国礼仪的历史是漫长而久远的。自原始社会起，人类社会便已有了"礼仪"存在。据考古学、民俗学等方面的材料证明，我国原始社会的社会生活中已经形成了颇具影响的礼仪规范。原始的宗教礼仪、婚姻礼仪等已具雏形。其中，敬天祭神礼仪是其主体。汉语中的"礼"，本身就含有敬神的意思。《说文解字》中认为礼最初源于原始宗教信仰，是原始人用来事神致福的。据考证，距今约一万八千年前的北京周口店发现的山顶洞人就已经有了礼的概念和实践。山顶洞人缝制衣服以遮羞御寒，把贝壳串起来，挂在脖子上以满足审美需求；族人死了，要举行悼念仪式，并在死人身上撒赤铁矿粉。这种悼念仪式便包括了参与者在活动过程中的交际礼仪。我国东北的鄂伦春人在中华人民共和国成立前仍沿袭着原始社会的一些礼仪规范，如相信万物有灵，崇拜熊，猎来熊后大家要大哭一场，吃完熊肉后也要大哭一场，并对熊骨进行天葬。

到了新石器时代晚期，人际交往礼仪已初步形成。半坡遗址和姜寨遗址提供的民俗资料表明，当时的人们在交往中已经注重尊卑有序、男女有别了。在家庭中，家庭成员按照长幼男女席地而坐：年长者坐上边，年幼者坐下边；男子靠左而坐，女子靠右而坐。他们用两根中柱把主室分为两边，右边是女柱，左边是男柱。男女成年时在各自的柱子前举行成年仪式。这种礼仪在今天的纳西族中仍被沿用着。

炎黄五帝时期，礼仪已渐至严密，且逐渐被纳入礼制的范畴。这一时期是我国原始社会后期，是私有制、阶级和国家逐渐形成的时期，因而反映在礼仪上，也是由氏族社会的交际礼仪向阶级社会的交际礼制逐步过渡的时期。历史上有过"礼理起于大一，礼事起于遂皇，礼名起于黄帝"之说。《商君书·画策》载："神农之世，男耕而食，妇织而衣，刑政不用而治，甲兵不用而王。神农既没，以强胜弱，以众暴寡，故黄帝为君臣上下之仪，父子兄弟之礼，夫妇匹配之合，内行刀锯，外用甲兵，故时变也。"足见当时社交礼仪之盛。尧舜时代，国家已具雏形。同时，民间交往礼仪得到进一步发展，延续几千年的拜、揖、拱手等礼仪，此时已广泛运用于社交活动之中了。

二、古代礼仪的成熟时期

大约在公元前21世纪到公元前771年的夏、商、周三代，我国传统礼仪进入了飞速发展以至成熟的时期。从夏朝建立起，随着生产力的发展，社会文化也得到了较大的发展。在这一阶段，奴隶主阶级为了维护本阶级的利益，巩固自己的统治地位，修订了比较完整的国家礼仪制度，内容涵盖政治、宗教、婚姻、家庭等各个方面，提出了极为重要的礼仪概念，奠定了华夏礼仪传统的基础。夏、商、周三代的礼仪在典籍中记载很多，且有大量出土文物可以佐证。这时，礼仪的思想基础仍然是对天帝、鬼神、天命的迷信。"礼，履也，所以事神致福也。"（许慎《说文解字》）以殷墟为中心展开活动的殷人，在前14世纪—前11世纪活跃在华夏大地，他们建造了殷都（地处现在的河南安阳），他们尊神、信鬼的狂热掩盖了在其他方面的建树。但由于已经进入阶级社会，所以更加突出了君臣、父子、兄弟、亲疏、尊卑、贵贱等等级关系，而且形成典制传统。

殷灭后取而代之的是周，这是中华礼仪发展的重要时期。其中周公（周武王之弟）对周代礼制的建设起了重要作用，他制作礼乐，将人们的行为举止、心理情操等统统纳入一个尊卑有序的模式之中。中国历史上第一部记载"礼"的书籍——《周礼》出现于西周时期，成为记载周朝典章制度的专门书籍。据《周礼》记载，当时的礼仪体系已基本建立，可以概括为五个重要方面，即"吉礼"、"凶礼"、"宾礼"、"军礼"、"嘉礼"，简称为"五礼"。吉礼，主要指祭祀之典礼；凶礼，即丧葬之礼仪；宾礼，指诸侯对天子的朝觐之礼节，包括诸侯之间的会盟等礼节；军礼，主要包括阅兵、出师、凯旋等仪式礼仪；嘉礼，主要指冠礼、婚礼、乡饮酒礼仪等。实际上周礼极其繁缛，正如《礼记·礼器》所载："经礼三百，曲礼三千。"即礼的大项有300条，小项有3 000条。这些礼是统治阶级内部的一种行为规范，具体规定了各贵族在政治、经济、军事、外交以及日常生活方面的行为准则。在西周，青铜礼器是个人身份的象征，礼器的多寡代表身份地位的高低，形制的大小显示权力的等级。相见之礼和婚礼成为固定的程序流行于民间。此外尊老爱幼等礼仪也明显得以确立。

尽管人们对传世的《周礼》和《仪礼》是否为周公所作存在争议，但大家都公认《周礼》和《仪礼》及其后来的释文《礼记》为中国最早的礼制百科全书。《周礼》偏重政治制度，《仪礼》偏重行为规范，《礼记》偏重对礼的各个分支做出符合统治者需要的理论说明。这些礼仪著作标志着中国古代礼仪进入成熟时期，中国后世的礼仪深受它们的影响。

三、古代礼仪的变革时期

这一阶段约在公元前771年到公元前221年的春秋战国时期，也是我国奴隶制向封建制转变的过渡时期。该阶段社会经历了深刻的变革，奴隶制逐渐走向崩溃，封建制代之而起。与此相适应，夏、商、周三代之礼也经历着历史的变革。孔子、孟子、荀子等思想巨人在理论上阐述了礼的起源、本质、功能等问题，第一次全面而深刻地阐述了社会等级秩序的划分及其意义，以及与之相适应的礼仪规范和道德义务，发展和革新了三代的礼仪理论。

孔子（前551—前479）是儒家学派的创始人，是我国伟大的思想家、教育家。他删《诗》、《书》，定《礼》、《乐》，修《春秋》，为历史文化的整理和保存作出了重要贡献。他编订的《仪礼》，详细记录了战国以前贵族生活的各种礼节仪式。《仪礼》《周礼》连同后来孔门弟子编著的《礼记》合称"三礼"。纵观孔子的言论思想可以看出，孔子力主复兴周礼。孔子站在奴隶主阶级的立场，将奴隶制开始崩溃、封建制开始兴起的春秋时代，看作是"礼崩乐坏"、"邪说暴行"不断发生的大乱局面。他认为要制止这种局面，就必须恢复周礼的权威。但孔子要求复兴周礼，并不是主张完全因袭周礼，而是对周礼做出一定的补充和发展。

他的主要礼仪思想包括以下内容。

第一，认为礼是判断社会成员言行标准的基本准则。他曾说："君子敬而无失，与人恭而有礼，四海之内，皆兄弟也"；"礼之用，和为贵"。

第二，认为礼是治国安邦的基本法度。"治国不以礼，犹无耙而耕"，故孔子提倡"为国以礼"。

第三，礼是个人践行的自觉要求。孔子很注重践行，对人也"听其言，观其行"。《论语·乡党》和《礼记·典礼》中都记有孔子平时谨慎守礼、遵守社会公德和社会秩序的表现，他要求人们做到"非礼勿视，非礼勿听，非礼勿言，非礼勿动""不学礼，无以立"。

第四，他把"仁"作为礼的内容。他认为"克己复礼为仁"，要制止奴隶制的崩溃，恢复统治秩序，就要正名。所谓正名，就是"君君、臣臣、父父、子子"（《论语·颜渊》），即处在君这个地位的人，应该具备君应有的品行，得到君名称地位的人所应有的对待；处在臣这个地位的人，应该具备臣所应有的品行，得到臣这个名称地位的人所应有的对待等。

孟子（前372—前289）是战国时期儒家学说的重要代表人物，继承和发展了孔子的"礼治"理论，提出了适合地主阶级理想的"王道"、"仁政"学说。其中心内容是主张"以德服人"，即"德治"。孟子还提出了"民贵君轻"的难能可贵主张。在道德修养方面，主张"舍生取义"，讲究修身和培养"浩然之气"等。孟子认为礼是人性的反映，人性中"辞让之心"便是礼德源头。因此，人要达到礼的标准，根本问题是主观反省，尽可能减少自己的各种欲望。

荀子（前313—前238）是战国末期的思想家，主张"国无礼则不宁"，礼是"国之命"、"人无礼而不生"。他十分注重建立新的封建等级制度，提出了"隆礼"、"重法"的主张。他把"礼"看成是检验尺寸的法度，检验重量的权衡，检验曲直的绳墨，检验方圆的规矩。他认为"礼"的中心内容是"分"和"别"，即区别贵贱长幼、贫富等级。他说："礼者，贵贱有等，长幼有差，贫富轻重，皆有称（恰当）者也。"（《荀子·富国》）"礼"就是要使社会上每个人在贵贱、长幼、贫富等级中都有恰当的位置。这种等级制度，不是奴隶制下完全按照宗族血缘关系的世袭等级制，而是根据新的封建生产关系，按照地主阶级的标准建立起来的等级制。荀子还认为，"礼"是法的根本原则和基础，也是做人的根本目的和最高理想。

回顾这一时期的关于"礼"的思想，可以看出，孔子、孟子、荀子对"礼"的含义的理解非常宽泛。在这个时期，"礼"涵盖了全部道德的内容，并成了统治阶级的"工具"。孔、孟等思想家的礼仪主张，构筑了中国传统礼仪的基本框架，对古代中国礼仪的发展产生了重要而深远的影响，奠定了古代礼仪文化的基础。

四、封建礼仪的强化时期

这一阶段大约从公元前 221 年的秦、汉时期到公元 1796 年。随着封建制度的确立，封建礼仪也随之形成，封建社会的鼎盛时期，封建礼仪得到强化。

公元前 221 年秦始皇统一中国，建立了中国历史上第一个中央集权制的封建王朝，于是开始在全国推行"书同文"、"车同轨"、"行同伦"。秦朝制定的集权制度，成为后来延续两千多年的封建体制的基础。秦王暴政，二世即灭。西汉初期，叔孙通协助刘邦制定了朝礼之仪，突出发展了礼的仪式和礼节。西汉的思想家董仲舒（前179—前104）在总结秦王朝覆灭的教训时认为，重法轻德是导致秦亡的重要原因。他要求统治者采取德治和法治两种手段，并着重以封建的仁义道德去教化人民，"罢黜百家，独尊儒术"，把以孔子为代表的儒家思想定为封建社会统治的主流思想。董仲舒把儒家礼仪概括为"三纲"、"五常"。"三纲"即君为臣纲、父为子纲、夫为妻纲，"五常"即仁、义、礼、智、信。他把天地阴阳的自然法则套搬到社会生活中，认为"三纲"和"五常"都是"天"的意志的表现，"道之大源出于天，天不变，道亦不变"。汉武帝采纳了"罢黜百家，独尊儒术"的建议，使得儒家礼教成为我国礼仪的主流定制。

盛唐时期，于汉代问世的《礼记》上升为"经"，成为"礼经"三书之一。

宋代时礼仪又有了长足的发展，封建礼教也发展到了又一高峰时期。宋代礼的发展有两个特点：一是程朱理学的出现，二是礼仪向家庭迅速扩延。程朱理学的代表人物朱熹的主要思想是"天理"论。其理论认为，自然界天地万物无不体现天理，人性本质是天理的体现，"三纲五常"也是天理的体现，统治者制定的政礼是治理国家的根本手段，也是天理的体现。家庭礼仪研究硕果累累是宋代礼仪发展的另一个特点，在大量家庭礼仪著作中，司马光的《涑水家仪》和朱熹的《朱子家礼》最为著名。

明代时，交友礼仪更加完善，忠、孝、节、义等礼仪日趋繁多。

五、封建礼仪的衰落时期

这一时期为 1796—1911 年，清朝少数民族入主中原，给古老的中华传统礼仪带来冲击。但从整体上看，少数民族礼仪思想从未占据主导地位，而是被融于中华传统的礼仪之中。满族人入关后，逐渐接受了汉族的礼制，并且使其复杂化，导致一些礼仪更加繁琐和虚浮，如下级官员与上级官员相见时的礼节，不同品级官员所穿的礼服，图案要求极为严格。清朝末期，封建礼仪日渐衰落，西方文化大量涌入中国，传统礼仪文化和规范逐渐被时代所抛弃。科学、民主、自由、平等的观念和与之相适应的礼仪标准得到传播和推广。

六、现代礼仪发展轨迹

中国的现代礼仪是在反帝、反封建的基础上兴起的。1911年民国初期至现在，这是中国现代礼仪的形成和发展时期。这一时期大致经历了两个阶段：一是半封建半殖民地时期。1840年鸦片战争后，中国沦为半封建半殖民地社会。延续几千年的封建礼仪，加上西方传入的资本主义道德观和行为方式，构成了独具特色的"大杂烩"式的礼仪，诸如见了皇帝呼"万岁"，见了洋人问"你好"；有人长袍马褂，有人西装革履。特别是新文化运动的兴起，直接为现代礼仪的发展创造了条件。二是1949年中华人民共和国成立，新型的社会关系和人际关系的确立，标志着中国的礼学和礼仪进入了一个崭新的历史时期。人民当家做主，人与人之间同志式的互助合作关系代替了等级关系。虽然在一段时期内，优良的民族传统、良好的礼仪礼俗被作为"封资修"货色扫进垃圾堆，但是改革开放的大潮又使礼仪获得了新的生命，一些优秀的西方礼仪被融入，现代礼仪的发展又有了广阔的天地。

第三节 礼仪的特性、功能与原则

一、礼仪的特性

礼仪从漫长的历史长河中走来，随着历史的进程不断地演变、发展，经过一番脱胎换骨之后，逐渐成为适应今天社会发展的现代礼仪。现代礼仪具有以下特性。

（一）文明性

这是礼仪本身固有的属性，因为礼仪是人类文明的标志，是社会进步的产物。在一个愈是文明进步的社会中，人们的行为愈是更多地受到礼仪规范的调节，人与人之间的关系也愈加和谐。文明的体现宗旨是对人的价值的认可，对人本身的尊重，礼仪的实质就是律己敬人，体现了文明的本质需求。讲究礼仪不仅是对他人的尊重，同时也是自尊的表现，这种尊重总是同人们的生活方式有机地、自然地融合在一起，成为日常生活和工作中的行为规范。这种行为规范包含着个人的文明素养，如待人接物热情周到、彬彬有礼；人们彼此间相互帮助、彼此尊重、和睦相处，体现出生活的美好等。礼仪是人类在社会生活的基础上产生的行为规范，它的存在反映着人们对真善美的追求。

（二）传承性

任何国家的礼仪都具有自己鲜明的民族特色，任何国家的当代礼仪都是在本国古代礼仪的基础上继承、发展而来。离开了对本国、本民族既往礼仪成果的传承和扬弃，就失去了礼仪文化的根基，就不可能形成现代礼仪，这就是礼仪传承性的特定含义。例如，作为一种人类文明的积累，礼仪将人们在交往中的习惯做法固定下来，流传下去，并逐渐形成自己民族的特色，这不是一种短暂的社会现象，也不会因为社会制度的更替而消失。对于以往的民族礼仪，应该珍视这份历史文化遗产，应该有扬弃，有继承，有发展。例如，体现在传统礼仪中的、区分等级尊卑的三跪九叩之礼，早应该、也已经被抛弃。而那些体现温良恭俭让、尊老爱幼的行为规范则得到了弘扬。以往老人寿辰，晚辈要行祝寿礼仪，置办寿辰酒宴以祝老人福寿无疆、万事如意，而如今的年轻人除了摆寿酒外，还要点歌、点节目以祝老人生日快乐、寿长福远。这种变迁不仅反映了人类礼仪的一脉相承，也反映了礼仪在继承过程中得到了丰富发展，更突出了人类对那些代表礼仪本质东西的倾心向往。可见，礼仪变化的继承性必将随着人类历史的不断进步而发展。

（三）差异性

"十里不同风，百里不同俗"，不同的文化背景，会孕育出不同的礼仪，不同的地域文化决定着礼仪的内容和形式。我国幅员辽阔，是一个多民族国家，不同民族的风俗习惯、礼仪文化各有千秋。例如，见面问候致意的形式就大不一样，有脱帽点头致意的，有拥抱的，有双手合十的，有手抚胸口的，有嘴碰脸颊的，更多的还是握手致意。这些礼仪形式的差异均源于各地风俗之差异，具有约定俗成的影响力。

礼仪的差异性更多地体现在不同的国家之间，尤其是不同的语言、宗教信仰的人们之间。世界是丰富多彩的，礼仪也是绚烂多姿的，有的地方的礼仪甚至千奇百怪。同样的手势，在不同国家中所表达的含义有可能完全相反。

（四）规范性

礼仪的规范性，是指人们在交际场合待人接物时，对礼仪的表达方式必须规范、合度。这是自律与待人的标准化、正规化做法，它不仅约束着人们在一切交际场合的言谈话语、行为举止，使之合乎礼仪，而且也是人们在一切交际场合必须采用的一种"通用语言"，是衡量他人、判断自己是否有礼仪的一种尺度。礼仪虽然有地域性、文化性差异，那仅仅是在表现形式上，礼的律己敬人的实质是一致的。随着人与人交流范围的日益扩大，各国礼仪的相互渗透，许多礼仪规范及其表现形式得到了全世界的认可，如握手、微笑、正规场合中的着装等。因此，任何人要想在交际场所表现得合乎礼仪、彬彬有礼，就必须对礼仪无条件地遵守。再者，从礼仪的概念上也可以看出，礼仪是一种在一定范围内人们共同认可的行为规范。另起炉灶，自搞一套，或是只遵守个人适应的部分，而不遵守不适应自己的部分，都难以为交往对象所接受和理解。

（五）发展性

我们说，时代总在不断地前进。礼仪文化也不是一成不变的，而是随着社会的进步而不断发展。一方面，礼仪文化随着时代的不断进步而时刻地发生着变化。如现代人利用手机短信、E-mail 来表达节日的问候与祝福等礼仪形式，就是时代进步带来的新生事物。另一方面，随着国家对外交往的不断扩大，各国的政治、经济、思想、文化等诸种因素的互相渗透与融合，我国的传统礼仪自然也被赋予了许多新鲜的内容。礼仪规范更加国际化，礼仪变革向符合国际惯例的方面发展。如何形成一整套既富有我们国家自己的传统特色、同时又符合国际惯例的礼仪规范已成为必需。这种礼仪文化的培养和形成有助于我们的国家走向世界，更好地与国际接轨，成为地球村中一个真正的礼仪之邦。

二、礼仪的功能

礼仪传承了几千年，并且越来越受到整个社会的重视，其原因就在于礼仪本身有多重社会功能。

（一）德育功能

道德与礼仪有着非常密切的关系，礼仪作为人际交往中调节人际关系的卓有成效的工具，原因在于礼仪的核心是建立在道德规范的基础之上的。英国的哲学家约翰·洛克曾有过精彩的论述："美德是精神上的一种宝藏，但是使他们生出光彩的则是良好的礼仪；凡是一个能够受到大家欢迎的人，他的动作不但要具有力量，而且要优美……无论做什么事情，必须具有优美的方法和态度，才能显得漂亮，得到别人的喜悦。"不难看出道德与礼仪之间的关系应该是互为里表、相得益彰的辩证关系。礼仪是道德的外在表现形式，而道德则是礼仪的灵魂，两者应该有机地统一在一个人的言行之中，所以礼仪训练离不开道德修养。

显然，礼仪的德育功能在于它有助于提高人们的自身修养。在人际交往中，礼仪往往是衡量一个人文明程度的准绳。它不仅反映着一个人的交际技巧与应变能力，而且还反映着一个人的气质风度、阅历见识、道德情操、精神风貌。因此，在这个意义上完全可以说礼仪即教养，而有道德才能高尚，有教养才能文明。这也就是说，通过一个人对礼仪运用的程度，可以察知其教养的高低、文明的程度和道德的水准。由此可见，学习、运用礼仪有助于提高个人的修养，有助于用高尚的精神塑造人，真正提高个人的文明程度。

（二）交际沟通功能

礼仪的功能主要体现在人际交往之中。卡耐基认为，一个人事业上的成功，只有15%是由于他的专业技术，另外的85%要靠人际关系、处世技巧。卡耐基对人际交往的重视程度基于他对人生的深刻理解和领悟。今天尽管我们无法测定卡耐基的量化数值的精确程度，但是几乎没有人否定人际交往对人生、家庭、事业的重要性。作为组织同样也离不开交往，随着市场经济的发展，带来了大范围内的协作与交流，国内、国外的交往空前增多，如何进行良好的沟通与合作呢？非常重要的一点就是保持礼仪。古人云："世事洞明皆学问，人情练达即文章。"一个人只要同其他人打交道，就不能不讲礼仪。运用礼仪，除了可以使个人在交际活动中充满自信、胸有成竹、处变不惊之外，还能够帮助人们规范彼此的交际活动，更好地向交往对象表达自己的尊重、敬佩、友好与善意，增进大家彼此之间的了解与信任。从心理学的角度讲，人都有自尊的需求，都希望得到他人的重视，而礼仪的实质是表达对他人的敬重，交往中他人对自己周到的礼仪则能够很好地满足自尊的需要，就会产生肯定的情感体验，营造出良好的交往氛围，架起沟通的桥梁。所以从该意义上说礼仪是人际交往的"通行证"。反之，如果在人际交往中表现出粗鲁无礼，就是对他人的不敬，就会产生否定的情感，阻塞人际沟通的心理通道，严重的还会酿成事端。

（三）维护协调功能

社会的文明发展程度决定着礼仪的发展水平，同时，反过来礼仪也对社会的风尚产生广泛、持久和深刻的影响，礼仪也会重塑民族的性格。一个社会讲礼仪的人越多，人际关系就会越和谐。礼仪讲究的是自我约束、尊重他人，在这个前提下，人们相互理解、相互合作，自觉地认识和处理个人与他人以及社会的关系，表现出良好的社会公德和职业道德，有助于形成良好的社会风气并创造和谐温馨的人际环境和社会环境。另外，礼仪通过评价、劝阻、示范、熏陶、感染等教育形式来纠正人们不正确的行为习惯，倡导人们按礼仪规范的要求来行事，从而协调人际关系，维护社会生活的有序运转。两千多年前，荀子曾说过："人无礼则不立，事无礼则不成，国无礼则不宁。"遵守礼仪，应用礼仪，有助于净化社会的风气，提升个人乃至全社会的精神品位。当前，我国正在大力推进社会主义精神文明建设，倡导建设和谐社会，其中的一项重要内容，就是要求全体社会成员讲文明、讲礼貌、讲秩序、讲道德。这些内容，与礼仪要求是完全吻合的。

（四）形象塑造功能

礼仪不仅是人际交往的通行证，而且礼仪还是人的"第二张脸"。不过这张脸展示的不是五官，而是修养、气质和风度，也即个人整体形象。塑造形象是现代社交礼仪的又一重要职能，包括塑造个人形象和组织形象两方面。

个人形象，是一个人仪容、表情、举止、服饰、谈吐、教养的集合，而礼仪在上述诸方面都有自己详尽的规范，如"正仪容，齐颜色，修辞令"（《礼记》），因此学习礼仪和运用礼仪，无疑将有益于人们更好地、更规范地设计个人形象、维护个人形象，更好地、更充分地展示个人的良好教养与优雅的风度，这种礼仪美化自身的功能，任何人都不能否定。当个人重视了美化自身，大家个个以礼待人时，人际关系将会更和睦，生活将变得更加温馨。这时，美化自身便会发展为美化生活、美化社会，这也是礼仪的运用所发挥的作用。

另外，礼仪还有塑造组织形象的功能。现代社会企业的竞争，实质上就是企业形象的竞争。所以，大多数企业，尤其是知名企业特别重视塑造良好的组织形象。塑造企业形象一方面有赖于企业的产品，另一方面则有赖于企业的员工。我们说，人总是社会的人，大部分的人总隶属于一个部门、一个组织，即人是组织化的个人。人在工作中，总是代表着自己为之工作的组织，工作中的个人形象也就代表着组织的形象。例如，统一的着装，规范的举止，优雅的谈吐，整洁的仪容……往往让人联想到正规、严谨、高效、优质等词语，于是良好的组织形象自然就建立起来了。再如，作为一个秘书，他/她的职业角色决定了其工作性质，自然也决定了他/她应有的形象。"门难进，脸难看，事难办"，前几年人们心目中的机关形象，就是源自员工、秘书等人的礼仪缺失。作为个人，工作时你更多的是属于组织的，故你的待人接物必须注重组织规定的礼仪要求。与个人交往时，你若不喜欢交往的对象，那么你就可以不必与之交往。但在工作中，你没权选择，工作的需要、组织的形象，是首要的条件。所以，在现代组织管理中，均特别强调员工对组织的忠诚心和责任心。这种忠诚心和责任心在个人的工作中应体现良好的礼仪，如得不到充分体现，那么你个人所代表的组织形象是不佳的，由此会给你所服务的组织带来损害。很简单的一个例子：一个企业服务部门接线员的声音就具有很强的渗透性，如果声音是温文尔雅、彬彬有礼的，自然留给客人的印象是组织形象优秀；相反，则差矣。故从组织形象塑造的角度出发，无论是领导者还是员工，都应有良好的礼仪修养。

三、现代礼仪的原则

礼仪的原则是指在礼仪实践中必须遵循的基本要求，探讨这些原则有助于礼仪运用的规范化，增强人们对礼仪的认识。

（一）真诚

礼的实质是敬，只有内心真诚，才能从容镇定地将礼仪表达到位。礼仪虽然是一种外在的表现形式，但绝不是一件文明的外衣，只有内外兼修才能真诚自然。交际礼仪的运用基于交际主体对他人的态度，如果能抱着诚意与对方交往，那么交际主体的行为自然而然地便显示出对对方的关切与爱心。因为无论用何种语言表达，行为则是最好的证明。在通常情况下人们可以用假话来掩饰自己的企图，但却无法用行为来掩饰自己的虚伪，因为体态语是无法掩饰的。因此，唯有真诚，才能使你的行为举止自然得体。与此相反，倘若仅把运用礼仪作为一种道具和伪装，在具体操作礼仪规范时口是心非，言行不一，弄虚作假，或是当面一个样，背后一个样，将礼仪等同于"厚黑学"，是违背礼仪的基本原则的。有一句话对礼仪的阐释更能说明该原则的重要性："礼仪不仅仅是礼节，它源自你的内心，当你真正关心别人、并在意他的自尊与感受时，发自内心且表现于外的待人处事方式就是礼仪。"

（二）遵守

礼仪规范是为维护社会生活的稳定而形成和存在的，实际上是反映了人们的共同利益要求。社会上的每个成员不论身份高低、职位大小、财富多寡，都有自觉遵守、应用礼仪的义务，都要以礼仪去规范自己的一言一行、一举一动。如果违背了礼仪规范，会受到社会舆论的谴责，自然交际就难以成功。例如，苏联领导人赫鲁晓夫在这方面就有前车之鉴，他在一次联合国会议上为了让人们安静下来，竟然脱下鞋子，并用鞋子敲打会议桌子。他的不雅举止显然违背了礼仪规范，更有损他本人的形象。在这次会议上联合国做出决定：对苏联代表团罚款一万美元，可见违背交际礼仪的规范原则是不行的。从这一原则出发，关键是在实践中养成良好的习惯，才能处变不惊，恪守礼仪。

（三）适度

适度原则要求在交往中要把握分寸，根据具体情况、具体情境而行使相应的礼仪。如在与人交往时，既要彬彬有礼，又不能低三下四；既要热情大方，又不能轻浮谄谀；要自尊不自负；要坦诚但不能粗鲁；要信人但不要轻信；要活泼但不能轻浮。虽然说"礼多人不怪"，人们讲究礼仪是基于对对方的尊重，这是无可厚非的，但是凡事过犹不及，人际交往要因人而异，要考虑时间、地点、环境等条件。如果施礼过度或不足，都是失礼的表现。比如见面时握手时间过长，或是见谁都主动伸手，不讲究主次、长幼、性别；告别时一次次地握手，或是不住地感谢，让人觉得厌烦。礼仪的施行只是内心情感的表露，只要内心情感表达出来，就完成了礼仪的使命。如果反复重复、画蛇添足，实无必要。

（四）礼尚往来

礼尚往来是礼仪的一个基本原则，它要求人们在交际活动中互尊互敬，友好相待。俗话讲"来而不往非礼也"，礼表达的是敬，尊敬应该是相互的，唯有如此才能使人际关系和谐。尊敬的作用是十分巨大的，闻名于世的日本东芝电器公司，曾一度陷入困境，员工士气低落。当土光敏夫出任董事长时，他经常不带秘书，一个人深入各工厂与工人聊天，听工人的意见。更有意思的是，土光敏夫还经常提着一瓶酒去慰劳员工，和他们共饮，最终赢得了公司上下的支持，员工的士气也高涨了起来。在三年内，土光敏夫终于重振了末日穷途的东芝公司。土光敏夫的诀窍就是关心、重视、尊重每一个员工，"敬人者，人恒敬之"，他同时也赢得了员工的信任与支持。

有时，我们在交往中，或是在对外交往中，经常会遇到他人的挑衅，这时就要主动捍卫自尊。双星集团总裁——汪海先生在美国召开新闻发布会宣传双星产品，首先遇到了意大利记者的提问:"鞋的品牌为何叫'双星'?是不是代表精神文明和物质文明?"汪海笑着说:"也可以这样理解,一颗星代表东半球,另一颗星代表西半球,穿上双星鞋,潇洒走世界!"对此豪言壮语一位美国记者却不以为然,他以挑衅的口吻问:"先生自己穿什么鞋呢?""在这种场合下脱鞋似乎是不礼貌的,但是这位先生既然问了,我就破例了。"汪海脱下鞋并高高举起,指着商标大声说:"Double Star!"全场鼓掌,很多记者抓拍下了这一镜头。第二天,纽约各大报纸都刊登了这幅照片,其中《纽约时报》这样评论:在美国脱鞋的共产党人有两个:一个是苏联领导人赫鲁晓夫,他脱鞋敲桌子,显示了他作为一个大国首领的傲慢无礼;另一个就是来自中国内地的双星集团的总裁汪海,他脱鞋是表明中国品牌征服美国市场的雄心。

(五)入乡随俗

礼俗是现代礼仪的重要组成部分,各个地区、民族、国家由于文化背景、宗教信仰的不同,都会有一些自己独特的礼仪规范。入乡随俗,客随主便是对他人的尊重。要做到入乡随俗就要先了解当地的礼俗,否则会贻笑他人,或者导致不愉快。传说晚清重臣李鸿章有一次出使美国,受到热情款待,于是便设宴回请美国官员,地点选在一家豪华酒店,菜肴十分丰盛。被邀请的宾客不住赞叹,李鸿章则在开宴前按照国人的习惯谦虚了一番:"粗茶淡饭,薄酒一杯,不成敬意,多多包涵"。来宾对他的话大感不解:明明是美酒佳肴,饭粗在哪儿,酒又淡在何处?酒店就更不高兴了,扬言要向使馆提出抗议。由此可见,入乡随俗是礼仪的基本要求之一,不可轻视。

一、简答题

1. 分别阐述礼仪的内涵与内容。
2. 简单说明我国礼仪的起源及历史的沿革。
3. 简单说明礼仪的特性、功能与原则。

二、案例拓展训练与分析

礼仪的差异性——不同国家的送礼习俗

"十里不同风,百里不同俗",不同的文化背景,会孕育出不同的礼仪,不同的地域文化决定着礼仪的内容和形式。

送,是人际交往中的一项重要举措。成功的赠送行为,能够恰到好处地向受赠者表达自己友好、敬重或其他某种特殊的情感,并因此让受赠者产生深刻的印象。而怎样还礼,同样很有学问。这体现你的修养、友善以及尊重。不同国家和民族有不同的送礼习俗。

我国的送礼习俗

1. 了解别人的品位。
2. 不可包含动机。应当尽量避免一些有影射性和含义的礼物。
3. 始终还是新的好。因为没有人会喜欢收到二手货。

4. 勿购"有用"的礼物。这个建议特别是相对那些只懂得买家庭用品给自己喜爱的女人的男士们。实用的礼物不但没有想象力，更没有心思。应该记住你是送礼物给一个人，而不是给这个家庭。

5. 无论你的礼物是3元还是300元，都首先要撕掉价签。送一份明码标价的礼物，好像在提醒对方，我的这份礼可是花了多少多少钱。你在期待回赠吗？还是想做一笔等价交换、物有所值的生意？一般认为礼物上贴着价签，是不礼貌的。

6. 精心挑选包装。礼品不同于自用，好的内容重要，好的形式更添彩。送礼原则是尽可能地选漂亮包装。

国外的送礼习俗

美国

与美国人交往，有两种场合可通过赠礼来自然地表达祝贺和友情，一是每年的圣诞节期间，二是当你抵达和离开美国的时候。如是工作关系可送些办公用品，也可送一些具有民族特色的精美工艺品。在美国，请客人吃顿饭、喝杯酒，或到别墅去共度周末，被视为较普遍的"赠礼"形式，你只要对此表示感谢即可，不必再作其他报答。去美国人家中做客一般不必备厚礼，带些小礼品如鲜花、美酒和工艺品即可，如果空手赴宴，则表示你将回请。

欧洲国家

送礼在欧洲不大盛行，即使重大节日和喜庆场合，这种馈赠也仅限于家人或亲密朋友之间。来访者不必为送礼而劳神，主人绝不会因为对方未送礼或礼太轻而产生不快。德国人不注重礼品价格，只要送其喜欢的礼品就行，包装则要尽善尽美；法国人将香槟酒、白兰地、糖果、香水等视为好礼品，体现文化修养的书籍、画册等也深受欢迎；英国人喜欢鲜花、名酒、小工艺品和巧克力，但对饰有客人所属公司标记的礼品不大欣赏。

阿拉伯国家

中国的工艺品在这一地区很受欢迎，造型生动的木雕或石雕动物，古香古色的瓷瓶、织锦或香木扇，绘有山水花鸟的中国画和唐三彩，都是馈赠的佳品。向阿拉伯人送礼要尊重其民族和宗教习俗，不要送古代仕女图，因为阿拉伯人不愿让女子的形象在厅堂高悬；不要送酒，多数阿拉伯国家明令禁酒；向女士赠礼，一定要通过她们的丈夫或父亲，赠饰品予女士更是大忌。

西方人在送礼的心态上也不一样，西方人认为我送你的东西是我千挑万选，最能匹配你的礼物，所以西方人在收到礼物后一定当场打开，不管喜欢不喜欢，还要先惊叹一声，再盛赞送礼者一番。

第二章 个人礼仪——仪表

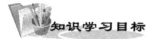 知识学习目标

通过本章的学习，了解仪表的清洁、仪表美的基本要求以及妆容礼仪。

仪表，通常是指人的外观、外貌。其中的重点，则是指人的容貌。在人际交往中，每个人的仪表都会引起交往对象的特别关注，并将影响对方对自己的整体评价。在个人的仪表问题之中，仪表是重中之重。

第一节 仪表的清洁

清洁的仪表，得体的修饰，往往影响着工作的效果，不能忽视。心理学上讲的"首因效应"，即人的知觉的第一印象往往形成顽固的心理定势，通常在 30 秒内形成的第一印象，对后期一切信息将产生指导效应。

在谈仪表美之前，首先要有一个清洁的仪表，仪表的清洁主要包括以下七个方面。

(一) 面容清洁

要求每日早晚洗脸，清除附在面部的污垢、汗渍等不洁之物。正确的洗脸方法有助于保持皮肤的弹性，保持血液循环良好和新陈代谢的正常运行，因此要注意洗脸的方法。首先用温水先润湿脸部，然后用适当的清洁剂（洗面奶、香皂等），用手由下向上揉搓、打圈。手经过鼻翼两侧至眼眶周围正反打圈，从上额至颧骨至下颌部位反复打圈，由颈部至左、右耳根处反复多次打圈。这是借助于光滑的洗面材料而起到对皮肤的按摩作用；再用温水冲净面部的洗面用料；最后用凉水冲洗，令毛孔收缩。为了养护面容，平日多吃水果蔬菜，多喝水，以保持足够的水分，防止皮肤粗糙干燥。要保证足够的睡眠，使面部看上去红润。夏季要及时擦去脸上的汗，不要让其淌在脸上。冬天在外出前要擦好润肤产品，以便保护肌肤。

(二) 口腔清洁

保持牙齿清洁，要坚持早晚刷牙。常规的牙齿保洁应做到三个"三"，即三顿饭后都要刷牙，每次刷牙的时间不少于三分钟，每次刷牙的时间应在饭后三分钟内。

口腔异味影响交际，必要时可以用口香糖来减少口腔异味。但应指出，在正式场合嚼口香糖是不礼貌的，与人交谈时，也应避免。每日早晨起床，空腹饮一杯淡盐水，平时多饮淡茶。

(三) 鼻子清洁

在接待客人前，最好检查一下自己的鼻毛是否过长，以免有碍观瞻。如鼻毛过长应用小剪刀剪短，但不要去拔。保持鼻腔的清洁，不要用手去抠鼻孔，尤其是在客人面前，这样既不文雅，又不卫生。

(四) 头发清洁

应该养成周期性洗发的习惯，一般每周洗 2～3 次即可。易出油的头发应该 2 天洗 1 次，干性的头发洗头间隔时间可稍长一些。洗前先将头发梳理通顺，湿润后用洗发用品轻揉，最后冲洗干净。

初秋，往往会出现头皮屑增多、脱发、断发的现象，主要原因是因一个夏季强烈阳光的辐射，风吹、汗渍等使头发正常生长受到影响。所以在入秋前对头发要精心保养，可补充一些营养护发素等。如发现发尖分岔，就必须及时修剪。在洗发时，洗发剂不宜在头发上停留太长时间，因其性质属碱性，对头发会有损害。梳头时，一定要留意，上衣和肩背上不应落有头皮屑和脱落的头发。

(五) 手的清洁

在交际活动中，手占有重要的位置。接待客人时，我们通常以握手的礼节来表示对客人的欢迎，然后再伸出手递送名片等，客人总是先接触到我们的手，形成第一印象。通过观察手，可以判断出一个人的修养与卫生习惯，甚至对生活的态度。因此，应经常清洗自己的手，修剪指甲。手的清洁与一个人的整体形象密切相连，应当引起足够的重视。但在任何公众的场合修剪指甲，都是不文明、不雅观的举止。

（六）身体清洁

讲究个人卫生，养成良好的卫生习惯，要求身体勿带异味。常常洗澡是必要的，尤其是参加一些正式活动之前一定要洗澡。如果有"狐臭"，应及时治疗，避免在公务交往中引起交往对象的反感。有些人喜欢使用香水，走到哪里香到哪里，这也是不礼貌的，所以在工作中最好不用香水。

（七）胡须清洁

我国当代风俗，男子不蓄胡须，所以若不是老人或职业上的特殊需要，都不要蓄胡须，男士每日要把脸刮干净。特别要指出的是，不可以当众剃须。商务人员一般不提倡留长发、蓄胡须。

第二节　仪表美的基本要求

社交礼仪对个人仪表的首要要求是仪表美。它的具体含义主要有以下三层。

首先，要求仪表的自然美。它是指仪表的先天条件好，天生丽质。尽管以相貌取人不合情理，但先天美好的仪表相貌，无疑会令人赏心悦目，感觉愉快。

其次，要求仪表修饰美。它是指依照规范与个人条件，对仪表进行必要的修饰，扬其长，避其短，设计、塑造出美好的个人形象，在交际交往中尽量令自己显得有备而来，自尊自爱。

最后，要求仪表内在美。它是通过努力学习，不断提高个人的文化、艺术素养和思想、道德水准，培养出自己高雅的气质与美好的心灵，使自己秀外慧中，表里如一。

真正意义上的仪表美，应当是上述三个方面的高度统一。忽略其中任何一个方面，都会使仪表美失之于偏颇。

在这三者之间，仪表的内在美是最高的境界，仪表的自然美是人们的普遍心愿，而仪表的修饰美则是仪表礼仪关注的重点。

要做到仪表修饰美，自然要注意修饰仪表。修饰仪表的基本规则是：美观、整洁、卫生、得体。

个人修饰仪表时，应当引起注意的通常有头发、面容、手臂、腿部、化妆五个方面。

（一）头发

按照一般习惯，当人们注意、打量其他人时，往往是从头部开始的。而头发生长于头顶，位于人体的"制高点"，所以更容易引起重视。有鉴于此，修饰仪表通常应当"从头做起"。

修饰头发，应该注意的问题有下面四个方面。

1. 勤于梳洗

头发是人们脸面之中的脸面，所以应当自觉地做好日常护理。不论有无交际应酬活动，平日都要对自己的头发勤于梳洗，不要临阵磨枪，更不能忽略此点，疏于对头发的"管理"。

对头发勤于梳洗，作用有三：一是有助于保养头发，二是有助于消除异味，三是有助于清除异物。若是对头发懒于梳洗，弄得自己蓬头垢面，满头汗馊、油味，发屑随处可见，甚至生出寄生物来，很败坏个人形象。

如有重要的交际应酬，应于事前再认真进行一次洗发、理发、梳发。不过务必切记，此类活动应在"幕后"操作，不可当众"演出"。

2. 长短适中

虽说一个人头发的长短不便干预，不可强求一律，但从社交礼仪和审美的角度看，他仍受到若干因素的制约，是不可以一味地只讲自由与弘扬个性，而不讲规范的。影响头发长度的制约因素如下。

（1）性别因素。男女有别，在头发的长度上便有所体现。一般以为，女士可以留短发，但却很少理光头；男士头发可以稍长，但不宜长发披肩、梳辫挽髻。在头发的长度上可以中性化一点，但不应超过极限。

（2）身高因素。头发的长度，在一定程度上与个人身高有关。以女士留长发为例，头发的长度就应与身高成正比。一个矮个的女士若长发过腰，会使自己显得个头更矮，显然很不明智。

（3）年龄因素。人有长幼之分，头发的长度亦受此影响。例如，一头飘逸披肩的秀发，在少女头上相得益彰，有如青春的护照；而它出现在一位年逾七十的老奶奶头上，则会令人哗然。

（4）职业因素。职业对头发的长度影响很大。例如，野战军战士为了负伤后抢救方便，通常理光头，而商界、政界人士则不宜如此。商界对头发的长度大都有明确限制：女士头发不宜长过肩部，必要时应以盘发、束发作为变通；男士不宜留鬓角、发帘，最好不要长于7厘米，即大致前头不触及额头，侧发不触及耳朵，后发不触及衬衫领口。而剃光头，则男女都不合适。

3. 发型得体

发型，即头发的整体造型。在理发与修饰头发时，对此都不容回避。选择发型，除个人偏好可适当兼顾外，最重要的是要考虑个人条件和所处场合。

（1）个人条件。个人条件，包括发质、脸形、身高、胖瘦、年纪、着装、佩饰、性格等，都影响发型的选择，对此切不可掉以轻心，不闻不问。

在上述个人条件里，脸形对发型的选择影响最大。选择发型时，一定要遵守应己原则，使两者相互适应。例如，国字脸的男士最好别理板寸，否则看上去好像一张扑克牌；Ω发型，则主要适合鹅蛋脸形的女士，头发下端向外翻翘，可展示此种脸形之美。要是倒三角脸形的女士选择了它，就有点不合适了。

（2）所处场合。在社会生活里，人们的职业、身份、工作环境不同，发型自然也应有所不同。总而言之，在工作场合抛头露面的人，发型应当传统、庄重一些；在社交场合频频亮相的人，发型则应当个性、时尚一些。至于前卫、怪异的发型，只有对艺术工作者才是适宜的。

4. 美化自然

人们在修饰头发时，往往会有意识地运用某些技术手段对其进行美化，这就是所谓美发。美发不仅要美观大方，而且要自自然然，不宜雕琢痕迹过重，或是不合时宜。

在通常情况下，美发的方法有以下四种形式。

（1）烫发。烫发，即运用物理手段或化学手段，将头发做成适当的形状的方法。决定烫发之前，先要关注一下本人发质、年龄、职业是否合适。

（2）染发。发色不理想，或是头发变白，即可使用染发剂令其变色。对中国人而已，将头发染黑不必非议，而若想将其染成其他颜色，甚至染成多色彩发，则须三思而行。在十分正规的场合，它是行不通的。

（3）作发。作发，即运用发油、发露、发乳、发胶、摩丝等美发用品，将头发塑造成一定形状，或对其进行护理。作发的要求，与烫发的要求大体一致。

（4）假发。头发有先天缺陷或后天缺陷者，均可选戴假发。选择假发，一是要使用方便，二是看上去要自然，不可过于做作或过分俗气。

（二）面容

仪表在很大程度上指的就是人的面容。由此可见，面容修饰在仪表修饰之中举足轻重。

修饰面容，首先要做到面必洁，即要勤于洗脸，使之干净清爽，无汗渍、油污、泪痕，以及其他不洁之物。洗脸，每天仅在早上起床后洗一次远远不够。午休、用餐、出汗、劳动后，都需要即刻洗脸。

修饰面容，具体到各个不同的部位，还需要具体问题具体分析。

1. 眼睛

眼睛，是人际交往中被他人注视最多的地方，自然便是修饰面容时首要之处。

（1）保洁。这里主要是指眼部分泌物的及时清除问题。对于这一点，应铭记于心，随时注意。另外，若眼睛患有传染病，应自觉回避社交活动，省得让他人提心吊胆，近之难过，避之不恭。

（2）修眉。若感到自己的眉形刻板或不雅观，可进行必要的修饰，但是不提倡进行"一成不变"的文眉，更不允许剃去所有眉毛，刻意标新立异。此外，还须注意，文面、文身一般也在禁忌之列。出入于正规场合较多者，欲在身上进行纹饰时，亦应三思。

（3）眼镜。若有必要，可配戴眼镜。戴眼镜不仅要美观、舒适、方便、安全，而且还应随时对其进行揩拭或清洗。在社交场合与工作场合，按惯例不应戴太阳镜，免得让人"不识庐山真面目"，或是给人以拒人千里之外的感觉。

2. 耳朵

耳朵虽位于面部两侧，但仍在他人视线注意之内。需要注意以下两点。

（1）卫生。在洗澡、洗头、洗脸时，不要忘记清洗一下耳朵。必要之时，还须清除耳孔之中不洁的分泌物。但是切忌在他人面前进行操作。

（2）耳毛。有些人，特别是一些上了年纪的人，耳毛长得较快，甚至还会长出耳孔之外。一旦出现这种情况，应对其进行修剪，勿任其自由发展。

3. 鼻子

涉及个人形象的有关鼻子的问题，主要有以下两个。

（1）清洁。平时，应注意保持鼻腔清洁，不要让异物堵塞鼻孔，或是让鼻涕到处流淌。感冒时不要随处吸鼻子、擤鼻涕、"发射"鼻涕；不要在人前人后时时挖鼻孔。

（2）鼻毛。参加社交应酬之前，勿忘检查一下鼻毛是否长出鼻孔之外。一旦出现这种情况，应及时进行修剪，不要当众用手去拔。

4. 嘴巴

嘴巴是发声之所，也是进食之处，理所当然应多作修饰，细心照顾。

（1）护理。牙齿洁白、口腔无味，是护理上的基本要求。要做好这一点，一要每天定时在饭后刷牙，以除去异物、异味；二要经常采用爽口液、牙线、洗牙等方式保护牙齿；三要在重要应酬之前忌烟、酒和食用葱、蒜、韭菜、腐乳之类气味刺鼻的东西，免得让对方掩鼻受罪。

（2）异响。社交礼仪规定，人体之内所发出的声音，如咳嗽、哈欠、喷嚏、吐痰、清嗓、吸鼻、打嗝、放屁的声响，都是不雅之声，统称为异响，在社交场合应当禁止出现，只有谈笑之声可以例外。需要指出的是，禁止异响重在自律，而不必强求于人。在大庭广众之前，若他人不慎制造了异响，最明智的做法是视而不见，置若罔闻。若本人不慎弄出了异响，则最好及时承认，并向身边之人抱歉。

（3）胡须。唇间长有胡须，是男子的生理特点。男士若无特殊的宗教信仰和民族习惯，最好不要蓄须。在社交场合，使胡子茬为他人所见，也是失礼的。青年男子尤其不要蓄须，否则既稀疏难看，又显得邋里邋遢。若女士因内分泌失调而长出类似胡须的汗毛，则应及时治疗，并予以清除，它也是很不雅观的。

5. 脖颈

脖颈与头部相连，属于面容的自然延伸部分。修饰脖颈，一是要防止其皮肤过早老化，与面容产生较大反差；二是要使之经常保持清洁卫生，不要只顾脸面，不顾其他，脸上干干净净，脖子上，尤其是脖后、耳后藏污纳垢，肮脏不堪，与脸上泾渭分明，反差过大。

（三）手臂

在正常情况下，手臂是人际交往之中人的身体上使用最勤、动作最多的一个部分，而且其动作还往往被附加了多种多样的含义，因此，手臂往往被人们视为社交之中每个人都有的"第二枚名片"。从某种程度上讲，它甚至比人们常规使用的印在纸片上的那枚名片更受重视。

修饰手臂问题，可以分为手掌、肩臂与汗毛这三个方面来进行讨论。

1. 手掌

手掌，是手臂的中心部位，也是"制作"形形色色的手语的关键部分。它的修饰重点如下。

（1）洗涤。在日常生活里，手是接触其他人、其他物体最多的地方，出于清洁、卫生、健康的角度考虑，更应当勤于洗涤。用餐前、"方便"后、接触过肮脏物体之后洗手，是每个人的应有之义。否则，就会使自己与"不卫生"画等号。

（2）指甲。手上的指甲应定时修剪，大体上应每周修剪一次。不要长时间不剪手指甲，使其看上去脏兮兮、黑乎乎。也不要无故蓄留长指甲，它不仅毫无实用价值，而且不美观、不卫生、不方便。修剪手指甲，应令其不超过手指指尖为宜。指甲外形不美时，亦可进行修饰。

（3）死皮。手部若接触过肮脏之物，在手指甲周围即会产生死皮。若发现死皮之后，应立即将其修剪掉，但不宜当众操作，更不宜用手去撕，或用牙去咬。

（4）伤残。对于手部要悉心照料，不要让它常带着伤残。若皮肤粗糙、红肿、皲裂，应及时进行护理、治疗。若长癣、生疮、发炎、破损、变形，则不仅要治疗，而且还应避免使之接触他人。不管是直接的接触还是间接的接触，都会令他人不快，甚至产生反感。

2. 肩臂

社交礼仪规定，在非常正式的政务、商务、学术、外交活动中，人们的手臂，尤其是肩部，不应当裸露在衣服之外。也就是说，在这些场合不宜穿着半袖装或无袖装。而在其他一切非正式场合，则无此限制。

修饰肩臂，最重要的就是这一条。着装时肩臂的露与不露，应依照具体所处场合而定。

3. 汗毛

因个人生理条件的不同，有个别人手臂上汗毛生长得过浓、过重或过长。这件事一般无关大局。不过，若是情况反常，特别是有碍观瞻的话，最好还是要采用适当的方法进行脱毛。

还要强调，在他人面前，尤其是在外人或异性面前，腋毛是不应为对方所见的。它属于"个人隐私"，不甚雅观，被人见到是很失礼的。根据现代人着装的具体情况，女士特别要注意这一点。在正式场合，一定要牢记，不要穿着会令腋毛外现的服装。而在非正式场合，若打算穿着暴露腋窝的服装，则务必先行脱去或剃去腋毛。

（四）腿部

中国人看人的一般习惯性做法，是"远看头，近看脚，不远不近看中腰"。腿部在近距离之内常为他人所注视，在修饰仪表时自然不能偏废。

修饰脚部，应当注意的问题同样有三个：脚部、腿部和汗毛。

1. 脚部

修饰脚部，须对以下三点予以关注。

（1）裸露。严格地说，在正式场合是不允许光着脚穿鞋子的。它既不美观，又有可能被人误会。

不仅如此，一些有可能使脚部过于暴露的鞋子，如拖鞋、凉鞋、镂空鞋、无跟鞋，也因此而不得登上大雅之堂。总之，不甚雅观的脚趾、脚跟，切勿随意裸露在外。

（2）清洁。在正常情况下，应注意保持脚部的卫生。鞋子、袜子要勤洗勤换，脚要每天洗上一次，袜子则每日一换，要防止其臭气熏人。不要穿残破、有异味的袜子，如有可能，应在办公桌或随身所带的公文包里装上备用的袜子，以应不时之需。在非正式场合光脚穿鞋子时，要确保其干净、清洁。

不要在他人面前脱下鞋子、拖拉着鞋子，更不要脱下袜子抠脚丫。这类不良习惯，均令人作呕，极其有损个人形象。

（3）趾甲。脚趾指甲要勤于修剪，至少要做到每周修剪一次。要去除已坏死趾甲，不应任其藏污纳垢。趾部通常不应露出鞋外，所以不要随便穿露趾凉鞋活动于正式场合。

2. 腿部

在正式场合，不允许男士的着装暴露腿部，即不允许其穿短裤。女士可以穿长裤、裙子，但不应穿短裤，或是暴露大部分大腿的超短裙。在庄严、肃穆的场合，女士的裙长应在膝部以下。

女士在正式场合穿裙子时，不允许光着大腿不穿袜子，尤其不允许其光着的大腿暴露于裙子之外。在非正式的场合，特别是在休闲活动中，则无此规定。

3. 汗毛

男士成年以后，腿部汗毛大都过重，所以在正式场合不允许其穿短裤，或是卷起裤子。设想露出一截子"飞毛腿"，何其不雅。

女士一般无此问题。若因内分泌失调而腿部汗毛变浓黑茂密，则最好脱去或剃除。再者可以选择深色丝袜，加以遮掩。不要光着大腿，也不要穿浅色薄型的透明丝袜。

（五）化妆

化妆，是修饰仪表的一种高级方法，它是指采用化妆品按一定技法对自己进行修饰、装扮，以便使自己容貌变得更加靓丽。

在人际交往中，进行适当的化妆是必要的。这既是自尊的表示，也意味着对交往对象较为重视。在一般情况下，女士对化妆更加重视。其实，它不只是女士的专利，男士也有必要进行适当的化妆。

在社交场合，化装需要注意两个方面：其一，要掌握原则；其二，则要合乎礼规。

1. 化妆的原则

进行化妆前，一定要树立正确的意识。这种有关化妆的正确意识，就是所谓化妆的原则。关于社交场合化妆的原则一共有以下四条。

（1）美化。化妆，意在使人变得更加美丽，因此在化妆时要注意适度矫正、修饰得法，使人化妆后变得避短藏拙。在化妆时不要自行其是，任意发挥，寻求新奇，有意无意将自己老化、丑化、怪异化。

（2）自然。通常，化妆既要求美化、生动、具有生命力，又要求真实、自然、天衣无缝。化妆的最高境界，是"妆成有却无"，即没有任何明显的人工美化的痕迹，而好似天然若此的美丽。

（3）得法。化妆虽讲究个性化，但有一些基本的知识必须通过学习来掌握，难以无师自通。比方说，工作时化妆宜淡，社交时化妆可以稍浓，香水不宜涂在衣服上和容易出汗的地方，口红与指甲油最好为一色等，不可另搞一套，贸然行事。

（4）协调。高水平的化妆，强调的是其整体效果和谐悦目，此即所谓协调。所以在化妆时，应努力使妆面协调、全身协调、场合协调和身份协调，以体现出自己慧眼独具，品位不俗。

2. 化妆的礼规

进行化妆时，应认真遵守以下礼仪规范，不得违反。

（1）勿当众进行化妆。化妆，应在无人之处，或是在专用的化妆间。若当众进行化妆，则有卖弄表演或吸引异性之嫌，弄不好还会令人觉得身份可疑。

（2）勿在异性面前化妆。对关系密切者而言，那样做会使其发现自己本来的面目；对关系普通者而言，那样做则有"以色事人"、充当花瓶之嫌。无论如何，它都会使自己形象失色。

（3）勿使化妆妨碍于人。有人将自己的妆化的过浓、过重，香气四溢，令人窒息。这种"过量"的化妆，就是对他人的妨碍。

（4）勿使妆面出现残缺。若妆面出现残缺，应及时避人补妆，若听任不理，会让人觉得自己低俗、懒惰。

（5）勿借用他人化妆品。借用他人化妆品很不卫生，故应避免。

（6）勿评论他人的化妆。化妆纯系个人之事，所以对他人化妆不应自以为是地加以评论或非议。

第三节　妆容礼仪

一、美容化妆

化妆是生活中的一门艺术，适度而得体的化妆，可以体现女性的端庄、美丽、温柔、大方的独特气质，是女性在政务、商务和社交生活中，以化妆品及艺术描绘手法来装扮自己，以达到振奋精神和尊重他人的目的。

（一）面部肌肤的清洁

清洁面部可以去除因新陈代谢产生的老化角质、空气污染而产生的污垢和卸妆等残留物，同时也可以清洁肌肤。洗脸时可参照以下九点。

（1）使用洗面乳的方法是应将洗面乳放在手上揉搓起泡，泡沫越细越不会刺激肌肤，泡沫需揉搓至奶油般细腻才算合格，让无数泡沫在肌肤上移动以吸取污垢，而不是用手去搓揉。

（2）基本上是从皮脂分泌较多的T字区开始清洗，额头中心部皮脂特别发达，要仔细清洗。手指不要过分用力，轻轻地由内朝外画圆圈滑动清洗。

（3）用指尖轻柔仔细地清洗皮脂腺分泌旺盛的鼻翼及鼻梁两侧，这一部分洗不干净将导致脱妆及肌肤出现油光。

（4）嘴巴四周也要清洗，脸部是否仔细洗净，重点在于是否注意细小的部位，清洗时以按摩手法从内朝外轻柔描画圆弧状。

（5）下巴和T区也一样，也容易长青春痘及粉刺。不但如此，这还是洗脸时往往容易忽略的部位。洗脸时应由内朝外不断画圈，使污垢浮上表面。

（6）面积较大的脸颊部位需要特别仔细的关照。清洗面颊的诀窍是，不要用指尖，接触皮肤而是用指肚，使指肚仅有的面积充分接触脸颊的皮肤，以起到按摩清洁的作用。洗脸的重要技巧是在于不要太用力，以免给肌肤带来不必要的负担。

（7）洗脸时要记得洗到脖子部位、下巴底部、耳下等也要仔细洗净。

（8）冲洗时用流水（水龙头不关）充分地去除泡沫，冲洗次数要适度。在较冷的季节需使用温水，以免毛细孔紧闭而影响了清洗效果。

（9）洗脸后用毛巾擦拭脸上水分时，不可用力揉搓，以免伤害肌肤。正确使用毛巾的方法是将毛巾轻贴在脸颊上，让毛巾自然吸干水分。

（二）面部营养的补充

通过卸妆及洗脸去除污垢后，应及时补充随污垢一起流失的水分、油脂、角质层内的NMF（天然保湿因子）等物质，使肌肤回复原来的状态。化妆水和乳液就起到了这个功效。

化妆水的任务是补充水分，它的首要职责是补充洗脸时失去的水分，用充足的水分紧缩肌肤，使它变得柔软，紧接在其后的乳液才容易渗入。

用化妆水充分补充洗脸所失去的水分后，再用乳液补足水分、油分，使肌肤完全恢复原来的状态。乳液有水分、油分、保湿等肌肤必要的三种成分，是每日保养肌肤不可缺少的产品。它的主要目的是恢复肌肤的柔软性，并为接下来的化妆做好准备。

除去化妆水与乳液以外，面霜也是一种护肤的佳品。一般人认为面霜属油性，因此油性肌肤的人不应选用，其实这是不完全的认识。面霜的目的是在肌肤渗入含有水分的保湿剂后，制造油分保护膜，使它继续保持湿润。因此一般认为它是替皮脂分泌少的干性皮肤补充人工皮脂膜，但它对天然皮脂膜十分充裕的油性皮肤也是不无益处的，特别是脂多但水分相当缺乏的油性皮肤，面霜更是帮助皮肤保持水分的良好营养品。

（三）肌肤的特殊护理

1. 按摩

按摩最大的效果是提高新陈代谢，加强血液循环。因为夏天强烈的紫外线及户外空气与冷暖气房间的温差所引起的生理机能下降，会引起肤色暗沉、肌肤干燥等有碍肌肤健康的现象，按摩的确是有效的保养法，不但如此，要使化妆品充分融合，按摩是最适度的手段。

按摩的诀窍是手肘尽量伸展，手平行地朝内拉回，指尖不要太用力，手指横向移动，能防止肌肤产生皱纹。手指由下到上、自内向外轻轻触摸，以逆时针方向做螺旋状动作。整个手掌推压皮肤，对深部皮肤施压可加速血液流动，也能收到效果。

按摩的步骤是：

（1）将适量的按摩面霜取出；

（2）先用手掌温热面霜，然后迅速点在额、两颊、鼻、下巴等五部位；

（3）以两手的中指及无名指，同时从下巴朝脸颊处画螺旋状，颊部面积大，可分二阶段进行；

（4）从额中心朝太阳穴画螺旋状，左右两边同时进行。基本上应以双手的中指及无名指按摩；

（5）鼻翼力量强些，作圆形运动，凹凸的细部仅用中指即可；

（6）由下巴处朝左右脸侧分开按摩，经过嘴唇边直达鼻子中央处；

（7）两手中指与无名指交互使用，由鼻梁上端抚到鼻梁下端，鼻侧也用同样的方法；

（8）由眼端移向太阳穴按摩上眼睑，由眼端移向眼尾按摩下眼睑，眼端及太阳穴轻压即可；

（9）脖子朝下巴处轻抚。由于皱纹容易沿横方向出现，所以按摩方法是往上轻抚。

2. 化妆品皮炎的预防和处理方法

由于皮肤接触化妆品而发生的皮肤炎症反应，称为化妆品皮炎。其症状轻重不一，轻者只见潮红或丘疹，按上去微热；重者可引起明显的红斑、水泡；严重者会出现红肿，甚至形成糜烂、浅溃疡，愈后留下色素或短痕。由于一般化妆品中含有的成分对一些皮肤较敏感的人有刺激作用，一些长期使用化妆品的人便会发生化妆品皮炎。如染发剂中的苯二胺、镍，唇膏、眼影、胭脂中的香料，脱毛剂中的硫化物，戏剧化妆的油彩，以及绿色、深红色颜料等均可引起皮炎。

一旦得了化妆品皮炎，若面部有明显的红肿时，可先用清水冲洗干净，再以3%浓度的硼酸水作湿敷，并可涂一些氧化锌油剂，也可在短期内服用泼尼松片和抗过敏药物。

在预防上，凡疑有化妆品过敏的人，可做皮肤敏感试验，即将化妆品取少许涂在手部较柔嫩处，待两小时后观察涂抹处有无发红、发痒的现象。如确属过敏，应更换其他化妆品，或在化妆前用凡士林打底，并均匀地涂抹一层薄薄的皮肤防护剂，以减轻发病。卸妆时，可用精制而成的液状石蜡。若过敏较严重的人，最好避免再次接触致病的化妆品。

二、化妆技巧

脸部化妆一方面要突出面部五官最美的部分，使其更加美丽，另一方面要掩盖或矫正缺陷或不足的部分。经过化妆品修饰的美有两种：一种是趋于自然的美，一种是艳丽的美。前者是通过恰当的淡妆来实现的，它给人以大方、悦目、清新的感觉，最适合在家或平时上班时使用；后者是通过浓妆来实现的，它给人以庄重高贵的印象，可出现在晚宴、演出等特殊的社交场合。无论是淡妆还是浓妆，都要利用各种技术，恰当使用化妆品，通过一定的艺术处理，才能达到美化形象的目的。

1. 椭圆脸形怎样化妆

椭圆脸形可谓公认的理想脸形，这种脸形的人化妆时宜注意保持其自然形状，突出其可爱之处，不必通过化妆去改变脸形。胭脂，应涂在颊部颧骨的最高处，再向上向外揉化开去。唇膏，除嘴唇唇形有缺陷外，尽量按自然唇形涂抹。眉毛，可顺着眼睛的轮廓修成弧形，眉头应与内眼角齐，眉尾可稍长于外眼角。

正因为椭圆脸形是无须太多掩饰的，所以化妆时一定要找出脸部最动人、最美丽的部位，而后重点修饰，以免给人平平淡淡、毫无特点的印象。

2. 长脸形怎样化妆

长脸形的人，在化妆时力求达到的效果应是：增加面部的宽度。粉底，若双颊下陷或者额部窄小，应在双颊和额部涂以浅色调的粉底，造成光影，使之变得丰满一些。胭脂，应注意离鼻子稍远些，在视觉上拉宽面部。抹时，可沿颧骨的最高处与太阳穴下方所构成的曲线部位，向外、向上抹开去。眉毛，应修成弧形，切不可有棱有角。眉毛的位置不宜太高，眉毛尾部切忌高翘。

3. 圆脸形怎样化妆

圆脸形给人可爱、玲珑之感，若要修正为椭圆脸形并不十分困难。粉底，可用来在两颊造阴影，使圆脸显得消瘦一点。选用暗色调粉底，沿额头靠近发际处起向下窄窄地涂抹，至颧骨部下可加宽涂抹的面积，造成脸部亮度自颧骨以下逐步集中于鼻子、嘴唇、下巴附近部位。胭脂，可从颧骨起涂至下颌部，注意不能简单地在颧骨突出部位涂成圆形。唇膏，可在上嘴唇涂成浅浅的弓形，不能涂成圆形的小嘴状，以免有圆上加圆之感。眉毛，可修成自然的弧形，可作少许弯曲，不可太平直或有棱角，也不可过于弯曲。

4. 方脸形怎样化妆

方脸形的人以双颊骨突出为特点，因而在化妆时，要设法加以掩蔽，增加柔和感。粉底，可用暗色调在颧骨最宽处造成阴影，令其方正感减弱。下颚部宜用大面积的暗色调粉底造阴影，以改变面部轮廓。胭脂，宜涂抹得与眼部平行，切忌涂在颧骨最突出处，可抹在颧骨稍下处并往外揉开。唇膏，可涂丰满一些，强调柔和感。眉毛，应修得稍宽一些，眉形可稍带弯曲，不宜有角。

5. 三角脸形怎样化妆

三角脸形的特点是额部较窄而两腮较阔，整个脸部呈上小下宽状。化妆时应将下部宽角"削"去,把脸形变为椭圆状。粉底,可用较深色调的粉底在两腮部位涂抹。胭脂,可由外眼角处起,向下抹涂,令脸部上半部分拉宽一些。眉毛,宜保持自然状态,不可太平直或太弯曲。

6. 倒三角脸形怎样化妆

倒三角脸形的特点是额部较宽大而两腮较窄小,呈上阔下窄状。人们常说的"瓜子脸"、"心形脸",即指这种脸形。化妆时,掌握的诀窍恰恰与三角脸形相似,需要修饰部分则正好相反。粉底,可用较深色调的粉底涂在过宽的额头两侧,而用较浅的粉底涂抹在两腮及下巴处,造成掩饰上部、突出下部的效果。胭脂,应涂在颧骨最突出处,而后向上、向外揉开。唇膏,宜用稍亮些的唇膏以加强柔和感,唇形宜稍宽厚些。眉毛,应顺着眼部轮廓修成自然的眉形,眉尾不可上翘,描时从眉心到眉尾宜由深渐浅。

7. 少女怎样化妆

少女妆的特点应在于自然,给人以青春朝气和不加修饰之感。由于少女的皮肤细腻、娇嫩而富有弹性和光泽,在化妆时宜突出两颊和嘴唇处,不宜描眉、涂眼影和上较夸张的粉底。在技巧上,应清淡自然、似有若无,切忌浓妆艳抹,反倒失去自然美。

具体的方法是:涂上一层薄薄的浅色调的粉底,双颊扫以淡淡的棕红色胭脂;唇部画好唇形后,宜涂上粉红色、橙色等富有朝气色彩的唇膏;睫毛上可涂上淡淡的黑色睫毛膏,强调明亮的双眼;在整个以粉红色和棕色为基调的脸部,还可略施薄薄的透明状松粉,更显露出柔和鲜艳的肤色。清新而艳丽是少女化妆的目标。

8. 少妇化妆要注意什么

有人说:女性最令人着迷的阶段就是少妇时期,因为这时她们身上既保持着青春,又添加了成熟之美。但女人到了这一时期,皮肤已或多或少地出现细小的皱纹,肤色也不如少女时红润和有光泽,因而要展示成熟的美感,需掌握化妆的技巧。

少妇化妆的原则是,白天讲究化妆的整体淡雅,晚间则可稍微浓重一些。具体操作时,则应视五官不同情况强调优点、掩饰缺点。选择的粉底,应是稍带粉红色调的,以增添面部的青春气息;使用的香粉则应是淡紫色调的,可令皮肤色泽更柔和白皙。涂搽胭脂时,宜面对镜子做微笑状,找出脸颊鼓起的最高处施以胭脂,胭脂的色调宜与自然肤色相近,以求淡雅效果。

少妇化妆时,最忌效仿少女妆,而应重在展现其青春风韵犹存、成熟之美初生的风姿。

9. 中年妇女怎样化妆

三四十岁正是保持青春、延缓衰老的关键时期。这一时期的女性除要注意皮肤的保养外,还应借助化妆留住青春。由于中年妇女面部普遍布有皱纹,因而化妆重在掩饰。可选用稍暗色调的粉底,在有皱纹地方轻轻涂抹,粉底宜涂得薄而均匀。并沿着皱纹纹路的起向轻涂,否则垂直涂抹粉底会使之存留于皱纹之中,使皱纹更为明显。为进一步掩饰皱纹,必须降低皮肤的亮度,所以应用质好细腻的香粉扑面。选用胭脂时应视面部的不同情况而定。液状胭脂有湿润作用,粉状胭脂则能掩饰粗大的毛孔。

中年妇女的化妆宜突出自然、优雅之感。

10. 50岁以上妇女怎样化妆

50岁以上的妇女,尤其是过了60岁的妇女,已步入老年行列。我国的老年妇女大多不加打扮,认为人老珠黄再美容化妆会惹人说笑,这是错误的观念。其实即使老年人,也可借助巧妙的化妆技巧来美化自己。展现"黄昏"之美，白发红颜给人另一种美感。

老年妇女，应选用接近自然肤色的粉底，过深或过浅色调的粉底反而会使皱纹更为显眼；眼影不可选用油质的或带有闪光的，否则会使眼部油腻无神而显浮肿；唇膏宜选用颜色柔和的，忌用过于艳丽的色彩，最为经常使用的是润仪表唇膏，并且在涂唇膏时不宜画唇线；在修正眉形时，可将眉毛稍稍描一下。

老年妇女的装饰应上下统一而协调，给人高雅之感。在穿衣时，最好将皱纹较多、肌肉松弛的颈部掩饰住，使面部化妆效果更好。

11. 参加舞会怎样化妆

舞会的化妆不同于日间妆或宴会妆，因为舞场上灯光幽暗、多彩，气氛热烈，淡妆效果不佳，所以化的妆可以浓艳一些。

粉底色调宜与自然肤色相仿，太深、太浅均不适宜。若穿露肩背式礼服，颈部、肩部及手臂上也应涂上粉底；应选用鲜红色的胭脂，凡带有暗色成分的胭脂在灯光下看起来都会显得脸颊深陷；应用深桃红色和玫瑰红的唇膏，以增加明艳之感。还可以涂亮光唇油，以增加光泽；眉毛从眉头至眉尾应由淡渐浓。睫毛膏可比平时多刷几层，如用假睫毛会更好；可用植物类的、香型较浓的香水。

12. 夏季怎样化妆

夏季的化妆品宜耐汗和不怕水的，以褐色色调为主调。

粉底宜选用较肤色低一至两度的色调，可用海绵搽涂。比较容易出汗的皮肤及油性皮肤还可扑上暗色彩的香粉；双颊宜用乳霜状或粉状的褐色胭脂搽涂；用褐色系唇笔描出唇形，宜用褐色或橘黄色、红色的唇膏；可用蓝色、绿色、紫色眼影与夏季服装的华美色彩配合。上眼睑中央，下眼睑可用褐色眼影，眼角宜用绿色；眼线的颜色宜与眼影相同；眉毛宜保持自然形状。

13. 冬季怎样化妆

冬季万物凋零，人们衣着打扮也以暗色调为主，因而冬季的化妆不宜过于艳丽，应与衣着的颜色、风格相一致。

宜选用有防止水分、油脂丢失作用的润肤剂；选用暗色调的粉底，薄薄施上一层；双颊可用玫瑰红、明亮的桃红色或琥珀色、肉色胭脂涂抹，前者可产生温暖感，后者则有严峻之感；嘴唇可选用既有防干裂作用又有美化作用的稍暗色调的唇膏；眼线用黑色较好；眉毛宜保持自然形状。

14. 戴眼镜者怎样化妆

经常戴眼镜的人，在化妆上应有别于不戴眼镜者。

应注意眼镜框的上边是否与眉形相配合，以上边线与眉平行为佳，切不可框线下垂而眉形上扬。画眉毛的眉笔色调应与镜框的颜色尽量相配。

应选用较明亮的眼影色及浓密一些的假睫毛或深色的睫毛膏。由于近视往往会使眼睛显得小些，所以应在上睫毛下画上较深色的眼线。

胭脂、口红的颜色应与镜框的颜色相调和，深色镜框需配以较深色的口红，反之则较淡些。胭脂应抹得低些，以免被眼镜遮住。发型应以简单为宜，额前的刘海不要太多、太长。

选择戴其他饰物时，应考虑到与眼镜的配合。

15. 洗澡后忌急于化妆

正常人的皮肤呈酸性，可以防止细菌的侵入，保护皮肤。洗澡后，皮肤酸碱度改变，若急于化妆，使用化妆品会使皮肤产生不良反应。应在洗澡后 1 小时，待皮肤酸碱度恢复正常后再化妆为宜。

总之，化妆一定要遵循以下三项基本原则。

1. 自然

自然是美化仪表的最高境界，它使人看起来真实而生动，而不是一张呆板生硬的面具。有位化妆师说过："最高明的化妆术，是经过非常考究的化妆，让人家看起来好像没有化过妆一样，并且这化出来的妆与主人的身份匹配，能自然表现那个人的个性与气质；次级的化妆是把人突显出来，让她醒目，引起众人的注意；拙劣的化妆是一站出来别人就发现她化了很浓的妆，而这层妆是为了掩盖自己的缺点或年龄的；最坏的一种化妆，是化妆后扭曲了自己的个性，又失去了五官的谐调，例如小眼睛的人竟化了浓眉，大脸蛋的人竟化了白脸，阔嘴的人竟化了红唇……"可见化妆的最高境界是无妆，是自然。因此美化仪表，要依赖正确的技巧，合适的化妆品；要一丝不苟，井井有条；要讲究过渡，体现层次；要点面到位，浓淡相宜。这样才能使人感到自然、真实的美。

2. 协调

美化仪表的协调包括：第一，妆面协调。即化妆部位色彩搭配、浓淡协调，所化的妆针对脸部特点，整体设计协调；第二，全身协调。即脸部化妆、发型与服饰协调，力求取得完美的整体效果；第三，角色协调。即针对自己在社交中扮演的不同角色，采用不同的化妆手法和化妆品。如作为职业人员，应注意化妆后体现端庄稳重的气质；作为专门从事公关、礼仪、接待、服务等的人员，出头露面的机会多，要表现出一定的人际吸引魅力就应浓淡相宜，青春妩媚，适合人们共同的爱美之心。第四，场合协调。即化妆、发型要与所去的场合气氛要求一致。日常办公，略施淡妆；出入舞会、宴会，可浓妆扮之；参加追悼会，素衣淡妆。不同场合的不同化妆、发型，不仅会使装扮者内心保持平衡，也会使周围的人赏心悦目。

3. 美观

漂亮、美丽、端庄的外观仪表是形成优美良好的社交形象的基本要素之一。人们都希望自己在社交场合中变得更美丽，但事实上，有些人认为把发胶、摩丝喷在头上，把各种色彩涂抹在脸的相应部位就美了。要使仪表达到美观的效果，首先必须了解自己的脸形及脸的各部位特点，孰优孰劣要心中有数；其次要清楚怎样化妆、美发和矫正才能扬长避短，变拙陋为俏丽，使容貌更迷人。这些是要在把握脸部个性特征和正确的审美观的指导下进行的。

三、怎样正确使用香水

香水是女性美容的化妆品之一，也是居室中常备的物品。香水不仅能除臭、添香、止痒、消炎、防止蚊叮虫咬等，而且还能刺激大脑，使人兴奋，消除疲劳。

但使用香水亦有讲究。

（1）最好将香水洒在手腕、颈部、耳后、太阳穴、臂弯里、喉咙两旁、膝盖等不完全暴露的部位，这样香味随着脉搏跳动、肢体转动而飘溢散发。为避免香水对皮肤的刺激，可洒在衣领、手帕处。千万不要将香水搽在面部，不然会加速面部皮肤老化。

（2）不要在毛皮衣服上洒香水，因为它的酒精成分会使毛皮失去光泽。如果将香水洒在浅色衣服上，日晒后会出现色斑。所以，尽量避免直接洒在衣服上。

（3）不可将香水喷在首饰上，应该先搽香水，等完全干后再戴项链之类的饰物。否则会影响饰物的颜色及光泽。

（4）香水不宜洒得太多、太集中，最好在离身体20厘米处喷射。如果在3米以外还可以嗅到身上的香水味，则表明用得太多。

（5）搽用香水后不宜晒太阳，因阳光的紫外线会使搽过香水的部位发生化学反应，严重的会引起皮肤红肿或刺痛，甚至诱发皮炎。

（6）不要同时将不同牌子的香水混用，因为那样会使香水变味或无效。

（7）夏日出汗后不宜再用香水，否则汗味和香味混杂在一起，给人留下污浊、不清新的感觉。因此多脂多汗处忌洒香水，以免怪味刺鼻。

（8）患有支气管哮喘或过敏性鼻炎的人，最好不要用浓香的香水。

四、仪表与头发

在当今社会，头发的功能已不只单纯地表现人的性别，而是更全面地表现着一个人的道德修养、审美情趣、知识结构及行为规范。人们可以通过某人的发型来判断其职业、身份、所受教育程度、生活状况及卫生习惯，同时可以感受出其是否身心健康和对生活事业的态度。让我们每位读者打破陈旧的自我，树立与众不同的自我，首先"从头做起"。

（一）了解自己的头发

头发的基本成分是蛋白质，每根头发平均每月可长1厘米，头发的平均寿命约4～5年，之后它便会自行脱落，每人每天约要脱落几十根至100根，随之新头发长出来。正常头发，皮脂分泌正常，有光泽，有弹性；油脂性头发，皮脂分泌过多，头的表皮及毛发均有黏糊之感；干性头发，由于皮脂分泌过少，没有光泽，有干松之感；可以认为：头发的性质与皮肤的性质相同，如面部皮脂属于干性的人，头发也是干性的。头发的软硬，可以从烫发后头发是否容易保持卷性较好断定，较硬的头发保持卷性较好，软发者不然。

（二）头发的保养

1. 洗发

一般来说中性皮肤的人，冬天可隔4～5天左右洗一次，夏天可隔3～4天洗一次。油性皮肤和干性皮肤的人，要分别缩短和延长1～2天，夏季每天洗发基本没什么问题，需要注意的是必须选用性质温和的洗发水，例如含有氨基酸、蛋白质等活性剂的洗发水。

洗发前应先将头发梳顺。用温水洗发，水应在37℃～38℃最适宜。过烫的水容易使头发受损伤而变得松脆易折断，而水温过低去油腻的效果又不好。洗发精应选择适合自己发质的，一般略带微酸性者较佳。注意将洗发水按摩至起泡后才涂在头发上，不要直接倒在头发上；不要大力用指甲抓头皮，用手指的指腹按摩头皮；要确保彻底冲洗干净洗发水，不然会伤害发质；洗发后冲水花的时间应是洗发的两倍，否则洗发水中的碱性成分残留在头皮和头发上，会损伤头发产生分叉、头皮屑等。

2. 梳发及按摩

梳发，是保持美发不可缺少的日常修整之一。梳发可以去掉头皮及头发上的浮皮和脏物，并给头发以适度的刺激，以促进血液循环，使头发柔软而有光泽。使用的梳子应从实用的目的出发进行选择。

正确的梳拢办法：首先从梳开散乱的毛梢开始，用梳子轻贴头皮，慢慢再旋转着梳拢。用力要均匀，如用力过猛，会刺伤头皮。先从前额的发际向后梳，朝相反方向，再沿发际从后向前梳。然后，从左、右耳的上部分别向各自相反的方向进行梳理，最后让头发向头的四周披散开来梳理按摩头皮能刺激毛细血管与毛囊，有助于头皮的分泌调节，并对油性皮肤和干性皮肤有治疗功效。按摩时，两手的手指张开，手指在头皮上轻轻揉动。按照头皮血液自然流向心脏的方向，按先后顺序按摩前额、发际、两鬓、头颈、头后部发际。按摩可以促进油脂分泌，所以油性头发按摩时用力轻些，干性头发可稍重些。

3. 护发

（1）有益于增加头发营养的食品。头发所需的主要营养成分，多来源于绿色蔬菜、薯类、豆类和海藻类等。绿色蔬菜：菠菜、韭菜、芹菜、圆辣椒、绿芦笋等，绿色蔬菜能美化皮肤，有助于黑色素的运动，使头发永葆黑色。并且，由于这些蔬菜中含有丰富的纤维质，能不断增加头发的数量。豆类：大豆能起到增加头发的光泽、弹力和滑润等作用，防止分叉或断裂。海藻类：海菜、海带、裙带菜等含有丰富的钙、钾、碘等物质，能促进脑神经细胞的新陈代谢，还可预防白发。除此之外，甘薯、山药、香蕉、菠萝、芒果也是有利于头发生长发育的食品。

（2）不利于头发生长的因素。糕点，快餐食品，碳酸饮料、冰淇淋等。这些大都是年轻女性所喜爱的食品，如果饮食过量，都能影响头发的正常生长，容易出现卷曲或白发。吸烟过多也会影响头发的生长。心绪不宁或住在湿冷的房间里，以及神经性的紧张、不安，均会影响毛发的正常生长。长期在潮湿过凉的房间里工作的人，由于胃肠受凉新陈代谢不调，血液循环受阻，会容易出现头发变细、头皮增多、掉发、断发等现象，特别是头顶的头发会越来越稀薄。

（3）不同发质的护理。

① 干性发质：专家一致认为，除了遗传因素，干枯的头发是长时间缺乏护理和化学品残留的后遗症。当然，精神压力、内分泌的变化以及饮食的平衡与否等，也会对发质产生或多或少的影响。选用一种配方温和的、完全不含或只含少量洗涤剂但却能有效地补充水分的洗发水是很重要的。洗发无需过于频繁，当然不要忘记使用护发素。为防止发丝内的水分流失，应尽量避免使用电吹风以及其他以电力操作的卷发器具。如果必须使用，最好事先在头发上涂一层护发品。饮食方面，多吃新鲜果蔬无疑对身体大有好处的。身体健康者的头发有足够的养分可摄取，自然柔亮可人。

② 油性发质：皮脂腺分泌过多的天然油脂，是形成油性发质的根本原因。要改善这种情况，你需要的是一种性质温和的洗发水，并经常清洗头发。强力的洗发水不但于头发无益，反会令油脂分泌更加猖獗。由于头皮已能分泌足够的油脂，护发素只要涂在距离发根数寸的发梢上即可。油性发质比较适合染发，染发剂会在一定程度上令头发变得干燥，而较多的油脂正好可以起到中和作用。

③ 纤细发质：如果你的头发过于纤细柔软，应该寻找一种能渗入发茎的洗发水，使头发充盈起来。美发造型时，最好使用能营造丰厚发型的喷雾产品。染发也颇适合这种类型头发，因为在染发过程中，染发会让发茎逐渐膨胀，由此产生更强的质感。

4. 头发的特殊护理

（1）头发开叉。建议用柔软的发刷从头皮梳向发端，将头皮的天然油脂带到发端，而平日尽量用阔齿的发梳来梳理头发，同时不要忘记在每次洗发后使用护发素，以避免加剧头发的开叉。另外，切忌用毛巾大力绞擦头发，脆弱的发丝需要的是温柔摩挲。

（2）头皮屑过多。应立刻医治，以免头皮屑堵塞头皮毛孔而妨碍毛发的生长，或破坏毛囊组织，演变为皮肤病。头皮屑过多的人，应避免过度用力梳头，也忌用手过度抓搔头皮。因为用力过度，会把贴在头皮的一部分鳞片弄剥落，露出伤口而滋生细菌，形成恶性循环。应注意饮食，避免摄入过量的糖、淀粉和脂肪（宜多吃一些新鲜蔬菜、水果及瘦肉、鱼等）。应经常定期洗头，保持头皮与头发的清洁。有许多治疗头皮屑的药膏、药水、药粉都很有效，还有不少专用去头屑的洗发剂。如果在洗发的水中放入一匙杀菌剂或醋，也很有效。焦躁不安的人头皮屑也会增多，因此，经常保持愉悦的精神状态，对减少头皮屑也很重要。

（3）脱发。脱发的种类有很多，按脱发的诱因来划分，有精神性脱发、营养性脱发、药物性脱发、生理性脱发等。为避免脱发，应注意以下四点。

① 消除精神紧张，保持精神愉快。人的精神状态不稳定，焦虑不安，大脑长时间处于紧张、烦恼的状态或用脑过度，均可导致头部血液循环不良，头发营养供应不足，导致头发脱落。

② 多进食有益于滋养头发的食物，即富含维生素、矿物质和低脂肪的食物。例如新鲜水果、蔬菜、蛋黄、瘦肉、牛奶等。适当进食黑豆、黑芝麻、核桃等，以补充氨基酸、钙、铁等多种元素。头发的生长需要体内良好的营养成分，当体内缺乏某些营养和氨基酸时，就会影响新发的生长。

③ 用塑料梳子梳头，容易起静电反应，头皮与头发产生离合作用，促使毛发脱落。所以，应选用木梳梳头。

④ 定期洗头。长时间不洗头，会影响毛囊的呼吸，从而会出现脱发或加重脱发的现象。

⑤ 要戒除烟酒，避免其对头发产生不良影响。患有脂溢性脱发的人应忌食辛辣食物，否则会加重脱发。

⑥ 不要经常烫发、染发，也尽量避免用化学合成药品来滋润头发。因为由化学原料制成的染发剂、烫发剂、护发剂，对皮肤和毛发都存在着不同程度的刺激作用。

（4）游泳后头发护理。

海边：由于海水的含盐量高，当盐分积聚在头皮或发表后，会阻碍头发的生长，亦令头发表皮层剥落，使头发变得又枯又干，所以游泳后应立即冲洗头发。

游泳池：水中所含的氯也是护发之大敌，泳后应彻底冲洗头发。

（三）头发的美化

1. 电吹风的使用

使用电吹风时，应先将头发上的水分擦干，吹的时间要适度。吹风时，吹风机一定要距头发20～25厘米以上，多吹发根，不要直接吹头皮，更不要将头发吹得枯干，会使头发失去水分及油脂，容易变黄、起静电，发型也不易保持。

定型时，应把发乳、发胶之类的美发用品均匀地打在头发上，待头发湿润后，再一手拿着电吹风吹热风或冷风，一手用胶木绝缘梳梳发，吹成自己喜爱的发型样式。吹风定型的顺序是：先吹头顶后脑部位，再吹轮廓边缘部位，最后是前花纹定型。吹风时，一定要顺着发丝走向，不可逆吹，否则头发会起毛或翘起。

2. 发质与发型

各人的发质不一，不同的发质适合不同的发型。当女性选中了适合自己发质的发型以后，就可以配合理发师把自己的头发打扮的更美丽。

（1）自然的卷发。只要能利用自然的卷发，就能做出各种漂亮的发型。这种发质如果将头发剪短，卷曲度就不太明显，而留长发才能显示出其自然的卷曲美。

（2）服帖的头发。这种发质的特点是头发不多不少，非常服帖，只要能巧妙修剪，就能使发根的线条以极美的形态表现出来。这种发质的人，最好将头发剪短，前面和旁边的头发，可以按自己的爱好梳理，而后面则一定要用能显示出发根线条美的设计，才是理想的发型。修剪时，最好能将发根稍微打薄一点，使颈部若隐若现，这样能给人以清新明媚之感。

（3）细少的头发。这种发质的人应该留长发，将其梳成发髻才是最理想的。因为这样不但梳起来容易，同时也能保持比较持久。通常这种发质缺乏厚实感，可以辅之以假发。如果梳在头顶上，适合正式场合；梳在脑后，是家居式；而梳在后颈上时，则显得高贵典雅。

（4）直硬的头发。这种发质要想做出各种各样的发型是不容易的。在做发型以前，最好能用油性烫发剂将头发稍微烫一下，使头发能略带波浪，稍显蓬松。在卷发时最好能用大号发卷，看起来比较自然。由于这种头发很容易修剪得整齐，所以设计发型时最好以修剪技巧为主，同时尽量避免复杂的花样，做出比较简单而且高雅大方的发型来。

（5）柔软的头发。这种发质比较容易整理，不论想做任何一种发型，都非常方便。由于柔软的头发比较服帖，因此俏丽的短发比较适合这种发质，能充分表现出个性美。

3. 脸形与发型

（1）方脸形的特点是棱角突出、下巴稍宽，显得个性倔强，缺乏温柔感。因而，在选择发型时，应掩盖太突出的棱角感，使脸部看上去长一些，增加柔和感。

可以利用波浪形增加脸部的温柔感。宜将前额和头顶的头发上扬，露出部分额头，但切忌全部露出。方脸形的人在留额发时，应遮掩额部的两角，额发要有倾斜感，使方中见圆。头发的两侧可选择卷曲的波浪发型，以改善方脸形的形状。还可利用卷曲的长发部分遮住下颌两侧，转化太宽的下颌线条。

由于近年来人们审美标准逐渐改变，方脸形因其极富个性而得到青睐，所以不少女性愿意不加掩饰，选择富于个性的发型。

（2）三角脸形的特征是上窄下宽，所以在选择发型时应平衡上下宽度，可用波浪形发卷增加上部分的分量，也可用头发掩饰较为丰满的下部。不宜将额发向上梳，以免暴露额头太窄的缺陷。分缝可采用中分或侧分。耳旁以下的发式不应再加重分量，也不宜选择双颊两侧贴紧的发型。

（3）倒三角脸形与三角脸形恰好相反，可以选择掩饰上部、增宽下部的发型。发型要造成大量的蓬松的发卷，并遮掩部分前额。具体选择时，最忌选往上梳的高头型，这样只会突出细小的下巴，使整个脸部更不平衡。可运用领部线条之美，使耳边的头发增多，并显出额角，令脸部变得丰满一些。

这样的脸形不应选择直的短发和长发等自然款式，这样会使窄小的领部更加单调。刘海可留得美观大方而不全部垂下。面颊旁的头发要梳得蓬松，显得很多，以遮掩较宽的上部分。

（4）一般认为，椭圆形的脸是东方女性最理想的脸形，所以拥有这种脸形的人梳什么样的发型都不会难看。不过，如果选择中分、左右均衡的发型，更能体现娴静、端庄的美感。若留一袭黑色直发披在肩头，更有飘逸之感。

另外，脸庞较大的人，可选择使头发自然松垂在脸上、盖住部分脸颊和前额的发型。脸庞较小的人，可选择尽量露出五官的发型，把头发往上、往后。

鼻子过于突出的人，可选择留浓密的刘海或将长发向上梳的发型，以平衡脸部，强调顶部。额头太大的人，可将额发剪成一排刘海。下巴内陷的人，可将头发留长，以使下巴显得丰满起来。

4. 发型与服装

（1）与西装相适应的发型。无论直发还是烫发都要梳理得端庄、艳丽、大方，不要过于蓬松，并且可以在头发上适当抹点发油，使之有光泽。

（2）与礼服相适应的发型。身着礼服时，可将头发挽在颈后结低发髻，显得庄重、高雅。

（3）与运动衫相适应的发型。可将头发自然披散，给人以活泼、潇洒的感觉；若将长发高束，或将长发辫成长辫，可增加柔美的情调。

（4）与皮制服装相适应的发型。若你穿皮装，可选披肩发、盘发、梳辫子等，可使你倍添风采。

（5）与连衣裙相适应的发型。如果你穿的是一种外露较多的连衣裙，那你可选择披发或束发；如果你穿V字领连衣裙，那你可选盘发。

5. 发型与体型

（1）高瘦型。该种体型的人容易给人细长、单薄、头部小的感觉。要弥补这些不足，发型要求生动饱满，避免将头发梳得紧贴头皮，或将头发搞得过分蓬松，造成头重脚轻的感觉。一般来说，高瘦身材的人比较适宜于留长发、直发。应避免将头发削剪得太短薄，或高盘于头顶上。头发长至下巴与锁骨之间较理想，且要使头发显得厚实、有分量。

（2）矮小型。个子矮小的人给人一种小巧玲珑的感觉，在发型选择上要与此特点相适应。发型应以秀气、精致为主，避免粗犷、蓬松，否则会使头部与整个形体的比例失调，给人产生大头小身体的感觉。身材矮小者不适宜留长发，因为长发会使头显得大，破坏人体比例的协调。烫发时应将花式、块面做得小巧、精致一些。

（3）高大型。该体型给人一种力量美，但对女性来说，缺少苗条、纤细的美感。为适当减弱这种高大感，发式上应以大方、简洁为好。一般以直发为好，或者是大波浪卷发，头发不要太蓬松。总的原则是简洁、明快、线条流畅。

（4）短胖型。短胖者显得健康，要利用这一点造成一种有生气的健康美。譬如选运动式发型，此外应考虑弥补缺陷。短胖者一般脖子显短，因此不要留披肩长发，尽可能让头发向高度发展，显露脖子以增加身体高度感。头发应避免过于蓬松或过宽。

（四）发型的选择

1. 适合脸形

注意强调个人脸部的个性，突出脸部的轮廓。如脸形不尽如人意，则注意发型对脸形的修饰，切忌一味模仿他人。

2. 适合气质

由于发型会给视觉构成很重要的影响,因此,在同样适合脸形的几种发型中,应选择更适合个人气质的一种,否则在社交活动中,总有一种不"到位"的感觉。

3. 适合场合

一个人,尤其是女同志,应为自己设定三四种理想的发型,以适合不同场合。一般来讲,出席较正式的场合的发型,应讲究严谨;出席朋友聚会,应讲究平易活泼;普通生活的发型,应讲究轻松随和。

一、简答题

1. 仪表美的基本要求有哪些?
2. 仪表美应从身体的哪几个方面考虑?
3. 美容化妆时肌肤应怎样护理?
4. 不同脸形的人化妆时要注意什么?
5. 不同年龄的人应怎样化妆?
6. 怎样用香水比较合适?
7. 化妆应遵循什么原则?
8. 清洁的仪表包括哪些内容?

二、案例拓展训练与分析

案例一:

小节的象征

一位先生要雇一个没带任何介绍信的小伙子到他的办公室做事,先生的朋友挺奇怪。先生说:"其实,他带来了不止一封介绍信。你看,他在进门前先蹭掉脚上的泥土,进门后又先脱帽,随手关上了门,这说明他很懂礼貌,做事很仔细;当看到那位残疾老人时,他立即起身让座,这表明他心地善良,知道体贴别人;那本书是我故意放在地上的,所有的应试者都不屑一顾,只有他俯身捡起,放在桌上;当我和他交谈时,我发现他衣着整洁,头发梳得整整齐齐,指甲修得干干净净,谈吐温文尔雅,思维十分敏捷。怎么,难道你不认为这些小节是极好的介绍信吗?"

问题:

(1) 本案例对你有哪些启示?
(2) 你已经拥有哪些"介绍信"了?
(3) 反省自身一天的言谈举止,看看有哪些忽略的细节,并请注意及时改进。

案例二:

化妆风景线

阿美和阿娟是一所美容学校的学生,初学化妆非常感兴趣,走在大街上,总爱观察别人的妆容，因此发现了一道道奇特风景线：

一位中年妇女没有做其他化妆，光涂了一个嘴唇，而且是那种很红很艳的唇膏，只突出了一张嘴。一位女士的妆容看起来真的很漂亮，只可惜脸上精彩纷呈，脖子却粗糙的马虎，在脸庞轮廓上有明显的分界线，像戴了面具一样。再看，还有的女士用粗的黑色眼线将眼睛轮廓包围起来，像个"大括号"，看上去那么的生硬、不自然。一位很漂亮的女士，身穿蓝色调的时装，却画着橘红色的唇膏……

问题：请帮助阿美和阿娟分析一下，针对以上几种情形，自己化妆时应注意哪些问题？

案例三：

美中不足

一天，黄先生与两位好友小聚，来到某知名酒店。接待他们的是一位五官清秀的服务员，接待服务工作做得很好，可是她面无血色，显得无精打采。黄先生一看到她就觉得心情欠佳，仔细留意才发现，这位服务员没有化工作淡妆，在餐厅昏黄的灯光下显得病态十足。上菜时，黄先生又突然看到传菜员涂的指甲油缺了一块，他的第一个反应就是"不知是不是掉进我的菜里了"。但为了不惊扰其他客人用餐，黄先生没有将他的怀疑说出来。用餐结束后，黄先生唤柜台内服务员结账，而服务员却一直对着反光玻璃墙面修饰自己的妆容，丝毫没注意到客人的需要。自此以后，黄先生再也没有去过这家酒店。

问题：

(1) 请指出案例中服务员在仪表上存在的问题。

(2) 本案例对你有哪些启示？

案例四：

修养是第一课

有一批应届毕业生22个人，实习时被导师带到北京的国家某部委实验室里参观。全体学生坐在会议室里等待部长的到来，这时有秘书给大家倒水，同学们表情木然地看着她忙活，其中一个还问了句："有绿茶吗？天太热了。"秘书回答说："抱歉，刚刚用完了。"林晖看着有点别扭，心里嘀咕："人家给你水还挑三拣四。"轮到他时，他轻声说："谢谢，大热天的，辛苦了。"秘书抬头看了他一眼，满含着惊奇，虽然这是很普通的客气话，却是她今天唯一听到的一句。

门开了，部长走进来和大家打招呼，不知怎么回事，静悄悄的，没有一个人回应。林晖左右看了看，犹犹豫豫地鼓了几下掌，同学们这才稀稀落落地跟着拍手，由于不齐，越发显得零乱起来。部长挥了挥手："欢迎同学们到这里来参观。平时这些事一般都是由办公室负责接待，因为我和你们的导师是老同学，非常要好，所以这次我亲自来给大家讲一些有关情况。我看同学们好像都没有带笔记本，这样吧，王秘书，请你去拿一些我们部里印的纪念手册，送给同学们作纪念。"接下来，更尴尬的事情发生了，大家都坐在那里，很随意地用一只手接过部长双手递过来的手册。部长脸色越来越难看，来到林晖面前时，已经快要没有耐心了。就在这时，林晖礼貌地站起来，身体微倾，双手握住手册，恭敬地说了一声："谢谢您！"部长闻听此言，不觉眼前一亮，伸手拍了拍林晖的肩膀："你叫什么名字？"林晖照实作答，部长微笑点头，回到自己的座位上。早已汗颜的导师看到此景，才微微松了一口气。

两个月后,毕业分配表上,林晖的去向栏里赫然写着国家某部委实验室。有几位颇感不满的同学找到导师:"林晖的学习成绩最多算是中等,凭什么选他而没选我们?"导师看了看这几张尚属稚嫩的脸,笑道:"是人家点名来要的。其实你们的机会是完全一样的,你们的成绩甚至比林晖还要好,但是除了学习之外,你们需要学的东西太多了,修养是第一课。"

问题:

(1) 为什么说"修养是第一课"?

(2) 应该怎样提高自己的修养?

(3) 礼仪在个人修养中处于怎样的地位?

第三章 个人礼仪——着装

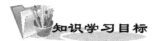 知识学习目标

通过本章的学习，了解着装的基本礼仪、男式西装的着装礼仪、女装的着装及佩饰。

西方各国日常穿着的服装有各式外衣、衬衫和西服。参加各种隆重的典礼仪式要着礼服或深色西服。男子的礼服可以分为晨礼服、小礼服和大礼服。女子服装种类样式繁多，礼服可以分为长礼服、小礼服和大礼服，并佩戴相应的饰物。实际上，现在除极少数国家在个别场合还有规定外，大多数国家在穿着方面趋于简化。

我国没有严格的礼服、便服之分。一般而言，男子的礼服为上下身同色的中山装，穿黑色皮鞋。现在，更多的男子穿着西装参加正式活动。女子按季节和活动性质不同，可穿西装（下衣为西裤或裙）、民族服饰、中式上衣配长裙或长裤、旗袍或连衣裙。我国的出国人员基本上按国内服装穿着，但也应尊重当地的习惯和东道主的要求。女士在正式场合不应穿长裤，应穿旗袍或裙子。

第一节 着装的基本礼仪

着装，是指服装的穿着。但从礼仪的角度看，着装不能简单地等同于穿衣。它是着装人基于自身的阅历修养、审美情趣、身材特点，根据不同的时间、场合、目的，力所能及地对所穿的服装进行精心的选择、搭配和组合。穿衣是"形象工程"的大事。西方的服装设计大师认为："服装不能造出完人，但是第一印象的80%来自着装。"在各种正式场合，注重个人着装的人能体现仪表美，增加交际魅力，给人留下良好的印象，使人愿意与其深入交往。同时，注意着装也是每个事业成功者的基本素养。

着装体现仪表美，除了整齐、整洁、完好，还应同时兼顾以下原则。

（1）文明大方。要求着装要符合本国的道德传统和常规做法。在正式场合，忌穿过露、过透、过短和过紧的服装。身体部位的过分暴露，不但有失自己身份，而且也失敬于人，使他人感到多有不便。

（2）搭配得体。要求着装的各个部分相互呼应，精心搭配，特别是要恪守服装本身及与鞋帽之间约定俗成的搭配，在整体上尽可能做到完美、和谐，展现着装的整体之美。

（3）个性特征。个性特征原则要求着装适应自身形体、年龄、职业的特点，扬长避短，并在此基础上创造和保持自己独有的风格，即在不违反礼仪规范的前提下，在某些方面可体现与众不同的个性，切勿盲目追逐时髦。

一、服装色彩的配置

服装给人的第一印象是色彩。人们经常根据配色的优劣来决定对服装的取舍和评价穿着者的文化艺术修养。所以，服装配色是衣着美的重要一环。服装色彩搭配得当，可使人显得端庄优雅、风姿卓著；搭配不当，则使人显得不伦不类、俗不可耐。要巧妙地利用服装色彩神奇的魔力，得体地打扮自己，就要掌握服装配色的基本原理。暖色调（红、橙、黄等）给人以温和、华贵的感觉，冷色调（紫、蓝、绿等）往往使人感到凉爽、恬静、安宁、友好，中和色（白、黑、灰等）给人平和、稳重、可靠的感觉，是最常见的工作服装用色。在选择服装外饰物的色彩时，应考虑到各种色调与肤色的协调，选定合适的着装、饰物。

（一）服装色彩的搭配技巧

服装色彩的搭配技巧一般来说，有以下三种方法。

1. 同种色相配

这是一种简而易行的配色方法，即把同一色相，明度接近的色彩搭配起来。如深红与浅红、深绿与浅绿、深灰与浅灰等。这样搭配的上下衣，可以产生一种和谐、自然的色彩美。

2. 邻近色相配

把色谱上相近的色彩搭配起来，易收到调和的效果。如红与黄、橙与黄、蓝与绿等色的配合。这样搭配时，两个颜色的明度与纯度最好错开。例如，用深一点的蓝和浅一点的绿相配或中橙和淡黄相配，都能显出调和中的变化，起到一定的对比作用。

3. 主色调相配

以一种主色调为基础色，再配上一二种或几种次要色，使整个服饰的色彩主次分明、相得益彰，这是常用的配色方法。采用这种配色方法需要注意：用色不要太繁杂、零乱，尽量少用、巧用。一般来说，男性服装不易有过多的颜色变化，以不超过三种颜色为好。女子常用的各种花型面料，色彩也不要过于堆砌，否则显得太浮艳、俗气。

不同色彩相配，常采用对比手法。在不同色相中，红与绿、黄与紫、蓝与橙、白与黑都是对比色。对比的色彩，既有互相对抗的一面，又有互相依存的一面，在吸引人或刺激人的视觉感官的同时，产生出强烈的审美效果。因此，鲜艳的色彩对比，也能给人和谐的感觉。如红色与绿色是强烈的对比色，配搭不当，就会显得过于醒目、艳丽。若在红与绿衣裙间适当添一点白色、黑色或含灰色的饰物，使对比逐渐过渡，就能取得协调。或者红、绿双方都加以白色，使之成为浅红与浅绿，看起来就不那么刺眼了。

（二）服装色彩配置应注意的问题

服装色彩配置是很有学问的，没有不美的色彩，只有不美的搭配。服装的色彩要因人而异，随时间、环境、心绪不同而变化。最佳的服装色彩配置是和谐。服装色彩的和谐要注意以下问题。

1. 服装的色彩必须与着装者的发色、发型、肤色相协调

发色	肤色	发型	服装
黑色	任何肤色或偏冷肤色	长或短的直发	沉稳的中性色系的职业装或自然型款式的商务休闲或休闲装
深棕	任何肤色或偏暖肤色	任何发型	任何服饰，偏暖的颜色为佳
浅棕	白皙或古铜色皮肤	长或短的曲发	建议用偏暖并清新亮丽的颜色，款式可加入些时尚元素
红色	白皙或偏冷的肤色	长或短的曲发	可用无彩色系经典包装，或偏冷的颜色，款式可稍前卫
紫色	白皙或小麦色皮肤	任何发型	可选用纯度高的色彩，偏冷的色彩，无彩色系，任何款式均可

2. 服装的色彩要与人的年龄、职业、体型等相协调

不同年龄的人，在穿打扮上应各有特点。如少年儿童天真烂漫、稚嫩可爱，在穿着上就要避免成人化。其服装的配色应花哨自由，色彩鲜艳浓厚、对比强烈、明亮欢快。如大红、粉红、天蓝、嫩绿、明黄、象牙白等色彩适于童装；青年人朝气蓬勃、风华正茂。在服饰上应穿出自己的色彩，并突出青春美。一般来讲，青年人的服装用色应力求明快、鲜艳，宜选择彩度较纯的黄色、绿色以及海蓝、银灰、雪青、洋红等色。身材矮胖的青年，不要穿色彩对比强烈的上下装及横条纹或大方格衣服，而应采用单色、明度对比不大的调和色。瘦长苗条的姑娘宜穿红、黄、橙等暖色服装，因为明亮的暖色可使人显得丰满。身材高大的女青年，服装不宜采用大面积的鲜艳色彩，不宜穿上下一色的套装，要以一个基本色调为主，加以适当的色彩点缀，不宜穿竖条纹的衣服。

3. 服装的色彩要与人的性格、气质、精神面貌相协调

（1）开朗热情的人适合高明度面料的服装。如较单纯，亮度较强的颜色，而不太适合中性色或含蓄的颜色，如黑、白、红色等。

（2）比较自然潇洒的人较适合高明度及比较果断的颜色，如大红、翠绿、明黄等。

（3）活泼好动的人更适合明快的颜色，如橘黄、砖红色等。

（4）朴素，严谨的人适合低明度的装束，如深灰、驼色或蓝色等。

（5）安详好静的人适合浅色，如浅粉、藕荷色等。

（6）理性较强的人适合对比色，条纹或规格的点状图案，如黑与白、红与白等。

4. 服装色彩要与季节、环境、场合相协调

服装的色彩要与自然界季节的变化同步。春季，大地复苏、万象更新、欣欣向荣，大自然的色彩走向温和，明快艳丽的色彩更适宜人们此时的心境。夏日，烈日骄阳，无处躲藏的炽热让人们渴望凉爽，服装色彩以宁静的冷色和能反射阳光的浅色为主。秋季是成熟的季节，自然界色彩丰富多变，秋季服装的色彩趋于沉稳、饱满、中性、柔和。冬季气候寒冷，自然界色彩趋于单调，冬装的色彩既可以与季节相搭配，也可以用强烈的色彩组合来使冬天增添活力。

一个人的服装颜色必须与周围环境及气氛相吻合、协调。例如，参加野外活动或体育比赛时，服装的颜色应鲜艳一点，能给人以热烈、振奋的美感；而参加正规会议或业务谈判时，服装的颜色则以庄重、素雅的色调为佳，可显得精明能干而又不失稳重矜持；居家休闲时，服装的颜色可以轻松活泼一些，式样宽大随便一些，这样能增加家庭的温馨感。参加婚礼，宜穿鲜艳的服装；参加葬礼，宜穿黑色与白色的服装。

二、不同场合的着装

各国各民族对服饰有诸多的要求，服装的种类、款式、色彩千变万化。现在国际上，重大社交场合应着礼服，一般场合可着西装和便服。

（一）礼服

传统的西方礼服有大礼服、小礼服、晨礼服之分。大礼服也称燕尾服，由黑色和白色衣料做成，背后裁剪得就像燕子的尾巴，是夜晚的正式礼服。国际上有许多重大仪式，都要求穿燕尾服。小礼服也称晚餐服和便礼服，一般参加晚 6 时以后举行的晚宴、音乐会、剧院演出等活动穿这种礼服。晨礼服为白天参加典礼、教堂礼拜的着装。女性的服装花色、式样繁多。礼服可分为长礼服、小礼服和大礼服。女士礼服的特点是日间密实、夜晚露肤，晚礼服使用闪光布料及装饰品。近年来，大多数国家在着装方面日趋简单化，在许多正式场合，男士穿着一套质料上好的深色西装，便可登堂入室。

我国的服装没有严格的礼服、便服之分。在正式场合，男士一般穿中山装或西服套装配领带。女士按照季节和场合不同可穿西装、民族服装、旗袍、套裙或连衣裙，服装要整洁，裤线要挺直，颜色不宜过多。

（二）职业服装

职业服装主要指工作场合的着装。职业服装不同于礼服那么考究华贵，也不像便服那么随意。不可过分惹人注目，不可穿过于时髦和"前卫"的服装。穿着职业服装不仅是对服务对象的尊重，同时也使着装者有一种职业的自豪感、责任感，是敬业、乐业在服饰上的具体表现。规范穿着职业服装的要求是整齐、清洁、挺括、大方。

（1）整齐。服装必须合身，袖长至手腕，裤长至脚面，裙长过膝盖，尤其是内衣不能外露；衬衫的领围以插入一指大小为宜，裤裙的腰围以插入五指为宜。不挽袖，不卷裤，

不漏扣，不掉扣；领带、领结、飘带与衬衫领口的吻合要紧凑且不系歪；如有工号牌或标志牌，要佩戴在左胸正上方，有的岗位还要戴好帽子与手套。

（2）清洁。衣裤无污垢、无油渍、无异味，领口与袖口处尤其要保持干净。

（3）挺括。衣裤不起皱，穿前要烫平，穿后要挂好，做到上衣平整、裤线笔挺。

（4）大方。款式简练、高雅、线条自然流畅，便于岗位接待服务。

男士的职业装以西装、衬衫为主，女士则应以做工考究的套装、套裙为主。有些单位要求员工统一着装，并佩带统一的标志。有的虽未有统一着装，但对工作时着装有严格的规定：如男士必须穿西装，打领带。总之，工作场合着装必须是庄重、整齐，它表明了员工的责任感和可信任度，表现了对他人的尊重，也显示了良好的企业形象。

（三）便装

便装包括家常服装、运动便装、休闲装等。外出旅游、参观游览或休闲在家，着装可随便些，一般以宽松舒适为宜。可以根据自己的特点、爱好去选择，但也要注意得体适度。随着生活水平和着装品位的提高，人们已逐步改变了那种休闲时穿旧的或松垮的衣服的观念。

在各种场合都应讲究服饰礼仪，正式的隆重的场合应着礼服，着装应庄重，避免轻佻。在隆重的正式场合男性除穿中山装外，还可穿西服或庄重的民族服装。女性按季节与活动性质的不同，可穿西服（配着西裤或裙）、民族服装、中式上衣配长裙或长裤、旗袍、连衣裙等；夏季也可穿长、短袖衬衫配长裤或长裙。男士西装颜色宜深些，不宜穿T恤、紧身裤及牛仔裤出席。郊游时最好穿随意性较强的休闲装，颜色可鲜艳些，与郊外秀丽的风光相适应，而穿正规的西装、高跟鞋则会显得不和谐。参加晚会、音乐会可穿华丽的服装，而出席婚礼、宴会到朋友家做客或参加联欢会，则应穿着美观大方，女士应当化妆打扮，但应自然、得体，且不可过分炫耀。尤其是在婚礼或宴会中，装扮不应超过主人，否则就是不礼貌。参加葬礼或吊唁活动，应穿着黑色或深色服装，女士不宜抹口红，不宜佩戴饰物。婚纱只能在婚礼上穿着，其他场合不宜穿着。在校学生的服装应以自然质朴为宜，款式和线条要简捷流畅，以表现青少年热情、纯洁、积极向上的精神风貌。俗话说："鞋袜半身衣。"就是说，光有好看的衣着是不够的，还要配上合适的鞋袜。男士穿黑色系带皮鞋、深色袜子，显得庄重大方，能适应各种衣着。女士穿下摆窄或膝盖以上的短裙时，长袜不应露在裙子的下摆外，同时，要注意切勿在人前把腿跷起来。

在不同的时间、地点、场合穿着符合身份的得体服装，是社交活动中着装的基本原则。着装得体，能显示出特有的品位和风格，产生特殊的魅力。如果不符合这条原则，即使穿上华丽、名贵的服装，也会让人觉得没有品位，甚至闹出笑话。

三、日常着装"五忌"

（1）忌露。日常工作与外出时，着装不能露出肚脐、脊背等。

（2）忌透。衣服再薄、天气再热，也不能使内衣、背心等若隐若现，也不能在公共场合内衣外传。

（3）忌紧。制服过于紧身，让内衣、内裤的轮廓在外显露，是既不文雅也不庄重的。

（4）忌异。不可穿着过分新奇古怪，招摇过市。

（5）忌乱。不可穿着不讲究，卷袖子，敞扣子，颜色过乱，饰物乱配，衣服脏、破、皱，不烫不熨，油垢、牙膏痕迹"昭然若揭"。

第二节　男式西装的着装礼仪

一、西装的穿着

西装是一种国际性服装。西装是男士的正装，礼服。在大多数社交活动中，男子都穿西装。西装可分工作用的西装、礼服用的西装、休闲用的西装等。一套合体的西服，可以使着装者显得潇洒、精神、风度翩翩。人们常说："西服七分在做，三分在穿"，那么怎样穿西服才算得体呢？

1. 西装款式与场合

西服有两件套、三件套之分，正式场合应穿同质、同色的深色毛料套装。二件套西服在正式场合不能脱下外衣。按习俗，西服里面不能加毛背心或毛衣。在我国，至多也只能加一件"V"字领羊毛衣，否则显得十分臃肿，以致破坏西服的线条美。现在男子常穿的西装有两大类：一类是平驳领、圆角下摆的单排扣西装；另一类是枪驳领、方角下摆的双排扣西装。另外西装还有套装（正装）和单件上装（简装）的区别。套装要求上下装面料、色彩一致，这种两件套西装再加上同色同料的背心（马甲）就成为三件套西装。套装如作正式交际场合的礼服用，色调应比较深，最好用毛料制作。在半正式交际场合，如在办公室参加一般性的会见，可穿色调比较浅一些的西装。在非正式场合，如外出游玩、购物等，如穿西装，可以是穿单件的上装，配以其他色调和面料的裤子。

2. 西装穿着要领

穿双排扣的西装一般应将纽扣都扣上。穿单排扣的西装，如是两粒扣的只扣上面的一粒，三粒扣的则扣中间的一粒。在一些非正式场合，可以不扣纽扣。穿西装时衬衫袖口一定要扣上。西装的驳领上通常有一只扣眼，这叫插花眼，是参加婚礼、葬礼或出席盛大宴会、典礼时用来插鲜花用的，在我国人们一般无此习惯。西装的衣袋和裤袋里，不宜放太多的东西，最好将东西放在西装左右两侧的内袋里。西装的左胸外面有个口袋，这是用来插手帕用的，起装饰作用，在此胸袋里不宜插钢笔或放置其他东西。

3. 西装与衬衫

衬衫为单色，领子要挺括，不能有污垢、油渍。衬衫下摆要放在裤腰里，系好领扣和袖扣。衬衫衣袖要稍长于西装衣袖 0.5～1 厘米，领子要高出西装领子 1～1.5 厘米，以显示衣着的层次。若不系领带，衬衫的领口应敞开。在正式交际场合，衬衫的颜色最好是白色的。

4. 西装与鞋袜

穿西装时不宜穿布鞋、凉鞋或旅游鞋。庄重的西装要配深褐色或黑色的皮鞋。袜子的颜色应比西装深一些，花色要尽可能朴素大方。

5. 系好领带，戴好领带夹

领带是西装的灵魂。西装驳领间的"V"字区最为显眼，领带应处在这个部位的中心。领带的领结要饱满，与衬衫的领口吻合要紧凑，领带的长度以系好后下端正好触及腰上皮带扣上端为最标准。领带夹一般夹在衬衫第三粒与第四粒扣子间为宜。西装系好纽扣后，不能使领带夹外露。

6. 用好衣袋

西服上衣两侧的口袋只作装饰用，不可装物品，否则会使西服上衣变形。西服上衣左胸部的衣袋只可放装饰手帕。有些物品，如票夹、名片盒可放在上衣内侧衣袋里，裤袋亦不可装物品，以求臀位合适，裤形美观。

7. 穿好皮鞋

穿西服一定要穿皮鞋，而且裤子要盖住皮鞋鞋面。不能穿旅游鞋、轻便鞋、布鞋或露脚趾的凉鞋，也不能穿白色袜子和色彩鲜艳的花袜子。男士宜着深色线织中筒袜，切忌穿半透明的尼龙或涤纶丝袜。

二、领带的学问

在男士穿西装时，最抢眼的，通常不是西装本身，而是领带。因此，领带被称为西装的"画龙点睛之处"。一位只有一身西装的男士，只要经常更换不同的领带，往往也能给人以天天耳目一新的感觉。

领带属于男士的饰物，因此女士一般不打领带。男士打领带，以穿着西装之时为佳，因此领带又叫做"西装的灵魂"。穿西装时，特别是穿西装套装时，不打领带往往会使西装黯然失色。

1. 领带的款式

领带的款式，即其形状外观。一般来说，它有宽窄之分，这主要受到时尚流行的左右。进行选择时，应注意最好使领带的宽度与自己身体的宽度成正比，而不要反差过大。它还有箭头与平头之别。前者下端为倒三角形，适用于各种场合，比较传统。后者下端平头，比较时髦，多适用于非正式场合。

2. 领带的打法

打领带时，应对领带的结法、领带的长度、领带的位置、领带的佩饰多加注意，才有可能将领带打得完美无缺。

（1）领带的结法。领带扎得好不好看，关键在领带结打得如何。打领带结有三点技巧。其一，是要把它打得端正、挺括，外观上呈倒三角形；其二，是可以在收紧领结时，有意在其下压出一个窝或一条沟来，使其看起来美观、自然；其三，是领带结的具体大小不可以完全自行其是，而应令其大体上与同时所穿的衬衫领子的大小成正比例。需要说明的是，穿立领衬衫时不宜打领带，穿翼领衬衫时适合扎领结。

（2）领带的长度。成人日常所用的领带，通常长约130～150厘米。领带打好之后，外侧应略长于内侧。其标准的长度，应当是下端正好触及皮带扣的上端。这样，当外穿的西装上衣系上扣子后，领带的下端便不会从衣襟下面"探头探脑"地显露出来。当然，领带也别打得太短，否则轻易就从衣襟上面跳出来。出于这一考虑，不提倡在正式场合选用难以调节其长度的"一拉得"领带或"一套得"领带。

（3）领带的位置。领带打好之后，应被置于合乎常规的既定位置。穿西装上衣系好衣扣后，领带应处于西装上衣与内穿的衬衫之间，穿西装背心、羊毛衫、羊毛背心时，领带应处于它们与衬衫之间。穿多件羊毛衫时（这种情况不合常规，最好不要出现），应将领带置于最内侧的那件羊毛衫与衬衫之间，不要让领带在西装上衣之外，或是处于西装上衣与西装背心、羊毛衫、羊绒衫、羊毛背心之间，更别让它夹在两件羊毛衫之间。

（4）领带的佩饰。打领带时，在一般情况下，没有必要使用任何佩饰。在清风徐来、快步疾走之时，任领带轻轻飘动，能替男士平添一些潇洒、帅气。有的时候，为了减少领带在行动时任意飘动带来的不便，或为了不使其妨碍本人工作、行动，可酌情使用领带佩饰。领带佩饰的基本作用是固定领带，其次才是装饰。常见的领带佩饰有领带夹、领带针和领带棒。它们分别用于不同的位置，但不能同时登场，一次只能选用其中的一种。选择领带佩饰，应多考虑金属质地制品，并要求素色为佳，形状与图案要雅致、简洁。

领带夹，主要用于将领带固定于衬衫上，因此不能只用其夹着领带，或是将其夹在上衣的衣领上。使用领带夹的正确位置，在衬衫从上朝下数的第四粒、第五粒纽扣之间。最好不要让它在系上西装上衣扣子之后外露。若其夹得过分往上，甚至被夹在鸡心领羊毛衫或西装背心领子开口处，是非常不美观的。

领带针，主要用于将领带别在衬衫上，并发挥一定的装饰作用。其一端为图案，应处于领带之外，另一端为细链，则应免于外露。使用它时，应将其别在衬衫从上往下数第三粒纽扣处的领带正中央。其有图案的一面，宜为外人所见。但是要注意，别把领带针误当领针使用。

领带棒，主要用于穿着扣领衬衫时，穿过领带，并将其固定于衬衫领口处。使用领带棒，如果得法，会使领带在正式场合显得既飘逸，又减少麻烦。

总之，使用领带佩饰时，宁肯不用，也不要乱用。

第三节　女装的着装礼仪

"云想衣裳花想容"，相对于稳重单调的男士着装，女士们的着装则亮丽丰富得多；得体的穿着，不仅可以显得更加美丽，还可以体现出一个现代文明人良好的修养和独到的品位。

一、着装的 TOP 原则

TOP 是三个英语单词的缩写，它们分别代表时间（Time）、场合（Occasion）和地点（Place），即着装应该与当时的时间、所处的场合和地点相协调。

1. 时间原则

不同时段的着装规则对女士尤其重要。男士有一套质地上乘的深色西装或中山装足以包打天下，而女士的着装则要随时间而变换。白天工作时，女士应穿着正式套装，以体现专业性；晚上出席鸡尾酒会就须多加一些修饰，如换一双高跟鞋，戴上有光泽的佩饰，围一条漂亮的丝巾。服装的选择还要适合季节气候特点，保持与潮流大势同步。

2. 场合原则

衣着要与场合协调。与顾客会谈、参加正式会议等，衣着应庄重考究；听音乐会或看芭蕾舞，则应按惯例着正装；出席正式宴会时，则应穿中国的传统旗袍或西方的长裙晚礼服；而在朋友聚会、郊游等场合，着装应轻便舒适。试想一下，如果大家都穿便装，你却穿礼服就有欠轻松；同样的，如果以便装出席正式宴会，不但是对宴会主人的不尊重，也会令自己尴尬。

3. 地点原则

在自己家里接待客人，可以穿着舒适但整洁的休闲服；如果是去公司或单位拜访，穿职业套装会显得专业；外出时要顾及当地的传统和风俗习惯，如去教堂或寺庙等场所，不能穿过露或过短的服装。

二、职业女性着装的要求

1. 整洁平整

服装并非一定要高档华贵，但须保持清洁，并熨烫平整，穿起来就能大方得体，显得精神焕发。整洁并不完全为了自己，更是尊重他人的需要，这是良好仪态的第一要务。

2. 色彩技巧

不同色彩会给人不同的感受，如深色或冷色调的服装让人产生视觉上的收缩感，显得庄重严肃；而浅色或暖色调的服装会有扩张感，使人显得轻松活泼。因此，可以根据不同需要进行选择和搭配。

3. 配套齐全

除了主体衣服之外，鞋袜手套等的搭配也要多加考究。如袜子以透明近似肤色或与服装颜色协调为好，带有大花纹的袜子不能登大雅之堂。正式、庄重的场合不宜穿凉鞋或靴子，黑色皮鞋是适用最广的，可以和任何服装相配。

4. 饰物点缀

巧妙地佩戴饰品能够起到画龙点睛的作用，给女士们增添色彩。但是佩戴的饰品不宜过多，否则会分散对方的注意力。佩戴饰品时，应尽量选择同一色系。佩戴首饰最关键的就是要与你的整体服饰搭配统一起来。

职业女装三种基本类型：西服套裙、夹克衫或不成型的上衣，以及连衣裙或两件套裙。

在这三种类型中，每一种都要考虑其颜色和面料。而西服套裙是女性的标准职业着装，可塑造出强有力的形象。

单排扣上衣可以不系扣，双排扣的则应一直系着（包括内侧的纽扣）。穿单色的套裙能使身材显得瘦高一些。套裙分两种：配套的，其上衣和裙子同色同料；不配套的，其上衣与裙子存在差异。

三、女子着西装时的注意事项

女西装配西装裙时，西装上衣应做得长短适中，以充分展现女性腰部、臀部的曲线美。如果配裤子，则可将上装做得稍长些。无论配裙子或裤子，一般采用同一面料做套装，使得整体感强。鞋和袜子要与西装搭配，要穿长筒袜，没长筒袜时，可以光脚，但不应穿短筒袜。女子西装款式多样，要根据自己的年龄、体型、气质、职业等来选择。要讲究皮鞋、袜子、皮包、饰物、发型、化妆与西装的配套协调。衬衫下摆放进裤子里。

女子着西装有以下"六不"：

（1）西服套装不允许过大或过小。上衣最短齐腰，西服裙子最短到小腿中部，要合体优雅，体现服饰美。

（2）不允许衣扣不到位。不能不系上衣扣，更不能当众脱下上装以示随和泼辣。

（3）不允许不穿衬裙。衬裙颜色应与套装裙颜色一致、协调，不允许内衬为人所见。

（4）不允许内衣外现。衬衫不应透明，内衣不能从领口露出，不能不穿衬衫。直接把连胸式衬裙或文胸当衬衫穿在里面，这样非常有失身份。

（5）不允许随意搭配。套装不能与休闲装混穿，不能与牛仔服、健美裤、裙裤"合作"，黑皮裙、黑皮靴也不能当正装穿。

（6）不允许乱配鞋袜，套装应穿黑色高跟、半高跟皮鞋，肉色丝袜，不要穿花网袜，不能露袜口，也不能穿一长一短两层袜子。

四、女性不恰当的着装

成功的职业女性应该懂得如何适宜地装扮自己。但在日常生活中，职业女性的着装常会出现以下误区。

（1）过分的时髦。现代女性热爱流行的时装是很正常的现象，即使你不去刻意追求流行，流行也会左右着你。有些女性几近盲目地追求时髦。例如，有家贸易公司的女秘书在指甲上同时涂了几种鲜艳的指甲油，当她打字或与人交谈时，都给人一种厌恶的压迫感。一个成功的职业女性对于流行的选择必须有正确的判断力，同时要切记：在办公室，主要表现你的工作能力而非赶时髦的能力。

（2）过分暴露型。夏天的时候，许多职业女性便不够注重自己的身份，穿起颇为性感的服装。这样你的才能和智慧便会被埋没，甚至还会被看成轻浮。因此，再热的天气，应注意自己仪表的整洁、大方。

（3）过分正式型。这个现象也是常见的。其主要原因可以说是没有适合的服装。职业女性的着装应平淡朴素。

（4）过分潇洒型。最典型的样子就是一件随随便便的T恤或罩衫，配上一条泛白的"破"牛仔裤，丝毫不顾及办公室的原则和体制。这样的穿着可以说是非常不合适了。

（5）过分可爱型。在服装市场上有许多可爱俏丽的款式，也不适合工作中穿着。这样会给人轻浮、不稳重的感觉。

第四节　着装佩饰

佩饰，这里所指的是人们在着装的同时所选用、佩戴的装饰性物品。佩饰的实用价值不是很强，有些佩饰甚至毫无实用价值。从总体上讲，它对于人们的穿着打扮，尤其是对于服装而言，只起着辅助、烘托、陪衬、美化的作用。

从审美的角度来看，它与服装、化妆一道被列为人们用以装饰、美化自身的三大方法之一。较之于服装，它更具有装饰、美化人体的功能。所以有人不仅将它视为服装的一个有机组合部分，而且还将它当作人们的服饰之中集聚他人视觉的焦点，认为它发挥画龙点睛的作用。

在社交场合，佩饰尤为引人注目，并发挥着一定的交际功能。这主要体现在两个方面：第一，它是一种无声的语言，可借以表达使用者的知识、阅历、教养和审美品位；第二，它是一种有意的暗示，可借以了解使用者的地位、身份、财富和婚恋现状。这两种功能，特别是第二种功能，是普通服装所难以替代的。

1. 戒指

戒指，又叫指环，它佩戴于手指之上，男女老少皆宜。戴戒指时，一般讲究戴在左手之上，而且最好仅戴一枚。如果想多戴，至多可戴两枚。戴两枚戒指时，可在一只手上戴在两个相连的手指上，也可以戴在两只手对应的手指上。拇指通常不戴戒指，一个指头上不应戴多枚戒指。

戴薄纱手套时戴戒指，应戴于其内，只有新娘不受此限制。戒指的精细，宜与手指的粗细成正比。表示已婚的结婚戒指，一般戴在左手无名指上。钻戒是最正规的结婚戒指。

从造型上讲，老年人戴的戒指应古朴庄重，年轻人戴的戒指则应小巧玲珑，注重艺术化。

2. 耳环

耳环又叫耳饰，具体又可分为耳环、耳链、耳钉、耳坠等。在一般情况下，它仅为女性所用，并且讲究成对使用，即每只耳朵均佩戴一只。不宜在一只耳朵上同时戴多只耳环。在国外，男子也有戴耳环的，但习惯做法是左耳上戴一只，右耳不戴。双耳皆戴者，会被人视为同性恋。

佩戴耳环，应兼顾脸形。总的来说，不要选择与脸形相似形状的耳环，以防同形相斥，使脸形方面的短处被强调夸大。

若无特殊要求，不要同时戴链形耳环、项链与胸针。三者皆集中于齐胸一线，若同时出现，容易显得过分张扬，且繁杂凌乱。

3. 手镯

手镯，即佩戴于手腕上的环状饰物。佩戴手镯，所强调的是手腕与手臂的美丽。故两者不美者应慎戴。男人一般不戴手镯。

手镯可以只戴一只，也可以同时戴上两只。戴一只时，通常应戴于左手。戴两只时，可一只手戴一个，也可以都戴在左手上。同时戴三只手镯的情况比较罕见。不要在一只手上戴多只手镯。

4. 手链

手链，是一种佩戴于手腕上的链状饰物。与手镯不同的是，男女均可佩戴手链，但一只手上仅限戴一条手链。

在普通情况下，手链应仅戴一条，并应戴在左手上。在一只手上戴多条手链，双手同时戴手链，手链与手镯同时佩戴，一般是不允许的。在一些国家，所戴手镯、手链的数量、位置，可用以表示婚否。它与手镯均不应与手表同戴于一只手上。

5. 胸针

胸针，即别在胸前的饰物，多为女士所用。其图案以花卉为多，故又称胸花。

别胸针的部位多有讲究。穿西装时，应别在左侧领上。穿无领上衣时，则应别在左侧胸前。发型偏左时，胸针应当居右；反之，胸针应当居左。其具体高度，应在从上往下数的衣服第一粒、第二粒纽扣之间。

6. 领针

领针，即专用于别在西式上装左侧领之上的饰物。严格讲，它是胸针的一个分支，但男女皆可选用。

佩戴领针，数量以一枚为限。而且不宜与胸针、纪念章、奖章、企业徽记等同时使用。在正式场合，不要佩戴有广告作用的别针。不要将其别在诸如右侧衣领、帽子、书包、围巾、裙摆、腰带、裤腰、裤管等不恰当的位置上。

7. 项链

项链，是戴于颈部的环形首饰，男女均可使用。但男士所戴的项链一般不应外露。通常，所戴的项链不应多于一条，但可将一条长项链折成数圈佩戴。

项链的粗细，应与脖子的粗细成正比。从长度上区分，项链可分为四种。其一，是短项链，约长40厘米，适合搭配低领上装；其二，是中长项链，约长50厘米，可广泛使用；其三，是长项链，约长60厘米，适合女士使用于社交场合；其四，是特长项链，约长70厘米以上，适合女士用于隆重的社交场合佩戴。

8. 手表

手表又叫腕表，即佩戴在手腕上的用以计时的工具。在社交场合，佩戴手表，通常意味着时间观念强、作风严谨。

在正规的社交场合，手表往往被视同首饰，对于平时只有戒指一种首饰可戴的男士来说，更是备受重视。有人甚至强调说："手表不仅是男人的首饰，而且是男人最重要的首饰。"在西方国家，手表、钢笔与打火机曾一度被称为成年男子的"三件宝"，是每个男人须臾不可离身之物。

与首饰相同的是，在社交场合人们所戴的手表往往体现其地位、身份和财富状况。因此在人际交往中人们所戴的手表，尤其是男士所戴的手表，大都引人注目。

佩戴手表若要正确无误，自然先要了解手表，并且善于选择手表。选择手表，往往应注重其种类、形状、色彩、图案、功能等五个方面的问题。

（1）种类。根据标准的不同，手表可以分为许多不同的种类。在社交场合，人们一般都是依据价格来区分其种类的。按照这个标准，手表可被分为豪华表、高档表、中档表、低档表等四类。以时价而论，豪华表价格在10 000元以上，高档表在2 000～10 000元，中档表在500～2 000元，低档表在500元以下。选择手表的具体种类时，首先要量力而行，不要做力不从心的事。另外，还要同时顾及个人的职业、露面的场合、交往的对象和同时所选用的其他服饰等一系列相关因素。

（2）形状。手表的造型往往与其身价、档次有关。在正式场合所戴的手表，在造型方面应当庄重、保守，避免怪异、新潮。男士，尤其是位尊者、年长者更要注意。造型新奇、花哨的手表，仅适用于少女及儿童。一般而言，正圆形、椭圆形、正方形、长方形以及菱形手表，因其造型庄重、保守，适用范围极广，特别适合在正式场合佩戴。

（3）色彩。选择在正式场合所戴的手表，其色彩应力戒繁杂凌乱，一般宜选择单色、双色手表，不应选择三色或三种颜色以上的手表。不论是单色手表还是双色手表，其色彩都要清晰、高贵、典雅。金色表、银色表、黑色表，即表盘、表壳、表带均有金色、银色、黑色的手表，是最理想的选择。金色表壳、表带。乳白色表盘的手表，经得住时间的考验，在任何年代佩戴都不会落伍。

（4）图案。除数字、商标、厂名、品牌外，手表上没有必要出现其他没有任何作用的图案。选择使用于正式场合的手表，尤其需要牢记此点。倘若手表上图案稀奇古怪、多种多样，不仅不利于使用，反而有可能招人笑话。

（5）功能。计时，是手表最主要的功能。因此，正式场合所用的手表，不管是跳字式还是报时式，都应具有这一功能，并且应当精确到时、分，能精确到秒则更好。只精确到时的手表，显然不符合要求。有些附加的功能，如温度、湿度、风速、方向、血压、步速等，均可有可无，而且以无为好。总之，手表的功能要少而精，并要有实用价值。

一、简答题

1. 服装色彩的搭配技巧有哪些？
2. 不同场合的着装有什么要求？

3. 西装的穿着有哪些要求？
4. 打领带有何要求？
5. 女士着装的 TOP 原则是怎样的？
6. 职业女性的着装要求有哪些？
7. 各种着装配饰有什么要求？
8. 戒指的佩戴有什么要求？

二、案例拓展训练与分析

案例一：

松下与理发师

日本的著名企业家松下幸之助从前不修边幅，企业也不注重形象，因此企业发展缓慢。一天，理发时，理发师不客气地批评他不注重仪表，说："你是公司的代表，却这样不注重衣冠，别人会怎么想，连人都这样邋遢，他的公司会好吗？"从此松下幸之助一改过去的习惯，开始注意自己在公众面前的仪表仪态，生意也随之兴旺起来，现在，松下电器的种类产品享誉天下，与松下幸之助长期率先垂范，要求员工懂礼貌、讲礼节是分不开的。

问题：

（1）注重仪表的意义何在？
（2）为什么说当今社会中企业的形象和员工的形象有重要的关系呢？

案例二：

穿衣服别出洋相

以下是世纪秘书网的一篇文章：

记得有一次有国外朋友请我去看歌剧。我满心欢喜穿了一套白色的礼服美美地准时赴约。因为有好几个人，我们约定先到他家会合再一起出发。到了他家，我一看，不好！其他人都穿得很随便。我穿着礼服显得格格不入，甚至笨头笨脑。原来这天的歌剧在一个运动场演出。大家都将坐在草地上。可以说是一次正规但轻松的演出，所以不用穿礼服。都怪自己没有问一问朋友，结果出了洋相。

说起洋相这个词儿，里面所包含的东西真可谓概括了中国近百年的变迁。出洋相，就是出丑的意思。原来从前我们中国人觉得露出了洋人的样子就是出了丑。明显这个词儿刚出现的时候中国人的审美观是以中国文化为本位，一切不符合中国文化的都是不好的、丑的。但是经过了近百年的起伏变迁，中国人的审美品位有了很大提高。穿不穿洋服我没有什么特别的看法，但是我觉得有些中国人穿西服还是不地道，给人一种穿错了衣服的感觉。就好像我们第一次看见穿唐装的外国人一样，说不出的别扭。

经常听到同胞们说洋人穿衣服随便。可能因为这样的想法他们穿洋服的时候就也随便了。其实这就大错特错了。洋人穿衣是有很多规范的。一般来讲场合决定了穿的服装是否合适。正式的场合不能乱穿不说，就是平常的场合也是有约定俗成的一套穿衣规则。譬如洋朋友请吃饭，虽然跟英女王请吃饭的重要性不同，穿牛仔裤还是显得不是很尊重主人家，就是不穿西装也最起码该穿西裤。但是如果是好朋友一起去麦当劳又不一样了。所以那次的歌剧，我虽然穿的是很好的白礼服，但因为场合不对还是出了洋相———穿得过于隆重了。

回国以后，我发觉这问题好像又有不一样的看法了。不少人好像是采取了洋为中用的政策，西服还是照着自己的规矩穿。我家旁边工地上的工人基本上就都是穿西装上衣和泥的。我提到他们不是我歧视，觉得工人不该穿西装上衣和泥，而是因为我对中国人穿西服要不要自创一套规范还没有想到答案。在国内我还经常看见一些人穿着睡衣在街上跑。最好玩的一次是在上海南京东路上，看到两夫妻都穿着睡衣在逛街。头发梳得一丝不苟，带着太阳镜，脚上还穿着皮鞋！在国外睡衣是绝不能在外人面前穿的。很多外国人觉得穿着睡衣跟没穿衣服没什么分别，他宁愿你看到他穿着内衣，也不愿意让你看到他穿着睡衣。这样的偏执实在也有些奇怪，但他们的习惯就是这样。所以大家千万别穿着睡衣就到洋邻居家串门借糖借盐，否则女主人一定会觉得中国男人不文明！

问题：

（1）读了这篇文章你有何感想？

（2）你对着装的"TOP"原则是怎样理解的？

第四章 个人礼仪——仪态

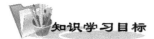知识学习目标

通过本章的学习，了解仪态的相关礼仪，包括站姿、坐姿、行姿与蹲姿；眼神、微笑与手势；空间方位礼仪等。

仪态美即姿势、动作的美，是人体具有造型性因素的静态美和动态美。培根说："相貌的美高于色泽的美，而优雅合适的动作的美又高于相貌的美。"这是因为姿态比相貌更能表现出人的精神气质。姿态主要表现在站、坐、行、卧等方面。体态无时不存在于你的举手投足之间，优雅的体态是人有教养、充满自信的完美表达。美好的体态，会使你看起来更加年轻，也会使你身上的衣服显得更漂亮。善于用你的形体语言与别人交流，你定会受益匪浅。

黛安娜·维瑞兰德是目前世界最重要的时装权威之一，她曾说过：脖颈、脊背、手臂和腿的伸展以及轻捷的步履是与美紧密相连的。她说得不错，你的体态很能说明你的一切。假如你很消沉或情绪低落，你就会萎靡不振；假如你很疲惫，你就会无精打采；假如你感到无保障不稳定，那么你的体态也不会舒展。你的体态还能决定你身上服装的效果。即使是最昂贵、漂亮、合体的服装，也无法掩饰一个萎靡不振的躯体所给人的不良观感。

第一节 站姿、坐姿、行姿与蹲姿

一、站姿

有很多人不知道怎么站,站起来很不自然,很不漂亮。站立姿势,又称站姿或立姿,是其他动态的身体造型的基础和起点。站立要注意一竖、两横、三点。一竖,就是要求我们在站立的时候全身尽量舒展,好像有一条绳子从天花板把头部和全身连起来,感觉很高,身体都拉起来了;两横,要求肩要平,胯与肩平。也就是不可以耸肩、叩肩,不可以挺胯;三点,要求站立的时候不可以伸脖子,要头正、收腹、提臀。不可以挺肚子、翘屁股。

(一)女士

女人的基本站立姿势应该是:抬头,挺胸,收紧腹部,肩膀往后垂,肩胛骨锁住,前腿轻轻地,重心全部放在后腿上,站的时候看上去有点儿像字母"T",因此人们称之为"基本T"或者"模特T"。这样的站姿显得镇定、冷静、泰然自若,手放在旁边,很好看。女性在站立时,则要注意表现出女性轻盈、妩媚、娴静、典雅的韵味,要努力给人以一种"静"的优美感。

采取基本站姿后,从其正面来看,主要的特点是头正,肩平,身直。从侧面去看,其主要轮廓线则为含颌,挺胸,收腹,直腿。总的来讲,采取这种站姿,会使人看起来稳重、大方、俊美、挺拔。

(二)男士

男人在站立时,要注意表现出男性刚健、潇洒、英武、强壮的风采,要力求给人以一种"劲"的壮美感。正确站姿是挺胸,抬头,收紧腹部,两腿稍微分开,脸上带有自信,也要有一个挺拔的感觉。

二、坐姿

我们经常可以看到有些不正确的坐法:两腿叉开,腿在地上抖,腿跷得太高等。无论你穿什么衣服、裤子或裙子,男士和女士都不能这样做。

(一)女士

正确的坐姿是你的腿进入基本站立的姿态,后腿能够碰到椅子,轻轻坐下来。两个膝盖一定要并起来,不可以分开,腿可以放中间或斜放一侧。如果你要跷腿,两条腿是合并的,并把跷起的脚向下压;如果你的裙子很短的话,一定要小心盖住。尤其是要经常走动或工作的女士,或者要上高台坐下来的主礼嘉宾,都不适宜穿太短的裙子,而且绝不能两腿分开。

(二)男士

膝部可以分开些,但不宜超过肩宽。但不能两腿叉开,半躺在椅子里。

总之,人坐在椅子上可以不时变换一些姿态。但不管如何变,都要端坐,腰挺直,头、上体与四肢协调配合。

三、行姿

不正确的行姿使你看起来无精打采，没有信心，也没有风度。

（一）女士

正确的行姿是：抬头，挺胸，收紧腹部，肩膀往后垂，还是如前所说：想到有一条绳子从天花板垂下把头和身体连起来，把你的身体拉高了。如果你走姿是正确的话，那你的身体的线条会漂亮得多了，走起来身体高很多，而且有自信心。走路的时候双脚内侧要尽量走在一条直线上，如果走外"八"字是十分难看的。而且也不要左右晃肩，上身要挺直不可弓背。

（二）男士

当然步伐不要这样轻，不要有"丁"字形，但走路要抬头挺胸，有自信。

四、蹲姿

（一）女士

有时你不得不蹲下来捡些东西，这在生活中也是难免的。此时，不要光弯腰，臀部向后撅起，这非常不雅，也不礼貌。正确的方法应该弯下膝盖（两个膝盖应该并起来，不应该分开的），臀部向下，上身保持直线，这样的蹲姿就典雅优美了。

（二）男士

没有特点严格的规定。

五、做几个体态的练习

以下有几个优雅体态的练习，主要为女性设计。

古人把优雅体态，概括为"站如松，坐如钟，行如风"。下面几个练习，就是教你如何保持你的体态优雅。

（一）"站如松"

靠墙壁站直，让脚后跟顶住墙，把手放在腰和墙之间，看看是否能放进去？空间是否太大？手应该刚好能放进去，没有多余的空间。如果有很大空间，可以弯下腿，慢慢蹲下去，把手一直放在背后，蹲到一半时，会发现你和墙之间的空间消失了，这种方法能体会到正确体态的感觉。

躺在平面上，也能做同样的练习。可以把脚向臀部方向收，但脚底要保持平放在地板上。

（二）"坐如钟"

首先进入基本站立姿势，后腿能碰到椅子的边沿。然后把手放在大腿上，以保持平衡。弯曲双膝，后背要挺直，坐到椅子边上，不要"陷"在里面。

由保持基本立姿势的双腿，变换成双腿侧放，可以向左，也可以向右；或者把一条腿放在另一条腿上，但在变换姿势时，两个膝盖一定要合拢，千万不能分开。

要想站起来，按照相反的步骤做就行了。但一定要抬头、挺胸。

（三）"行如风"

要记住，我们不是在赛跑，而是练习轻捷的步伐，走路时也要保持优雅的体态。你可以把一本书放在你的头顶上，放稳之后再松手。接着把双手放在身体两侧，再慢慢地、小心地从基本站立姿势起步走。尽管你可能会感到这种方法有点不自然，但走路时关键是要摆动大腿关节部位，而不是膝关节，这样步伐才能轻捷。

一旦学会了正确的体态后，一定要好好地练习，相信很快优雅、大方的动作就会自然地成为你的一部分，根本不用特别想到它了。你会发现你根本不用在意自己怎样坐、怎样站、怎样做某些动作，因为你已经完全自如了。你可以把注意力完全集中到更重要的事情上去——譬如用心结交新的朋友或是学习你周围世界新的更有意思的东西。

第二节　眼神、微笑与手势

一、眼神

眼睛是心灵的窗口，目光是面部表情的第一要素。一双眼睛能传递出喜、怒、哀、乐等不同的情感。人们在日常生活之中借助于眼神所传递出信息，可被称为眼语。在人类的五种感觉器官眼、耳、鼻、舌、身中，眼睛最为敏感，它通常占有人类总体感觉的70%左右。因此，泰戈尔便指出："一旦学会了眼睛的语言，表情的变化将是无穷无尽的。"眼神，是对眼睛的总体活动的一种统称。对自己而言，它能够最明显、最自然、最准确的展示自身的心理活动。对他人而言，与其交往所得信息的87%来自视觉，而来自听觉的信息则仅为10%左右。所以孟子说："存乎人者，莫良于眸子，眸子不能掩其恶。胸中正，则眸子瞭焉。胸中不正，则眸子眊焉。听其言，观其眸子，人焉廋哉。"

因此，交际中要善于运用目光传达自己的情感。

1. 注视对方时应当注意，交流中的注视，绝不是把瞳孔的焦距收束，紧紧盯住对方的眼睛，凝视对方会让人感到尴尬。除了恋人之间，对异性肆无忌惮的凝视会让对方非常反感。交流时正确的目光应当是自然地注视。一般来说目光不要聚集在交往对象的某一个部位。

在人际交往中，尤其是与熟人相处时，注视对方时间的长短，往往十分重要。在交谈中，听的一方通常应多注视说的一方。

（1）表示友好。若对对方表示友好，则注视对方的时间应占全部相处时间的约1/3左右。

（2）表示重视。若对对方表示关注，比如听报告、请教问题时，则注视对方的时间应占全部相处时间的约2/3左右。

（3）表示轻视。若注视对方的时间不到相处全部时间的1/3，往往意味着对其瞧不起，或没有兴趣。

（4）表示敌意。若注视对方的时间超过了全部相处时间的2/3以上，往往表示可能对对方抱有敌意，或是为了寻衅滋事。

（5）表示兴趣。若注视对方的时间长于全部相处时间的2/3以上，还有另一种情况，即对对方发生了兴趣。

2. 不要不停地眨眼和移动眼神。这样做，别人会认为你是不礼貌和不真诚的。

3. 在注视他人时，目光的角度有：平视、侧视、仰视和俯视。平视表示客观和理智；

仰视表示尊重敬畏；俯视表示权威和轻慢；侧视会让对方感觉不适，也是一种很无礼的行为。我们在生活中应该学会控制自己的目光，使其在不同的对象面前表示不同的含义。如在长辈面前尽量要用一种敬重敬畏的目光，视线不可以向下，用一种俯视的轻慢态度对待长辈。在任何情况下都应尽量避免用一种轻蔑或不屑的眼神。在朋友面前眼神应该是热情和友好的。在和别人交谈的过程中，一定要看着对方，适时地看着对方的眼睛，表示你在听。不要不看对方甚至闭上双眼，这样容易被理解为厌烦或拒绝。

世界各族民众，往往用特定眼神来表示一定的礼节或礼貌。

（1）注视礼：阿拉伯人在倾听尊长或宾朋谈话时，两眼总要直直地注视着对方，以示敬重。日本人相谈时，往往恭恭敬敬地注视着对方的颈部，以示礼貌。

（2）远视礼：南美洲的一些印第安人，当同亲友或贵客谈话时，目光总要向着远方，似东张西望状。如果对三位以上的亲朋讲话，则要背向听众，看着远方，以示尊敬之礼。

（3）眯目礼：在波兰的亚斯沃等地区，当已婚女子同丈夫的兄长相谈时，女方总要始终眯着双眼，以示谦恭之礼。

二、微笑

每个人可能都曾有过这样的经历：在公共汽车上，突然遇到了急刹车，由于自己没有抓牢扶手，一下就撞到了别人身上，这时你愿意看到一张写满讨厌和责备的冷漠的脸，还是愿意看到一张表示宽容和谅解的微笑的脸？相信每个人都期待着后者，因为这样的微笑其实在说："我知道你不是故意的，没关系。"而这时的你，也只需微笑一下，就已经表明了这样的意思："我不是故意的，对不起。"其实，不管你是撞人者，还是被撞者，遇到这样的情况，我们只需彼此微笑一下，就已经表明了道歉或原谅的意思。每个人都愿意面对一张微笑的脸，看到别人的微笑，我们会觉得别人对自己很友善、和蔼可亲、彬彬有礼。会微笑的人无论走到哪里都是最受欢迎的人。

美国希尔顿酒店总公司董事长康纳·希尔顿在五十多年的经营里，不断地到他设在世界各地的希尔顿酒店视察，视察中他经常问下级的一句话是："你今天对客人微笑了没有？"这个问题，中国所有的企业家，特别是对外服务行业的员工，都应当重视。

微笑可以表现出温馨、亲切，能有效地缩短双方的距离，给对方留下美好的心理感受，从而形成融洽的交往氛围。面对不同的场合、情况，如果能用微笑来接纳对方，可以反映出本人良好的修养，待人的至诚。

微笑有一种魅力，它可以使强硬者变得温柔，使困难变容易。所以，微笑是人际交往中的润滑剂，是广交朋友、化解矛盾的有效手段。有人说"微笑是一种有效的交际世界语言"。到了异地可以不懂得当地的语言，带着你的微笑，你会获得更多的人的帮助。纽约的一家百货公司的经理说，在录用女店员时，小学未毕业却能经常微笑的女子，比大学毕业却冷若冰霜的女子的机会大得多。

微笑要发自内心，不要假装。虚伪的假笑、皮笑肉不笑反而不如不笑得好。要笑得好很容易，想象对方是自己的朋友或兄弟姐妹，就可以自然大方、真实亲切地微笑了。在某些场合是不可以微笑的，比如丧葬。同时在另外一些场合，比如正式的商务场合笑也要把握一个尺度，突然哈哈大笑、笑得前仰后合或表情过于夸张也会让别人摸不着头脑。

微笑是源于内心的一种情感,一个心地善良、对生活充满着热情的人才能在交际生活中掌握这种高级的社交手段。

三、手势

在社交中除了运用眼光和微笑传情达意之外也要充分运用手势。如用手挠后脑,表明不知所措或害羞;手没有目的的乱动会不经意间透露出你心底的秘密,说明你很紧张,情绪难控;与人说话时抱着双臂说明你内心里对谈话对象并不是很尊重或并不想和对方亲密。

(一)拱手作揖

1. 拱手礼。拱手礼,又叫作揖礼,在我国至少已有两千多年的历史,是我国传统的礼节之一,常在人们相见时采用。中国的"作揖"礼,可以说是世界上最文明的礼节。它最大的优势在于没有皮肤接触不会传染疾病;在很远的距离就可以表达自己对别人的尊重,也不会闻到对方的气味;作揖礼是简洁省时的礼节,一群人见面后,相互作个揖只需要十来秒的时间就可以结束,而一群人见面后——握手拥抱就相对多花很多时间。

2. 作揖的基本手势是右手握拳,左手搭与右手之上,表示左阳右阴;两手相抱,是以双手代表自己的头;双手以臂为轴,旋转运动下垂,表示扣头与点头之意,表示对别人的尊重。作揖有很多表达形式,有高揖与低揖,立正揖与随势揖,朋友告别时,转身作揖也是可以的。目前,它主要用于佳节团拜活动、元旦、春节等节日的相互拱手、致意祝贺等。

(二)招手礼

1. 召唤对方以示注意。我们中国人在召唤别人的时候,掌心习惯向下。但是在欧美人眼中,召唤时掌心向下是在召唤宠物。对他们而言掌心向上召唤特别是伸出一支食指表示挑衅。在欧美要引起别人注意,如召唤一名侍者,最普通的手势是举手,并竖起食指,到头部的高度,或者再高一些;另一种召唤或引起注意的手势是举手,手掌摊开,频频挥手以引起注意。人们也可以食指频频向内屈伸以示"过来"。还有,如果你要召唤一名侍者到你的桌旁,你只要设法让他看到你,然后很快向他点一点头。

2. 挥手告别。表示告别时,一般右手高举过顶,掌心向前,左右不停摇动。

(三)合十礼

合十礼又称合掌礼,流行于南亚和东南亚信奉佛教的国家。其行礼方法是:行礼时应面对受礼者,两个手掌在胸前合拢并齐,掌尖和鼻尖基本相对平齐,手掌微微向下,以示虔诚,头略低,面带微笑。受礼者应以同样礼节还礼。

(四)引导手势

1. 直臂式。需要给宾客指引较远的方向时,采用直臂式。手指并拢,掌伸直,屈肘从身前抬起,向指引的方向摆去,摆到肩的高度停止,肘关节基本伸直。同时加上礼貌用语,如"小姐,跟我来"、"里面请"等。不可只用一只手指指出方向,显得不礼貌。

2. 横摆式。这种手势一般用来指引较近的方向。大臂自然垂直,以肘为轴,小臂缓缓向一旁摆出与腰间大约呈45°左右。另一只手下垂或背向身后,面带微笑同时加上礼貌用语。

3. 双臂横摆式。这种手势一般用于宾客比较多或业务繁忙的时候。双手经腹部抬起，手掌向上，向两侧摆出，上身稍前倾，微笑施礼。

4. 斜摆式。这种手势一般用来引领宾客坐在座位上。椅子在引领者左方，左手在前、右手在后，双手掌向上，并向椅子方向摆出，上体微微前倾，面带微笑说"请坐"。

（五）其他手势的含义

1. "OK"的手势。一般表示同意、赞同的意思。这个手势在我国还有表示零或三的意思；在韩国或日本有表示金钱的意思；在拉美国家则表示侮辱男人、引诱女人。

2. "V"字形手势。英国的首相丘吉尔最喜欢的手势就是"V"。从第二次世界大战胜利，到以后长时期的和平运动，这个手势像字母"V"，是Victory的第一个字母，表示"胜利"或"和平"。掌心要向外，掌心向内就有侮辱人贬低人的意思。但在希腊，这个手势不管掌心向内向外都有对人不恭之嫌。

3. 竖起大拇指。飞行员在世界各地都这么做，宇航员甚至在地球外也这么做，竖起大拇指（Thumbs up）向上几乎已成为全世界公认的表示"一切顺利"或者"好"、"干得出色！"以及另外十几种类似的信息。但是，注意有许多例外：在美国和欧洲部分地区，在公路上走，若你走在路边竖起大拇指，并摇动这手势，通常用来表示要搭便车。拇指向下则代表着厌恶和反对。

4. 双手抱头。很多人喜欢用单手或双手抱在脑后，这一体态的本意，是放松。在别人面前特别是给人服务的时候这么做的话，会给人一种目中无人的感觉。

5. 摆弄手指。反复摆弄自己的手指，要么活动关节，要么捏响，要么攥着拳头，或是手指动来动去，往往会给人一种无聊的感觉，让人难以接受。

6. 手插口袋。在工作中，通常不允许把一只手或双手插在口袋里。这种表现，会让人觉得你在工作上不尽力，忙里偷闲。

第三节　空间方位礼仪

一、方位观

（一）古代的方位观

我国古人是崇尚南方的，因为古人讲究阴阳，南面为阳、北面为阴。于是有了"面南称王"、"面北称臣"。古人尚南还尚东，以东为上、为首，日出东方。据此延伸，皇帝面南，左边为东方，所以古人又尚左，以左边为上位。像中国的对联，左边为上联，右边为下联。

（二）现代的方位观

现代礼仪中方位的上下、主次关系既继承了我国古代礼仪，也学习借鉴了世界大多数国家礼仪的方位观。

1. 前后。行进时，前为上，后为下。为了表达对长辈、上级的尊敬，在行进中一般是要请长辈、上级先行，自己后半步随行。对于主客之间，在进门、上车上楼梯时也要礼貌地请客人先行一步。

2. 左右。对于左右现代礼仪学讲究右为上，左为下。两人并行为了显示对对方的尊重要主动走在左侧，而把对方让于自己的右侧。

3. 中间和两侧。居中为上。三人并行，要主动把地位最高者让在中间。

二、接待工作中的座次安排

（一）谈判仪式的座次安排

在接待工作中难免会遇到布置谈判会场的情况，这时主方、客方的座次安排如下图，每个示意图都以下方为门。

（二）签字仪式的座次安排

签字仪式的座次安排如下图所示，每个示意图以下方为观众席及记者席。

（三）会见座次安排

国家领导人在接见外宾时，一般采取以下形式：

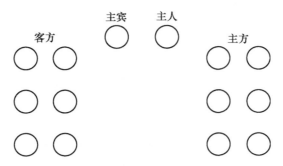

从总体上讲，会客时通常应当恭请来宾就座于上座。会见时的座次安排，大致有如下两种主要方式。

1. 相对式

它的具体做法，是宾主双方面对面而坐。这种方式显得主次分明，往往易于使宾主双方公事公办，保持距离。它多适用于公务性会客。它通常又分为两种情况。

如下图所示，双方面对面地就座。此时讲究进门后"以右为上"、"以远为上"，左侧之座为下座。

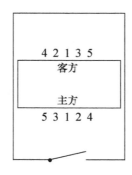

2. 并列式

它的基本做法，是宾主双方并排就座，以暗示双方"平起平坐"，地位相仿，关系密切。它具体分为以下两类情况。

① 双方一同面门而坐。此时讲究"以右为上"，即主人要应请客人就座在自己的右侧。若双方不止一人时，双方的其他人员可各自分别在主人或主宾的一侧按身份高低依次就座。

② 双方一同在室内的右侧或左侧就座。此时讲究"以远为上"，即距门较远之座为上座，应当让给客人；距门较近之座为下座，应留给主人。如下图所示。

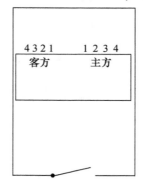
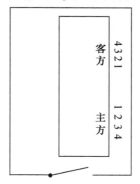

三、 大会主席台座次的安排

主席台座次安排应注意以下三点。

1. 主席台必须排座次、放名签，以便领导同志对号入座，避免上台之后互相谦让。

2. 主席台座次排列，应以主要负责人为中心，然后按职务一左一右排列（按照我国传统以中心人的左方为上，若在台下看，即为右方）。

3. 对上主席台的领导同志能否届时出席会议，在开会前务必逐一落实。领导同志到会场后，要安排在休息室稍候，再逐一核实，并告之上台后所坐方位。如主席台人数很多，还应准备座位图。如有临时变化，应及时调整座次、名签，防止主席台上出现名签差错或领导空缺。还要注意认真填写名签，谨防错别字出现。

大会座次

四、乘车的座次安排

驾驶轿车的司机，一般可分为两种人：一是主人，二是专职的司机。

（一）当主人是司机时

乘车的座次安排常见的有以下两种：

双排五人座车　　　　　三排七人座车

乘坐主人驾驶的轿车时，最重要的是不能令前排座空着。一定要有一个人坐在那里，以示相伴。由先生驾驶自己的轿车时，则其夫人一般是坐在副驾驶的位置上。

（二）当主人不是司机时

乘车的座次安排常见的有以下两种：

双排五人座车　　　　　三排七人座车

乘坐由专职司机驾驶的轿车，应请尊长、女士、来宾从右侧车门先上车，自己再从左侧车门后上车。下车时，应自己先从左侧下车，再从车后绕过来帮助对方。

五、 上下楼梯和搭乘电梯的方位礼仪

（一） 上下楼梯的方位礼仪

1. 上下楼梯时，应该一律靠右前行，为有急事的人让路。
2. 上下楼梯时不要站在楼梯上或楼梯拐角处与人深谈，以免妨碍他人通过。
3. 上楼梯时，尊者走在前；下楼梯时，尊者走在后，以防对方有闪失。

（二） 搭乘电梯时的方位礼仪

与尊长、女士、宾客同乘电梯时，要讲求一个先后顺序。进入有人管理的电梯时，应该主动后进后出。进入无人管理的电梯时，应该先进后出，这样做是为了更好的控制电梯。

六、 出入房间的方位礼仪

进出房间时一般先请女士、尊长、来宾先进入房门。如果先进入房门要先主动替对方开门并关门。如果在进出房门时正好碰到他人与自己的方向相反，具体的规矩是先让房内之人先出，房外之人后入。但是如果对方是女士、尊长、来宾的话要侧身先让他们先行。

思考与练习

一、简答题

1. 我国古代和现代的方位观如何？
2. 接待工作中的座次怎样安排？
3. 大会主席台的座次如何安排？
4. 乘车时人们应怎么坐？
5. 女性怎么培养优雅的体态？
6. 优雅的体态有哪些要求？

二、案例拓展训练与分析

案例一：

视觉的歧途

一位事业发达的房地产公司的老板向朋友坦率地谈了他对彼尔的忧虑。

彼尔是该公司年轻有为的主管之一，人很机灵，精力旺盛，对公司的贡献也很大，而且长得仪表堂堂。可不知怎么回事，他总是让人烦躁不快。

问题出在哪儿？是服装式样？是谈吐还是声音？这位老板说不出个所以然来。最后，他还是让彼尔到朋友的办公室里来一下。果然，和他说的一样，彼尔是一个精明强悍的人。但他的毛病立即被这位朋友发现了，那就是他的右手。

那只手不停地动，有时像游蛇似的扭动摇摆，有时又像一只飞蝶一样滑过别人的眼帘，再不就同风车轮叶一般在人们面前旋转个不停。

并非你每次提到"一"，就要伸出一个手指头，提到"二"，就要伸出两个手指头，

因为这些字本身就可以表达意思。如果你的手比你的声音更吸引听众,那么手就把锋头抢去了,而不应该喧宾夺主的。

这位朋友给彼尔开的处方可能不怎么正规,但却挺有效。

轮到他在课上演讲并进行电视摄像时,这位朋友就让他右手腕上系一个红色的大蝴蝶结,并且告诉他:"只要你这只手一举起来,你就会看到蝴蝶结。同样,听众也会看到这蝴蝶结,当听众把注意力集中到蝴蝶结上时,就不可能专心听你讲话了。"这个办法很有效,他的手终于安静下来了。

等他的课程结束以后,他把蝴蝶结带回他的办公室,放在一个玻璃罩里,摆在桌子最显眼的地方,作为警戒物。此后,他就能任意控制他的右手了。

你应该可以纠正,或者至少可以减少不必要的手势。汤姆·韦克曾在《纽约时报》上把前总统理查德·尼克松在1968年竞选中的手势归纳为:"自由泳、斗牛、空手道的劈砍、刺戳、上击,以及单手投篮等"。同时他也注意到尼克松在当选总统后这些缺点改掉了。

在影响交流效果的身体障碍中,最多见的就是多余的手势,除此之外,还有一些诸如摇头点首、肌咬嘴唇、心神不定地玩弄手中的铅笔、身体左右摇摆、骑木马似的前仰后合、狮子踱步般地来回盘旋、钟摆一般的摇晃二郎腿,以及耸肩、掠发、弹拍桌子、剔玩指甲等等。

这些身体障碍多数是由于紧张和习惯造成的,而紧张又是在谈吐中普遍存在的问题。

著名的辩护律师克莱伦斯·达罗有时就充分运用一项身体障碍。当他的对手向陪审团陈述证据要点时,他就在桌边吸着雪茄烟,让烟灰越来越长,却不弹掉,直到全场的目光集中到他那支雪茄烟上,等着烟灰掉下来时,他的对手常常因此无心再说下去。

只要这个障碍不是真正的顽症,一般都可以得到纠正。如果你说话时总是摇头点首,可以在打电话时在头顶上放一本书,要是能做到打完电话书还没有掉下来,那你的问题就解决了。

在这里要重申的是:贴在适当位置的纸条是理想的警醒物,它就像维护你谈吐的保姆。

一家极受欢迎的女性杂志的编辑,要朋友帮她改善在会议上发言的效果。她说话时鼻子像兔子一样一皱一皱的,而她自己全然不知。这位朋友要求她写十二张贴纸,上面意味深长地写着"鼻子"两个字,字的上面又画了一个叉。

一周之后,她再也不像兔子了。

案例二:

心灵的窗户

一位银行界的巨头有一次因私事去拜访一位朋友。他提到人们普遍认为银行家是高傲和冷漠的这一点时,觉得实在有些冤枉。然而更糟的是许多正在培养、准备将来担任银行高级职员的年轻人似乎认为本来就应该如此。当愈来愈需要融化冰霜的时候,他们却要冻结起来。现代银行业的人际关系极其重要,银行家应该亲切和蔼而不是冷若冰霜。这位银行家问他的朋友有没有什么办法去帮助那些青年人变得平易近人一些。

其实大多数银行家所表现的冷漠,其根源在于紧张和缺乏自信。也许这其中有些人是因为固执或专注,而忘记了社会美德。但多数人还是因为根本就没有意识到与他人亲切交流的重要。他们没有想到由于缺少关注、赞许的目光，竟使他们和同事、部属隔绝起来，有的时候连微笑地打个招呼他们也做不到。一些年纪较大的董事却比较易于接近，他们丢掉了升迁过程中伴随着他们的那副严峻的面孔，重新变成喜欢开玩笑的人。他们的笑容亲切平易，对他人有一种真挚而自然的友情。

改变冷漠表情的捷径是练习直接而愉快的目光交流。如果你正和一位上司或下属谈话，不要左顾右盼，或盯视着窗外，要表现出兴趣，并用目光表示出来，要直接看到人们的眼睛里去，不仅仅是看着，而且要看进去。

在所有的商业会谈或社交谈话中，应有90%的时间看着对方的眼睛，让自己的眼睛和声音一起同对方交流，并且真正认识到目光交流的意义并不比语言交流次要。如果谈话的另一方不只是一个人，你的目光应该轮流落到每个人身上，并停留五至六秒钟的时间。在你的目光中应该包含着关注的赞许，而不是茫然或敌意。

有一个学生，他的主要问题是讲话时不停地眨眼，像一个出了毛病的霓虹灯。闪烁不定的眼睛使他显得缺少自信心。当他了解到这个问题之后，只用了几个小时就使眨动的眼睛恢复了正常。另一个学生的情况恰好相反，他谈话的时候好像和对方完全隔绝。因为他的眼睛几乎一下也不眨。他是用眼角死盯着对方，看上去像个坏人。朋友们引导他增加眨眼的频率，不久，这种吓人的眼神也就消失了。

如果你正在与人交谈，而自己总是躲开对方的视线，如果你说话时像猫头鹰一样盯着人看，或者像一个瞌睡的孩子那样一个劲儿地眨眼，请把需要引起你警惕的问题写出来，开始想办法纠正。

问题：举例说明在个人仪态中如何正确地使用手势。

案例三：

纳粹间谍现形了

第二次世界大战时期著名反间谍专家奥莱斯特·平托上校使一名狡猾的纳粹间谍现形了。

当时盟军部队已经进入比利时，德军仓皇溃退。一天，两名士兵在驻地附近逮捕了一个叫艾米里约·布朗格尔的人。平托上校感觉到：这个人的穿着和谈吐虽然是典型的北方农民，口音也是地道的瓦隆地区（比利时某地区）的土音，但他粗壮的颈部和魁梧的运动员体型，与当地常见的惰性十足的人截然不同，于是决定对他进行审讯。

第一次审讯：

问：你是农民吗？

答：过去是，现在不是。德国鬼子抢走了我的牲畜，杀死了我的家人。

问：会数数吗？

答：数数？

问：对，把桌上这盘豆子数一数吧。

答：一、二、三……（慢慢地用法语数）

在第一次审讯中，上校未发现任何破绽，但仍不气馁，决定进行第二次审讯。这次审讯换用了特殊的方式：他派人在布朗格尔的住处放了几捆草，一个士兵点着了后，烟从门的下面进到了屋里，值勤的士兵用德语大喊："着火了！"布朗格尔惊醒，动了动，又睡了。接着平托上校用法语大声喊道："着火了！"布朗格尔一下子跳了起来，绝望地敲打着门。这一次，上校仍未发现破绽。

第三次审讯，上校又用了新的方案。在布朗格尔被带来时，上校拿起一支从他身上搜出的铅笔。

问：你带这个干什么？

答：不就是支铅笔吗？

问：用他来写情报？

答：（流露出不屑回答的样子）

"可怜的家伙"上校用德语向身边的军官说，军官也用德语反问："为什么？"上校说："他还不知道明天上午就要被绞死，已经21点了。他肯定是个间谍，不会有别的下场。"

平托上校一边说一边用眼睛斜视桌布朗格尔，特别注意他的眼睛和喉头。但布朗格尔没有任何表示，他以神态证明自己不懂德语。很明显，第三次审讯没有结果，到此为止，上校几乎绝望了，开始怀疑自己以前的判断。但直觉让他进行最后一次审讯——第四次审讯。如果再没有突破，就决定立即释放了。

最后一次审讯是这样进行的：当布朗格尔像平时一样走进平托上校的办公室时，上校装作正看一份文件，看完后拿起铅笔在上面签了字，然后抬起眼睛突然用德语对布朗格尔说："好啦，我满意了，你自由了，现在就可以走了。"布朗格尔长长地出了一口气，动了动肩膀，像是卸了一个沉重的包袱，他仰起脸，眼睛放着光，愉快地呼吸着自由空气。当他发现平托上校嘲笑的眼光时，一切都已经晚了，身后的士兵已紧紧地抓住了他。

问题：阅读了此案例，你有何感想？

案例四：

微笑的魅力

飞机起飞前，一位乘客请示空姐给他倒一杯水吃药，空姐很有礼貌地说："先生，为了您的安全，请稍等片刻，等飞机进入平衡飞行后，我会立刻把水给您送过来，好吗？"

十五分钟后，飞机早已进入平衡飞行状态。突然，乘客服务铃急促地响了起来，空姐猛然意识到：糟了，由于太忙，她忘记给那位乘客倒水了。当空姐来到客舱，看见按响服务铃的果然是刚才那位乘客，她小心翼翼地把水送到那位乘客眼前，微笑着说："先生，实在对不起，由于我的疏忽，延误了您吃药的时间，我感到非常抱歉。"这位乘客抬起左手，指着手表说道："怎么回事，有你这样服务的吗？你看看，都过了多久了？"空姐手里端着水，心里感到很委屈，但是，无论她怎么解释，这位挑剔的乘客都不肯原谅她的疏忽。

接下来的飞行途中，为了弥补自己的过失，每次去客舱给乘客服务时，空姐都会特意走到那位乘客面前，面带微笑地询问他是否需要水，或者别的什么帮助，然而，那位乘客余怒未消，摆出不合作的样子，并不理会空姐。

临到目的地前，那位乘客要求空姐把留言本给他送过去，很显然，他要投诉这名空姐，此时空姐心里很委屈，但是仍然不失职业道德，显得非常有礼貌，而且面带微笑地说道："先生，请允许我再次向您表示真诚的歉意，无论您提出什么意见，我都会欣然接受您的批评！"那位乘客脸色一紧，嘴巴准备说什么，可是没有开口，他接过留言本，开始在本子上写了起来。

等到飞机安全降落，所有的乘客陆续离开后，空姐本以为这下完了，没想到，等她打开留言本，却惊奇地发现，那位乘客在本子上写下的并不是投诉信，相反，这是一封热情洋溢的表扬信。

是什么使得这位挑剔的乘客最终放弃了投诉呢？在信中，空姐读到这样一句话："在整个过程中，你表现出的真诚的歉意，特别是你的十二次微笑深深打动了我，使我最终决定将投诉信写成表扬信！你的服务质量很高，下次如果有机会，我还将乘坐你们的这趟航班。"

问题：
（1）微笑有何作用？
（2）微笑时应注意什么？

案例五：

周总理给将军们上礼仪课

20世纪50年代的一天，周恩来总理前去机场欢送西哈努克亲王离京，前往送行的还有罗瑞卿、刘亚楼等高级将领。巧的是，飞机起飞之际，先农坛体育场正有场足球出线比赛，是中国队对印尼队。这些送行的高级将领便有些心神不宁，一心想着送客千万别耽误了自己看球过把瘾。

大家一阵笑容可掬、毕恭毕敬地亲切握手、拥抱、告别，又目送着西哈努克进了舱门。门还没关上，罗瑞卿和刘亚楼就一递眼色，像解脱了一样，立刻笑了，迫不及待地往机场门口走。早已心不在焉的将军们一看有人带头，便三三两两都往门口赶，有点像电影散场前的劲头。

周恩来本来是满面春风地站立着，静等飞机升空，可突然发觉周围气氛异常，左右望望，再回头一看，勃然变色。但他马上镇定了自己的情绪，显出一副若无其事的样子，不喊不叫，只向身边的秘书轻语："你跑步去，告诉机场门口，一个也不许放走，谁也不准离开，都给我叫回来。"

秘书遵命赶紧跑到门口，吩咐警卫不许放走一个人。心情早已飞奔到足球赛场的这些高级将领们有的惋惜地说："哎呀，开场是看不上了。"有的还安慰："没关系，精彩的还在后面。"有的发表议论说："有时候越往后越精彩，有时候越往后越没意思，要看比分咬得紧不紧……"

将军们你一言我一语说说笑笑地返回来，齐刷刷站在周恩来身后。

周恩来始终立正站立，看着飞机起飞，在机场上空绕一圈，摆摆机翼，然后渐渐远去，渐渐消失……将军们也站在那里目送着飞机离去。

随后，周恩来转过身来，并不看那些将军们，自顾和前来送行的外交使节告别。直到外交使节全离开了，才面对那些将军："你们都过来。"

刘亚楼是有名的乐天派，走到哪儿，哪儿就有一片欢笑声。他们说说笑笑地走近总理时，猛听一声喝问："你们学过步兵条例没有？"

欢声笑语突然间停止了。将军们发现总理面色冷峻，立刻都屏气静声，就地立正站好，恢复了典型的军人姿态。

"步兵条例里哪一条规定，总理没有走，你们就可以走了？你们当将军能这样？在部队里，首长没有走，下边全走了，行吗？"

机场上静悄悄，将军们再没人敢去想看球的事了。

"客人还没走，机场已经没人了，人家会怎么想？你们是不是不懂外交礼节？那好，我来给你们上上课！"周恩来声音不高不低，讲话不紧不忙，就那么讲起了基本的尽人皆知的外交礼节："按外交礼仪，主人不但要送外宾登机，还要静候飞机起飞，飞机起飞后也不能离开，因为飞机还要在机场上空绕圈，要摆动机翼……"

刘亚楼是空军司令员，他能不明白这种礼仪？罗瑞卿等高级将领参加外事活动都很多，也全明白，但现在周恩来不厌其烦地亲自讲、反复讲，他们也只能老老实实地反复听。

周恩来讲了足有15分钟，才缓缓抬腕看一眼表，缓缓说："我知道你们是着急想看足球赛，我叫住你们，给你们讲这些你们早就知道的道理。我讲15分钟，为什么？就是要让你们少看点球赛才能印象深一些。好吧，现在咱们一起去吧，还能看半场球。"

周恩来就用这种少看半场球的办法，"惩罚"了失礼的将军们，使将军们都留下了深刻印象。

问题：周总理给将军们上礼仪课的意义何在？

案例六：

就　　座

某分公司要举办一次重要会议，请来了总公司总经理和董事会的部分董事，并邀请当地政府要员和同行业知名人士出席。由于出席的重要人物多，领导决定用U字形的桌子来布置会议桌。分公司领导坐在位于长U字横头处的下首。其他参加会议者坐在U字的两侧。在会议的当天开会时，贵宾们都进入了会场，按安排好的座签找了自己的座位就座，当会议正式开始时，坐在横头桌子上的分公司领导宣布会议开始，这时发现会议气氛有些不对劲，有贵宾相互低语后借口有事站起来要走，分公司的领导人不知道发生什么事或出了什么差错，非常尴尬。

问题：请指出此案例中的失礼之处。

第五章 交际礼仪（一）

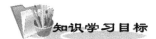知识学习目标

通过本章的学习，了解交往中常用的几种称呼；掌握自我介绍时的注意事项；了解交谈的礼仪规范；掌握接听电话的礼仪规范。

任何社会的交际活动都离不开礼仪，而且人类越进步，社会生活越社会化，人们也就越需要礼仪来调节社会生活。礼仪是人际交往的前提条件，是交际生活的钥匙。人际交往是个体生存和发展的必需，而礼仪又是影响交往成功与否的重要因素。人际交往的方式多种多样，但是无论哪一种也离不开语言。其实语言本身就是应人际交往的需要而产生的，人际交往的艺术在一定程度上可以说就是语言使用的艺术，所以"修辞令"是学习礼仪知识、践行礼仪规范的基础。本章所涉及的内容有称呼、介绍、交谈及演讲，均属"修辞令"的范畴。

第五章 交际礼仪（一）

第一节 称　　呼

一、称呼在人际交往中的意义

称呼是人们在交往中所采用的彼此之间的称谓。称呼出现在交往伊始，是传递给对方的第一信息，所以称呼是人际交往的首要艺术。

在人际交往中，选择一个恰当的称呼，不仅能够使对方心情愉悦、谈兴大增，而且能够保证交往的顺利进行；相反，如果我们使用了一个不恰当、甚至是犯忌讳的称呼，就会让别人心生不快，堵塞人际沟通的心理通道，有时还会留下十分恶劣的印象。为什么一个简单的称呼会有如此功效呢？这是因为称呼在人际交往中有着自身的特殊意义。

首先，称呼体现着称呼者本人的自身修养。给他人一个什么样的称呼，首先源于我们的文明程度和受教育程度，体现我们对人的价值的解读。随随便便地称呼他人，不仅是对他人的不敬，主要还是彰显自身修养的欠缺。其次，称呼是对被称呼者社会地位、角色身份的一种认可，这一点是对方十分看重称呼的最主要的原因。人人都有自尊的需要，都希望在交往中得到满足，都不希望被他人看轻，所以称呼对方要郑重其事；再次，如何称呼对方还表明双方之间关系的亲疏远近，在什么场合下使用什么称呼会清晰地表明两者之间关系的性质。一般而言，交际场合中，称呼越简单，关系越亲密些。最后，我们说称呼还体现着社会风尚的变化，一种称呼的演变就是社会风尚演变的一个缩影。所以，给他人一个什么称呼首先要弄懂它的时尚含义，否则会让人尴尬，或者贻笑大方。基于以上原因，在人际交往中称呼不可随便乱用，称呼的选择必须慎重、合乎规范。

二、人际交往中常用的几种称呼

（一）姓名

姓名是日常交往中最常用的称呼，一般的同事、同学、朋友关系，在国外甚至是亲人之间彼此都可以用姓名相称。姓名在法律上也是个体的特定化。不同的国家、民族之间姓名的构成与称呼方式存在很大差异，为了在交往中得体地使用姓名，有必要对此进行了解。世界上的姓名按其构成方式可以分为以下三类。

1. 姓前名后

这种姓名的构成形式多分布在亚洲国家，如中国、日本、韩国、越南、蒙古和阿富汗等，在欧洲和非洲也有一些地区和民族的姓名构成属于此类。中国汉族人的姓名以三字居多，其中单姓为绝大多数，如赵、钱、孙、李、周、武、郑、王等；也有少数为复姓，常见的如欧阳、司马、司空、司徒、东方、上官等。中国人的名字有单字也有复字，特别是近几年人们为子女取名更加讲究，所以名字的构成也有不少例外。

日本人的姓名绝大部分是用汉字表述的，它和中国汉族人的姓名很相似：姓在前，名在后，延续父姓，世代相传。日本人的姓一般由 1～5 个汉字组成，其中以两个字居多,最多的达9个字,如田中、铃木、宇都宫、西园寺、敕使河原、勘解由小路等。名字也以两个字者居多,因此,日本人的姓名,往往都由4个汉字组成,妇女婚后多改为夫姓。据统计,日本有12万个姓,最常见者有42个姓,其中以铃木、佐藤、田中、山本、渡边、高桥、小林、中村、伊藤、斋藤等姓为最多,约占日本人口的十分之一。在明治维新以前,日本只有少数贵族有姓,而平民则有名无姓。明治初年,为了编造户籍,课税征役,平民才开始有了姓。于是,地名、田名、身世、家系、职业、住所、屋号、工具,乃至动植物名称都成了选作姓氏的依据,如田中、三木、佐佐木等是以地名为姓的。

韩国人的姓名基本都是以韩文发音的三个中国字组成。第一个字为姓,后两个字是名,与中国人的姓名有所不同的是,韩国人的两个字的名字通常有一个字是表示他(她)的辈分的。韩国人的姓总共大约有300个左右,但全国人口中绝大多数仅以其中少数几个为姓,最常见的几个姓是金、李、朴、安、张、赵、崔、陈、韩、姜、柳和尹,韩国妇女婚后不随其夫而改姓。韩国人在绝大多数情况下不直呼他人的名字,即使在兄弟姐妹之间也是这样,年幼者更是不能称呼长者的名字。在关系异常亲密的朋友之间,有时可以相互称呼对方的名字,长辈对晚辈可以称呼对方的名字,可不带其姓。

越南主体民族——京族的大姓有阮、陈、吴、黎等。与中国人一样,越南人也是姓在前,名在后,多数是单姓双名,少数也有单姓单名。越南人称呼对方时,一般是称呼与最后一个名字连用,很少连姓带名一起称呼的,那样被认为不礼貌。如一位名叫阮兴强的男子,可根据他的年龄和亲疏程度,称为"强伯"、"强叔"、"强哥"、"强弟"或"强先生"、"强同志"。

匈牙利人的姓名,排列与我国人名相似,姓在前名在后,都由两节组成。如纳吉·山多尔,简称纳吉。有的妇女结婚后改用丈夫的姓名,只是在丈夫姓名后再加词尾"ne",译为"妮",是夫人的意思。姓名连用时加在名字之后,只用姓时加在姓之后,如瓦什·伊斯特万妮,是瓦什·伊斯特万的夫人。

2. 名前姓后

世界上大多数国家的姓名构成符合这种形式,欧美、中东地区的国家,包括亚洲的印度、泰国、菲律宾等国也属于此类。姓名与语言有着密切的关系,一般来说,使用同一种语言,使用姓名的习惯也差不多。以英语为母语或官方语言的国家主要有美国、英国、加拿大、澳大利亚、新西兰、印度、菲律宾等,所以他们的姓名构成非常相似。名前姓后是典型特征,如:乔治·华盛顿,乔治是名,华盛顿是姓;约翰·史密斯,约翰是名,史密斯则是姓。西方人习惯称呼姓,只对亲近的人称呼名。

欧美国家普遍信奉基督教,在婴儿受洗礼时由牧师另外取名,这称为教名。教名常用基督教的天使、使徒、圣人的名,像约翰、伊万、彼得、保罗、约瑟夫、雅各等都是圣徒名。英语语系里,最常用的教名是约翰,因为他是耶稣最得意的门徒。美国人的教名,是受法律承认的正式名字。有些国家,除教名外,父亲还另外给孩子取名,最近在教名外取有意义的名字的现象越来越普遍,同时教名也逐渐减弱了宗教意味。

法国人姓名也是名在前姓在后,一般由二节或三节组成。前一二节为个人名,最后一节为姓。有时姓名可达四、五节,多是教名和由长辈起的名字。如亨利·勒内·阿贝尔·居伊·德·莫泊桑,一般简称居伊·德·莫泊桑,但现在长名字越来越少。

西班牙人的姓名排列与其他国家略有不同。第一节是本名,其父姓在倒数第二节,而最后一节为母姓。在简称时,多用第一节本人的名字和倒数第二节的父姓,也可以只称呼父姓。如西班牙前国家元首弗朗西斯科·佛朗哥,其全名是:弗朗西斯科·保利诺·埃梅尔希尔多·特奥杜洛·佛朗哥·巴蒙德,前四节为个人名字,佛朗哥为父姓,巴蒙德为母姓。妇女婚后常把母姓去掉,代之以丈夫的姓。

俄罗斯人的姓名很长,一个人的全称由名、父名和姓组成。如小说《怎么办》的作者的全称是尼古拉·加甫利洛维奇·车尔尼雪夫斯基,其中第一部分尼古拉是名,第二部分加甫利洛维奇是父名(意为:加甫利之子),车尔尼雪夫斯基是姓。再如,著名芭蕾舞演员加林娜·谢尔格耶夫娜·乌兰诺娃,这个全称中加林娜是名,谢尔格耶夫娜是父名(意为谢尔盖之女),乌兰诺娃是姓。从名、父名和姓,都可看出这个人是男是女。妇女的姓名一般末尾都含有"a"音,名字如安娜、叶莲娜、阿克西尼亚、加丽雅等,父名如伊万诺夫娜、西蒙诺夫娜、马克西诺夫娜等。男女同一姓,女的姓末尾也加"a",如列宁原姓乌里扬诺夫,他的姐妹就姓乌里扬诺娃。妇女结婚后一般随夫姓,现在也有继续用原姓或夫姓原姓并用的。

阿拉伯人的名字最让人费解,阿拉伯人姓名一般由三或四节组成,第一节为本人名字,第二节为父名,第三节为祖父名,第四节为姓。如沙特阿拉伯前国王费萨尔的姓名是:费萨尔·伊本·阿卜杜勒·阿齐兹·伊本·阿卜杜勒·拉赫曼·沙特。其中,费萨尔为本人名,阿卜杜勒·阿齐兹为父名,阿卜杜勒·拉赫曼为祖父名,沙特为姓。正式场合应用全名,但有时可省略祖父名,有时还可以省略父名,简称时只称本人名字。但事实上很多阿拉伯人,特别是有社会地位的上层人士都简称其姓。如穆罕默德·阿贝德·阿鲁夫·阿拉法特,简称阿拉法特。另外,阿拉伯人名字前头常带有一些称号,如:埃米尔为王子、亲王、酋长之意;伊玛姆是清真寺领拜人之意;赛义德是先生、老爷之意;谢赫是长老、酋长、村长、族长之意等,这些称号有的已转化为人名。

3. 有名无姓

这样的国家在世界上并不多,以缅甸和印尼的爪哇族人为主。缅甸人不论男女,都是有名无姓,他们通常在自己的名字前冠上一个称呼,以便区分性别、长幼、社会地位和官职的高低。成年、幼年或少年男子的名字前,往往加"貌",意思即自谦为"弟弟";对长官或长辈的男子,其名前往往加"吴",即称对方为长辈或先生;对平辈或年轻的男子,名前往往加"郭",意思即称对方为"兄";对年轻女性称"玛",意为"姐妹",有地位或年长的女性称"杜",意为"女士"。缅甸女人的通称是"玛",意思是姐妹。不论已婚或未婚,对年龄较大或受人尊敬的妇女都可称"杜"。在交际中,特别是外交场合人们很容易将"吴"和"杜"当作是姓来使用,曾经有一名西方记者就将前联合国秘书长吴丹称为"Mr. Wu",结果让人啼笑皆非。

(二)泛尊称

泛尊称顾名思义就是可以不考虑年龄、职业、职位等因素,在一定范围内广泛适用的称呼。

1. 先生。这是对成年男子的敬称,在全世界范围内通用。先生一词大方得体,同时又显示了双方之间的平等与尊重,所以在交际中使用效果良好。先生一词在日本以及我国20世纪初期,也用于身份较高、颇有成就的女子。如中国和日本,香港和台湾地区都尊称作家冰心为冰心先生。先生在日本专指国会议员、律师、教师和医生,其实这种称呼的含义应该源自我国古代对"先生"一词的理解,泛指有学问、身份的人。先生一词前可以加姓氏、职务、头衔、爵位等,但不可以用名直接加先生的方式称呼他人,否则会让人惊异连连,因为这是过去美国黑奴对自己主人的特有称呼。

2. Sir。受影视作品的影响,称呼"Sir"逐渐地走入了我们的生活。很多人可能有一个错觉,认为"Sir"不如先生称呼正规,太过于口语化了。其实,"Sir"的原意是针对重要人物,或十分年长者的敬称,除此之外"Sir"还专门用来称呼执行公务的警察。"Sir"的前面不加姓和名,在正规场合使用表示敬意有加。如果在涉外场合,有人称呼你为"Sir",则表示他不知该如何称呼你,这时应该告知他人你的姓名。

3. 女士。对成年女性的称呼,无论婚否,所以比较随意,在社交场合应用非常广泛。

4. 夫人。专指已婚女性,一般是针对有一定身份,有一定职位的已婚女性的称呼。古代诸侯的妻子称夫人,明清时一二品官员的妻子经受封才能称夫人,近代用来尊称一般人的妻子,现在多用于外交场合。夫人称呼之前可以加丈夫的头衔和姓氏。

5. 小姐。在我国年轻的未婚女性称呼其为小姐,职场中的白领丽人也多称小姐;在西方国家,专指未婚女性,无论年龄多大,只要是未婚一律称小姐。另外,婚姻状况不明的情况下也称小姐。如果将未婚女性称为夫人是犯忌讳的,而如果将已婚者称为小姐则不会招致不快。所以在交往中能够称呼小姐的一律称小姐。

6. 同志。这是颇具中国特色的一种称呼,原意是"志同道合"之意。流行于20世纪50—80年代。同志称呼比较中性化,不涉及性别、年龄、职业等,所以普遍适用,目前在一部分人的交往中还保留着同志称呼。

(三) 职务称呼

即称呼他人的职务。在工作场合或者其他重要场合,以交往对象的职务相称以示身份有别、敬意有加,这也是一种最常见的称呼方式。具体称呼上可以直接称呼职务,如主任,经理,局长,市长,首长等;也可以在职务前加上姓氏或姓名,如王经理、赵鹏程书记等。

(四) 职称和学衔称呼

对于具有职称,尤其是中、高级职称者在工作中或者交际中,均可称呼其职称,这样显得自然,也礼貌,像教授、工程师、研究员等。学衔称呼在西方受人偏爱,但仅限于比较高的院士和博士,其他硕士和学士均不称学衔。职称和学衔前都可以加姓氏。

(五) 职业称呼

以被称呼者的职业作为称呼,前面可以加姓氏。这类称呼比较安全,几乎不存在禁忌,但是职业称呼并不适用于所有职业。日常生活中常见的职业称呼有教师、医生、护士、律师、法官、教练、会计等。

（六）亲属称谓

亲属，即与本人有直接或间接血缘关系的人，在现实生活中对亲属的称谓已经约定俗成，人所共知。面对外人，称呼自己的亲属使用谦称，如称呼自己的双亲为家父、家母，自己的平辈或晚辈，则称为舍弟、小女等；对他人的亲属应该使用敬称，称呼对方的双亲为令尊、令堂，对方的晚辈为令郎、令爱，或者贤弟、贤妹等。没有血缘关系的同事或朋友之间，一般不使用亲属称谓，尤其是在工作场合。人际交往中，除非特别幼小的儿童，一般不使用叔叔、阿姨、大叔、大婶之类的亲属称谓。

三、称呼的礼仪规范

1. 职称、职务以及学衔称呼就高不就低。职称、职务称呼在使用时，除非正规场合一般不加"副"字。

2. 在称呼中，年龄就低不就高。在"先生"、姓氏前尽量不加"老"字；对于女性无论年龄多大，都不得称呼为"老王""老李"等；可以称小姐的不要称夫人。

3. 使用称呼注意时尚的变化，这样可以避免出现尴尬。有些称呼随着时间的推移，社会风气的变化，其含义会发生了质的改变。如"同志"一词，现在使用的非常少，并且"同志"一词成了同性恋者彼此之间的称谓。所以称呼他人时要注意时尚的变化。

4. 尽量不使用亲属称谓。在工作场合即使是亲人之间，也应该以职务或职称相称。这样做可以避免使工作关系复杂化。

5. 称呼他人要郑重其事，不可一带而过。称呼是对他人身份的一种认可，所以不可马虎，要郑重其事，这样才能表达出尊敬，吸引对方的目光，才能将交谈进行下去。

第二节　介　　绍

介绍是人际交往中最常见的、也是最重要的礼节之一，陌生的双方初次见面一般要经过介绍才开始交往。介绍是人与人之间沟通的桥梁和纽带，在人际交往中如能很好地利用介绍，不仅可以扩大自己的交际范围，广交朋友，而且有助于自我展示、自我宣传。介绍按照方式来分，可分为自我介绍和他人介绍两种。下面来讲解关于介绍的礼仪。

一、自我介绍

（一）自我介绍的时机

在下面场合有必要进行适当的自我介绍。如：求职时，应他人的要求做自我介绍；在交往中与不相识者相处、有不相识者表现出对自己感兴趣时，可以做自我介绍；有不相识者，而自己有意于认识对方，这时可主动作自我介绍；有求于人，而对方对自己不甚了解，或一无所知，当然也可作自我介绍；初次登门拜访时，一定事先预约，并且在电话中首先要做自我介绍；旅行途中，与他人不期而遇，并且有必要与之建立临时接触时，自我推荐、自我宣传时，可向对方自报家门，将自己介绍给对方。

（二）自我介绍的注意事项

1. 注意介绍的内容。人们在介绍时总会受到时间、场合、机会等因素的制约，所以介绍的内容应当言简意赅，清晰明了，不宜太多、太冗长。根据相关研究表明，自我介绍的内容包括三项基本要素，即本人的姓名，供职的单位以及具体部门，担任的职务和所从事的具体工作。这三项要素，在自我介绍时，应一气连续报出，这样既有助于给人以完整的印象，又可以节省时间，不说废话。要真实诚恳，实事求是，不可自吹自擂，夸大其词。

如果自我介绍的目的是为了结识对方，不要忘记礼貌地询问对方的相关信息。在一般的社交场合，根据需要也可只介绍自己的姓名即可。

2. 注意介绍的时机。要抓住时机，在适当的场合进行自我介绍，对方有空闲，而且情绪较好，又有兴趣时，这样既不会打扰对方，又会受到良好的效果。

3. 注意介绍的态度。自我介绍时态度一定要自然、友善、亲切、随和。应镇定自信、落落大方、彬彬有礼。既不能怯懦，又不能虚张声势，轻浮夸张。要表示出自己渴望认识对方的真诚情感，任何人都以被他人重视为荣幸，如果你态度热忱，对方也会热忱。语气要自然，语速要正常，语音要清晰。在自我介绍时镇定自若，潇洒大方，有助于给人以好感；相反，如果你流露出畏怯和紧张，结结巴巴，目光不定，面红耳赤，手忙脚乱，则会为他人所轻视，彼此间的沟通便有了阻隔。

4. 注意介绍持续的时间。自我介绍时还应该简洁，尽可能地节省时间，以半分钟左右为佳。不宜超过一分钟，而且愈短愈好。话说得多了，不仅显得啰唆，而且交往对象也未必记得住。为了节省时间，作自我介绍时，还可利用名片以辅助说明。

5. 注意介绍的方法。进行自我介绍，应先向对方点头致意，得到回应后再向对方介绍自己。如果有介绍人在场，自我介绍则被视为不礼貌的。应善于用眼神表达自己的友善，表达关心以及沟通的渴望。如果你想认识某人，最好预先获得一些有关他的资料或情况，诸如性格、特长及兴趣爱好。这样在自我介绍后，便很容易融洽交谈。在获得对方的姓名之后，不妨口头加重语气重复一次，因为每个人最乐意听到自己的名字。

（三）自我介绍的具体形式

1. 应酬式：适用于某些公共场合和一般性的社交场合，这种自我介绍最为简洁，往往只包括姓名一项即可。如"你好，我叫××"，"你好，我是××"。

2. 工作式：适用于工作场合，它包括本人姓名、供职单位及其部门、职务或从事的具体工作等。如"你好，我叫××，是××公司的销售经理。"，"我叫××，在××学校读书。"

3. 交流性：适用于社交活动中，希望与交往对象进一步交流与沟通。它大体应包括介绍者的姓名、工作、籍贯、学历、兴趣及与交往对象的某些熟人的关系。如"你好，我叫××，在××工作。我是××的同学，都是重庆人。"

4. 礼节性：适用于讲座、报告、演出、庆典、仪式等一些正规而隆重的场合。包括姓名、单位、职务等，同时还应加入一些适当的谦辞、敬辞。如"各位来宾，大家好！我叫××，是××学校的学生。我代表学校全体学生欢迎大家光临我校，希望大家……"。

二、介绍他人

介绍他人其实就是为他人作介绍，介绍不相识的人相互认识，或是把一个人引见给其他人。当感觉自我介绍比较唐突时，也可请他人为自己做介绍。为他人作介绍时须注意以下两个方面的问题。

（一）介绍他人的顺序

为他人做介绍首先考虑的就是介绍的顺序问题，日常生活中很多人搞不明白这一点。介绍时要坚持"尊者具有优先知情权"的原则，即介绍有先后顺序。在社交活动中，为他人作介绍的先后顺序大体上以下有六种。

1. 优先把男士介绍给女士，即把男士引见给女士而不是相反。这是"女士优先"精神的具体体现，也是最常见的一种方式。唯有在女士面对尊贵人物时，才允许有例外。

2. 优先把晚辈介绍给长辈，即优先考虑被介绍人双方的年龄差异，通常适用于同性之间。

3. 优先把主人介绍给来宾。但是在来宾众多时，尤其是主人未必与客人个个相识的时候应该先将客人介绍给主人。

4. 优先把未婚者介绍给已婚者，它仅仅适用于对被介绍人非常知根知底的前提之下。要是拿不准，还是不要冒昧行事。

5. 优先把职位低者介绍给职位高者，它适用于比较正式的场合，特别适用于职业相同的人士之间。

6. 把个人介绍给团体，当新加入一个团体的人初次与该团体的其他成员见面时，负责人要是介绍他与众人一一相识太费时间，此刻往往会采取这种方式来避免麻烦。至于想认识每个成员的话，那么留待适当的时间相互作自我介绍即可。

以上六种方式，基本精神和共同特点是"尊者居后"，即应把身份、地位较为低的一方介绍给相对而言身份、地位较为尊贵的一方，以表示对尊者的敬重之意。在口头表达时，得体的做法是，先称呼受尊敬的一方，再将被介绍者介绍出来。介绍的顺序已为国际所公认，颠倒和错乱顺序的后果是不会令人愉快的。

在社交场合，究竟应当采用哪种方式，应具体问题具体分析。比如，有时可能会遇到一些难于按常规处理的情况，如需要介绍两位地位不相上下的经理或是两位经理夫人相识。对前者，不能按照"把职位低者介绍给职位高者"的惯例行事，因为两位经理的职位高低难分伯仲；对后者，恐怕也不能按照"把晚辈介绍给长辈"的规矩去作，因为女士的年龄属于个人秘密，更何况没有一位女士愿意承认自己"显得老"的。在这种职位难分高下，年龄大小不便明说的情况下，只有采取"先亲后疏"的办法，才能"过关"。先亲后疏，意即把与自己关系密切的一方介绍给自己较为生疏的一方。

还有一些时候，需要把一个人介绍给其他众多的在场者。此刻最好按照一定的次序，如顺时针方向或逆时针方向，自右至左或自左至右，依次进行。若没有地位非常尊贵的人在场，就不该破例，挑三拣四地"跳跃式"进行。

(二) 介绍他人的礼仪规范

为他人作介绍，在不同场合由不同的人来担任。在公务活动中，公关人员是最适当的介绍人选。若是接待贵宾，则介绍人应是本单位职位最高的人士。而在社交场合，例如参加舞会、出席宴会时，介绍不相识的来宾相互认识，是主人义不容辞的责任。在另外一些非正式场合，与被介绍人双方都相识的人也可以担任介绍人。此外，如果想认识一个人，可主动要求另外一个与双方都比较熟悉的人来为引见人，根据礼节来讲，这是允许的。

他人介绍应该遵循以下礼节。

(1) 如果有意介绍不认识的双方认识，必须事先征求一下双方的意见。

(2) 介绍时要热情、真挚，陈述的时间宜短不宜长，内容宜简不宜繁。

(3) 注意对双方的称呼，通常的做法是连姓带名加上尊称、敬语。较为正式的话，可以说："尊敬的约翰·威尔逊先生，请允许我把杨华先生介绍给您。"比较随便一些的话，可以略去敬语与被介绍人的名字，如"张小姐，让我来给你介绍一下，这位是李先生。"或以手势辅助介绍，先指向一方，说"王先生"，再指向另一方，说"刘先生"。只有对于儿童，才可以称其名，而略去其姓。

(4) 在介绍双方时可以适当使用一些溢美之词。例如，这位是李先生，海归人士，单位里的中流砥柱……当然，在使用溢美之词时只可以锦上添花，不可以无中生有。

(5) 作为被介绍的双方要积极配合，介绍人征求意见时，除非特殊情况，否则不应拒绝。介绍人称赞自己时，要自谦一番，但是不可以否定。介绍一方时，对方应同时伴随握手、鞠躬、点头等礼节，以及合度的礼貌用语，如"认识你很高兴"、"幸会"、"久仰"、"多关照"、"久闻大名"等。

(6) 当把一人介绍给众人时，被介绍者应当向众人致意。

另外，为他人作介绍时，要避免给任何一方厚此薄彼的感觉。不可以对一方介绍得面面俱到，而对另一方介绍得简略至极。也不可以对被介绍的一方冠以"这是我的好朋友"，因为这似乎暗示另外一个人不是你的朋友，所以显得不友善，也不礼貌。要是介绍人能找出被介绍双方的某些共同点，会使初识的交谈更加顺利。必要时介绍人还可以说明被介绍者与自己的关系，便于新结识的人相互了解和信任。要是介绍人感到时间宽裕、气氛融洽，在为被介绍人作介绍时，除了介绍姓名、单位和所任职务外，还可以介绍双方的爱好、特长、个人学历、荣誉等，为双方提供交谈的机会。

第三节 交　　谈

任何的交际都离不开语言，得体的交谈是一门语言艺术，同时也是一种修养，优美的谈吐是个人魅力的重要组成部分。美国前哈佛大学的校长伊立特曾经说过："在造就一个有修养的人的教育中，有一种训练必不可少，那就是优美、高雅的谈吐。"交谈是交流思想表达感情最直接、也是最便捷的途径。心与心之间最远的距离不是敌

第五章 交际礼仪（一）

对，不是分歧，而是老死不相往来。只要我们有沟通，就会有交流，进而可能有合作。

一、交谈在人际交往中的作用

首先，交谈是建立良好人际关系的重要途径，是连接人与人之间思想感情的桥梁，是增进友谊、加强团结的一种动力。"良言一句三冬暖，恶语伤人六月寒"，说明交谈在交往中的作用是举足轻重的。一个人善于交谈就能广交朋友，给人带来欢乐，为社会增添和谐。在现实生活中，我们经常看到不少人因话语不得体，伤害了亲朋，得罪了好友，甚至有些人因出言不逊酿成事端。

其次，交谈不仅是人们交流思想感情的重要手段，而且是学习知识、增长才干的重要途径。善于同有思想、有修养的人交谈，就能学到很多有用的知识，"听君一席谈，胜读十年书"就是对交谈意义深刻的总结。英国文豪萧伯纳曾经说过："你我是朋友，各拿一个苹果，彼此交换，交换后仍各有一个苹果；倘若你有一种思想，我也有一种思想，而朋友相互交流思想，那么，我们每个人就有两种思想了。"可见，广泛地交谈可以交流信息、深化思想，增强认识能力、处理问题和解决问题的能力。因此，掌握交谈的礼仪要求、提高交谈的语言艺术，对于提高其他方面的修养，也具有极其重要的作用。

二、交谈的礼仪规范

（一）认真倾听

从心理学的角度来讲，倾听是有效沟通的首要因素。通过倾听可以从中捕获对方的许多信息，然后才能做出合适的回应。倾听，对他人也是一种尊重，所以学做最佳听众是交谈的第一要求，因为诉说是一种本能，而倾听则是一种修养。在倾听中应注意以下三点。

1. 耐心。倾听他人谈话时，一定要让对方把自己的意图或观点表达完整，不要随意打断。有人喜欢不停地纠正他人的话或者接他人的话，而且说起来没完没了；有人一听到与自己观点相左的话语就立即反驳对方；也有的人碰到自己不感兴趣的话题就显示出不耐烦、左顾右盼、心不在焉，这些都是缺乏礼貌的表现。

2. 专心。认真聆听，遇到不理解的问题可以提问，但最好做出说明，例如，"对不起，我有点不是十分清楚，麻烦你解释一下好吗？""对不起，打断一下""这个问题可以这样理解吗？"。在他人谈话时不可以唐突地提出与此无关的话题，或者擅自转移话题。

3. 热心。在倾听的过程中，要保持与对方的适度交流。交流不仅仅是语言上的，可以用目光、点头、摇头、微笑等对对方的谈话做出回应，这样是对谈话方的鼓励和肯定，同时又是一种尊重。切忌眼睛盯住别处，毫无反应，或者眼睛直直地盯住他人，这样会让人感觉不自在，当然也是十分失礼的。

（二）准确表达

是否善于表达与一个人的性格有很大关系，但与后天的训练关系更为密切。众所周知，古罗马最著名的演说家西塞罗，他的演说结构严谨、文采斐然，他创造的文体被西方人称作"西塞罗文体",成为历代演说家模仿的榜样。殊不知,年轻时期的西塞罗却是一个说话口吃的人。他认识到口才在政治活动的重要性,于是口含石子刻苦练习,终于成就一代演说宗师。准确表达要做到以下五点。

1. 态度谦和。交谈的双方在人格上是平等的,交流的目的就是相互切磋,沟通信息和情感,作为说话者态度应该谦和,切不可盛气凌人、自以为是。所以谈话时,注意分寸,多用商议的口气,必要时可以征求对方的意见和看法,如"我个人认为……不知是否准确。"表达尽量不要绝对化,要有留有余地。要把对方作为平等的交流对象,在心理上、用词上、语调上,体现出对对方的尊重。尽量使用礼貌语,谈到自己时要谦虚,谈到对方时要尊重。恰当地运用敬语和自谦语,可以显示个人的修养、风度和礼貌,有助于交谈的成功。

2. 言之有物。交谈的双方都想通过交谈,获得知识、拓宽视野、增长见识和提高水平。因此,交谈要有理有据,有内涵、有思想,而空洞无物、废话连篇、颠三倒四的交谈是不会受人欢迎的。

3. 言之有序。就是根据讲话的主题和中心设计讲话的次序,安排讲话的层次,即交谈要有逻辑性、科学性。"使众理虽繁,而无倒置之乖;群言虽多,而无棼丝之乱。"(刘勰《文心雕龙》)有些人讲话,一段话没有中心,语言支离破碎,想到哪儿就说到哪儿,东一榔头西一棒槌,给人的感觉是杂乱无章,言不及义。这样既不招人喜欢,又在浪费他人的时间。

4. 言之有礼。交谈时表达要掌握分寸,主动创造一个和谐、愉快的交谈环境。讲话者要善于体察听众的反应,不要自我陶醉,语气要友好,内容要适宜,语言要文明;切忌谈吐粗俗,尖刻损人。开玩笑要注意场合和对象,不可随意和不熟悉的女士开玩笑。

5. 风趣幽默。谈吐能够做到风趣幽默的人是十分受欢迎的,因为工作生活压力的日渐增大,人们总是喜欢适度地放松一下,缓解、释放过大的压力。幽默也是一种生活的智慧,能够调节气氛,舒缓紧张的局面,有时还能巧妙地化解尴尬。交谈中适度地使用幽默言辞是完全可以的,需要注意的是格调一定要高,不要把庸俗等同于幽默。

三、 有效地选择话题

话题的选择是交谈的核心,直接关系到交谈能否顺利地进行下去。有许多人反映在初次见面交谈时,打过招呼后不知该说些什么了,往往造成冷场,这实质上就是不善于选择交谈的话题的结果。与人谈话最困难的也是如何选择话题,一般人在交际场中,第一句交谈是最不容易的,因为你不熟悉对方,不知道他的性格、嗜好和品性,又受时间的限制,不容许你多作了解或考虑,而又不宜冒昧地提出特殊话题。这时最好就地取材,比较简单适用,即按照当时的环境寻找话题。如果相遇地点在朋友的家里,或是在朋友的喜筵上,那么对方和主人的关系可以作为第一句。比如说:"听说您和某先生是老同学?"或是说:"您和某先生是同事?"如此一来,无论问得对不对,总可引起对方的话题。问得对的,可依原意急转直下,猜得不对的,根据对方的解释又可顺水推舟,在对方的话题上畅谈下去。如"今天的客人真不少!"虽是老套,但可以引起其他的话题。赞美一样东西常常也是一种最稳当得体的开头话,如赞美主人家的花养得好之类。除此之外,我们还可以按如下方式选择交谈的话题。

1. 既定的话题，如双方约定的业务和工作。
2. 双方都感兴趣的话题，共同熟悉的人、地方、社会新闻、体育项目、实事等。还有能够引起对方兴趣的事情，如"我拜读过你的文章……"等。
3. 自己比较了解的话题，这样可以很好地展示自己的才能、学识。

四、交谈中的禁忌

交谈中的禁忌，因交谈对象、交谈场合不同而有所不同。

1. 男不问收入，女不问年龄。在交谈中难免要询问对方一些问题，而收入与年龄则是最忌讳的话题，尤其是这些涉及他人的隐私，贸然提问会让人很尴尬。作为提问者提出这样的问题也是缺乏修养的表现。
2. 主动回避敏感话题，如宗教信仰、人权、单位上的是是非非、上司的偏好等。
3. 不涉及他人的隐私，像家庭住址、婚姻状况、个人经历、家庭财产，甚至是健康状况，如果不是对方主动提起，最好不要作为谈论的话题。
4. 与不熟悉的人交谈时不问对方衣服的质量、价格，首饰的真假等。如果在社交场合问及对方这些问题，会使人难以回答，甚至陷入难堪境地。与女士交谈时不论及对方美丑胖瘦，保养得好与不好。
5. 忌哗众取宠。社交场合不以荒诞离奇、耸人听闻、黄色淫秽的内容为话题，也不开低级庸俗的玩笑，更不能嘲弄他人的生理缺陷，那样只会证明自己的格调不高。

第四节　演讲与通话

一、演讲礼仪

演讲是谈话的特殊形式，技巧性非常强，在生活中具有重要作用，如参加竞选，为他人做动员等。演讲的成功与否涉及许多因素，得体的举止礼仪是其中之一。一般而言，要做到以下两点。

（一）着装得体

演讲者的服饰应以整洁、朴实、大方为原则。男士的服装一般以西装、青年装为宜。女士也以干净利落的职业装为主，不宜穿戴过于随意，当然也不能奇异张扬。因为过于光彩夺目的服饰、服装，容易分散听众的注意力。

（二）仪态大方

演讲者上场时务必大方自然，亮相得体，上场后首先环视一下全场，接下来可以进行开场白，可首先介绍一下自己的姓名，并向听众致意。

1. 站位和目光。站位不但考虑演讲时活动的方便，更要考虑听众观察演讲者的方便。听众不论在什么地方都能看清演讲者的演示，方便情感的双向交流。要讲究站立的姿势，站姿得当，会显得英俊干练，生气勃勃，给人美感；站姿不当，不但形象不美，而且不利于动作，如果失去平衡会造成失态，这是对听众的不敬。演讲者目光要散到全场，落到每位听众的脸上，使他们觉得光顾到他，仿佛与每位听众都进行过目光的交流。但是，目光又不要总与某一个听众的目光相撞、交流。演讲者的目光集中一隅、盯住不放就是对听众的失礼。

2. 声音。演讲人的声音要洪亮。音量的大小根据会场的大小和人员的多少而定。既不要过高，也不要过低。过高易失去自然和亲切感，过低会使会场出现不应有的紊乱。

3. 手势。演讲者演讲时会经常运用手势，以增强说话的效果。除此之外，双手尽量不要胡乱挥动，可以双手相握，放在身前或身后，或者放松垂在两侧。双手的姿势相当重要，与演说者的情绪和演说的内容应该保持一致。可是要尽量避免一再重复同一动作，更不要胡乱地挥动手臂以免分散听众听你演说的注意力。

4. 退场。演讲完毕，要向听众敬礼，向主持人致意。演讲者可能由主持人陪同先行退场，听众出于礼貌，或站起身来，或热情鼓掌，这时演讲者同样也要热情回报，鼓掌或招手以致意，直至走出会场。如果听众先退出会场，演讲者应起立，面向听众，目送听众。

二、通话礼仪

电话给我们的生活带来了无限的便捷，当我们在享受这份便捷时莫忘应有的礼仪。

（一）打电话的礼仪

1. 选择适当的通话时间，上班时间不在电话里谈私事，下班时间不在电话中谈公事；在办公室里打电话，应遵循工作生活的作息习惯，一般应在8点以后打电话，最好不要选择在临近下班时间打电话；过早或过晚不宜打电话；与国外通话时，还要考虑时差和生活习惯。电话接通后，要询问对方是否时间合适，有无妨碍。

2. 电话交流要做到简明扼要，要严格地把好时间关，如果事情太多要事先拟好提纲，并询问对方时间是否允许，一般电话交流时间不宜超过5分钟。不要占用对方过长的办公时间。

3. 查清对方电话号码后再正确地拨号。万一弄错了，应向接电话者表示歉意，不能将电话一挂了事。拨号后，如只有铃响，没有接听，应耐心等待片刻，待铃响过6遍后再挂断。否则，如对方正巧不在电话旁，匆匆赶来接时，电话已挂断，这是失礼的。

4. 电话接通后，应主动问候之后自报家门，说明要找的人或有什么事情。如有要事请人代转，一定交代明白，并表示感谢。

5. 通话完毕，应马上跟对方告别，说："谢谢"或"打扰您了"。不要跟对方谈与通话内容无关的事情，以免耽误对方时间。

（二）接听电话礼仪

接听电话不可太随便，得讲究必要的礼仪和一定的技巧，以免横生误会。无论是打电话还是接电话，我们都应做到语调热情、大方自然、声量适中、表达清楚、简明扼要、文明礼貌。

1. 及时接电话

一般来说，在办公室里，电话铃响 3 遍之前就应接听，6 遍后就应道歉："对不起，让你久等了。"如果受话人正在做一件要紧的事情不能及时接听，代接的人应妥为解释。如果既不及时接电话，又不道歉，甚至极不耐烦，就是极不礼貌的行为。尽快接听电话会给对方留下好印象，让对方觉得自己被看重。

2. 确认对方

对方打来电话，一般会自己主动介绍。如果没有介绍或者你没有听清楚，就应该主动问："请问你是哪位？我能为您做什么？您找哪位？"但是，人们习惯的做法是，拿起电话听筒盘问一句："喂！哪位？"这在对方听来，陌生而疏远，缺少人情味。接到对方打来的电话，您拿起听筒应首先自我介绍："你好！我是×××。"如果对方找的人在旁边，您应说："请稍等。"然后用手掩住话筒，轻声招呼你的同事接电话。如果对方找的人不在，您应该告诉对方，并且问："需要留言吗？我一定转告！"

3. 讲究艺术

接听电话时，应注意使嘴和话筒保持 4 厘米左右的距离；要把耳朵贴近话筒，仔细倾听对方的讲话。最后，应让对方自己结束电话，然后轻轻把话筒放好。不可"啪——"的一下扔回原处，这极不礼貌。最好是在对方之后挂电话。

4. 调整心态

当您拿起电话听筒的时候，一定要面带笑容。不要以为笑容只能表现在脸上，它也会藏在声音里。亲切、温情的声音会使对方马上对我们产生良好的印象。如果绷着脸，声音会变得冷冰冰。打、接电话的时候不能叼着香烟、嚼着口香糖；说话时，声音不宜过大或过小，吐词清晰，保证对方能听明白。

（三）手机的使用礼仪

随着手机的日益普及，无论是在社交场所还是工作场合放肆地使用手机，已经成为礼仪的最大威胁之一，手机礼仪越来越受到关注。在国外，如澳大利亚电讯的各营业厅就采取了向顾客提供"手机礼节"宣传册的方式，宣传手机礼仪。

（1）公共场合特别是楼梯、电梯、路口、人行道等地方，不可以旁若无人地使用手机。

（2）在会议中、课堂上、图书馆以及和别人洽谈的时候，最好的方式还是把手机关掉，起码也要调到震动状态。这样既显示出对别人的尊重，又不会打断他人的思路。而那种在会场上铃声不断，并不能反映你"业务忙"，反而显示出你缺少修养。

（3）在餐桌上，关掉手机或是把手机调到震动状态还是必要的。不要正吃到兴头上的时候，被一阵烦人的铃声打断。

（4）无论业务多忙，为了自己和其他乘客的安全，在飞机上、加油站、医院里都不要使用手机；驾车途中更不允许使用手机。

（5）在短信的内容选择和编辑上，应该和通话文明一样重视。因为通过你发的短信，意味着你赞同至少不否认短信的内容，也同时反映了你的品位和水准。所以，不要编辑或转发不健康的短信息，特别是一些带有讽刺意味，更不应该转发。

（四）常用礼貌用语

（1）您好！这里是×××公司×××部（室），请问您找谁？

（2）我就是，请问您是哪一位……请讲。

（3）请问您有什么事？（有什么能帮您？）

（4）您放心，我会尽力办好这件事。

（5）不用谢，这是我们应该做的。

（6）×××同志不在，我可以替您转告吗？（请您稍后再来电话好吗？）

（7）对不起，这类业务请您向×××部（室）咨询，他们的号码是……（×××同志不是这个电话号码，他/她的电话号码是……）

（8）您打错号码了，我是×××公司×××部（室）……没关系。

（9）再见！（与以下各项通用）

（10）您好！请问您是×××单位吗？

（11）我是×××公司×××部（室）×××，请问怎样称呼您？

（12）请帮我找×××同志。

（13）对不起，我打错电话了。

（14）对不起，这个问题……请留下您的联系电话，我们会尽快给您答复好吗？

一、简答题

1. 人际交往中常用的称呼有哪几种？
2. 见面时怎么进行自我介绍和介绍他人？
3. 交谈的礼仪规范和禁忌有哪些？
4. 举例说明演讲时如何才能得体？
5. 简要说明通话中的注意事项。

二、案例拓展训练与分析

案例一：

有一次，一位先生为他的外国朋友订做生日蛋糕，并要求打一份贺卡。蛋糕店的服务员接到订单后询问先生说："先生请问您的朋友是小姐还是太太？"这位先生也不清楚朋友是否结婚了，想想一大把年纪了应该是太太吧，于是就跟服务员说写太太吧。蛋糕做好后，服务员把蛋糕送到指定的地方，敲开门，只见一位女士开门，服务员有礼貌的询问："您好，请问您是怀特太太吗？"女士愣了愣，不高兴地说："错了！"就把门关了。服务员糊涂了，打电话向订蛋糕的先生再次确认，地址和房间都没错，于是再次敲开门，说道："没错，怀特太太，这正是您的蛋糕！"谁知这时，这位女士大声叫道："告诉你错了，这里只有怀特小姐，没有怀特太太！""啪"的一声，门大声地关上了。

问题：请同学们针对以上案例谈谈你的看法，评价一下案例中涉及的称呼礼仪行为。

案例二：

某外国公司总经理史密斯先生在得知与新星贸易公司的合作很顺利时，便决定携带夫人一同前来中方公司进一步的考察和观光,小李陪同新星贸易公司的张经理前来迎接,在机场出口见面时,经介绍后张经理热情地与外方公司经理及夫人握手问好。

问题:

1. 小李应如何做自我介绍?
2. 小李为他人做介绍的次序应该怎样?
3. 张经理的握手次序应如何?

第六章 交际礼仪（二）

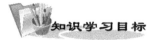知识学习目标

> 通过学习本章，要求同学们了解握手的方式；了解名片的使用；掌握馈赠礼品的基本要求；能根据不同的交往对象和场景准确地把握握手的时机和顺序；能在不同的场合与交际对象交换名片。

对于人际交往，正确的态度是一定要积极参加，及时总结经验，汲取教训，学习基本的交往礼仪，并在实践中正确地加以运用。本章主要介绍握手、名片的使用及馈赠的礼仪。

第一节 握 手

握手是大多数国家相互见面和离别时的礼节。在交际场合中，一般在相互介绍和会面时握手。握手（Handshake）是世界上通行的一种见面礼节。它是一种常用的"见面礼"，而有时候又具有"和解"、"友好"等重要的象征意义。

握手之礼起于中世纪的欧洲。当时是身着戎装的骑士侠客盛行的时代，一个个头戴一顶铜盔，身披一身铠甲，腰挂一柄利剑，就连双手也罩上了铁套。这身打扮，让人敬而远之。但见了亲朋好友他们都免去铜盔，脱下铁套，与之握手，同时表示我的右手不是用来握剑杀你的，这正是握手之起源。现代人不至于还浑身散发出那样的杀气，但握手的风气已经形成，相见告别时握彼之手，轻轻摇动，你如此，我如此，礼遂成。

尼克松总统回忆他首次访华在机场与周总理见面时说："我走完梯级（从飞机舷梯走下来）时，决心伸出我的手，一边向他走去。当我们的手握在一起时，一个时代结束了，另一个时代开始了。"据基辛格回忆，尼克松为了突出这个"握手"的镜头，还特意要基辛格等所有随行人员都留在专机上，等他同周恩来完成这个"历史性握手"后，才允许他们走下机来。

貌似简单的握手，却蕴涵着复杂的礼仪细则，承载着丰富的交际信息。比如：与成功者握手，表示祝贺；与失败者握手，表示理解；与同盟者握手，表示期待；与对立者握手，表示和解；与悲伤者握手，表示慰问；与欢送者握手，表示告别等。

一、握手时伸手的次序

握手讲究一定的顺序，谁先伸手也是必须注意的。根据礼仪规范，握手时双方伸手的先后次序，一般应当遵守"尊者先伸手"的原则，应由尊者首先伸出手来，位卑者在此后予以响应，而绝不可贸然抢先伸手，不然就是违反礼仪的举动。在商务场合，握手时伸手的先后次序主要取决于职位、身份。而在社交、休闲场合，它主要取决于年龄、性别、婚否。其基本规则可以归纳如下。

（一）男女之间握手

男女之间握手，男士要等女士先伸出手后才握手。如果女方没有握手的意思，男方可改用点头礼表示礼貌。

（二）宾客之间握手

宾客之间握手，主人有向客人先伸出手的义务。对到来的客人，不论男女、长幼，主人均应先伸出手去，表示热烈欢迎，女主人也应如此。

（三）长幼之间握手

长幼之间握手，年幼的一般要等年长的先伸手。和长辈及年长的人握手，不论男女，都要起立趋前握手，并要脱下手套，以示尊敬。

（四）上下级之间握手

上下级之间握手，下级要等上级先伸出手。但涉及主宾关系时，可不考虑上下级关系，做主人的应先伸手。

（五）一个人与多人握手

若是一个人需要与多人握手,则握手时亦应讲究先后次序,由尊而卑,即先年长者后年幼者,先长辈而晚辈,先老师后学生,先女士后男士,先已婚者后未婚者,先上级后下级,先职位、身份高者后职位、身份低者。

在接待来访者时,这一问题变得特殊一些:当客人抵达时,应由主人首先伸出手来与客人相握。而在客人告辞时,就应由客人首先伸出手来与主人相握。前者是表示"欢迎",后者表示"再见"。这一次序颠倒,很容易让人发生误解。

应当强调的是,上述握手时的先后次序不必处处苛求于人。如果自己是尊者或长者、上级,而位卑者、年轻者或下级抢先伸手时,最得体的就是立即伸出自己的手,进行配合。而不要置之不理,使对方当场出丑。

二、握手的方式

握手时应注意以下五个方面的事项。

（一）神态专注

握手时,要神情专注,面含笑意,表现得亲切友好。不可以一边握手一边东张西望,甚至与他人打招呼,这都是不应该的。

（二）姿势自然

握手时,应站立。除非是长辈或女士,坐着与别人握手都是应该避免的。

（三）手位适当

1. 单手相握。这是最常见的握手方式,握手时手掌垂直于地面最为适当。与人握手时掌心向上,表示谦恭;与人握手时掌心向下,表示自我感觉良好,自高自大。

2. 双手相握。就是右手握住对方的右手后,再以左手握住对方的右手手背。这种方式可以表示自己对对方的深厚情谊,但是面对异性或初识者则不太合适。双手相握时,左手除了握对方的右手手背外,有的人还握住对方的右手手臂或手腕,还有的握住对方的右肩。这种做法如果不是对于至交最好不要滥用。

（四）力度适中

握手之时,为了向交往对象表示热情友好,应当稍许用力。与亲朋故旧握手时,所用的力量可以稍为大一些;而在与异性以及初次相识者握手时,则千万不可用力过猛。

总之,在与人握手时,不可以毫不用力,不然就会使对方感到缺乏热忱与朝气;但也不宜在握手时拼命用力,如果对方痛得龇牙咧嘴,则难免有示威挑衅之嫌。

（五）时间适中

在普通情况下,与他人握手的时间不宜过短或过长。大体来讲,握手的全部时间应控制在3秒钟以内,握上一两下手即可。

握手时如果两手稍触即分,时间过短,好似在走过场,又像是对对方怀有戒意;而与他人握手时间过久,尤其是拉住异性或初次见面者的手长久不放,则显得有些虚情假意,甚至被怀疑为"想占便宜"。

三、握手的注意事项

在握手时,建议大家不要使用以下的握手方式。

第六章 交际礼仪（二）

（一）击剑式握手

所谓击剑式握手，就是在跟人握手时，不是自然地将胳膊伸出，而是像击剑般拔出，一只僵硬、挺直而且手心向下的手快速袭击对方的身体。

显然，这是一种令人不快的握手形式，它给人的感觉是鲁莽放肆、缺乏修养。僵硬的胳膊，向下的掌心，透露出一种倨傲，会给对方带来一种受制约感，很难建立起友好平等的关系，我们在与他人握手时，应避免使用这种握手方式。

（二）戴着手套握手

与顾客见面，你如果戴着手套，当需要握手时，一定要摘下来。戴手套与人握手是不礼貌的一种做法，它意味着你厌恶与别人的手相接触。有人以为，只要我主动与他握手，戴手套也没关系，其实这种看法是不对的，即使对方是你的好朋友，你也不应该这样做。

（三）手扣手式握手

这种握手方式被称为"政治家式的握手"。其方法是：主动握手者先用右手握住对方的右手，然后再用左手握对方右手的手背。也就是说，主动握手者双手扣住对方的手。这种握手方式适用于好友之间或慰问时，但因为表现得太过亲切，不适于生活中与客户的接触，初次接触或与异性见面时用这种方式，会让对方感觉尴尬，觉得你另有企图。

（四）死鱼式握手

所谓死鱼式握手，是一种比喻的说法。意思是说伸出的手软弱无力，像一条死鱼，任对方把握。

握手本身是一种表示亲切友好的礼节，如果你伸出的是像死鱼一样滑腻腻、软绵绵的手，那就会使对方以为你性情软弱或敷衍。对方如果伸给你这样一只手，我想你也会有相同的感受。就在你伸出死鱼一样的手后一秒钟，你在对方心目中的地位就会降低，所以千万保持手的力度。

（五）虎钳式握手

何谓虎钳式，就是手像老虎钳一样紧紧锁住对方，让对方欲哭无泪，动弹不得。其实用虎钳式握手的人，往往非常真诚热情，但过分的热情往往起到不好的效果。

（六）不要不讲"度"

做任何事都有个度的问题，握手也不例外。有的人不论跟谁握手，都一个劲儿地点头哈腰，这样做让人觉得虚伪，觉得客套过分；有人为了表示自己的热情真挚，与人握手时使劲用力，显得特别粗鲁，让人反感。与之相反的是，有些人、尤其是个别青年女性，为了显示自己的清高，只伸出手指尖与人握手，而且一点力也不用，让人觉得冷漠、敷衍。显然，过重、过轻、过分热情都不合适。怎样才适度呢？研究家们认为，正确的做法是用手掌和手指的全部不轻不重地握住对方的手，然后再稍稍上下晃一下。握手同时应致以问候，为了表示恭敬，握手时，欠一欠身，也未尝不可。

（七）不要掌心向下压

一般情况下，与人握手时，把手自然大方地伸给对方就可以了。如要表示对他人的尊重，伸手与之相握时，掌心应向上。切忌掌心向下用击剑式握手法去握他人的手，那样会给人一种傲慢、盛气凌人的感觉。

（八）不要心不在焉

常见有的人跟人握手时，左顾右盼，心不在焉，或者一边同人握手，一边又与其他人打招呼，这些都是不礼貌的行为，是对对方不尊重的表现。与人握手时，两眼应正视对方的眼睛，以示诚意。

（九）不要持久握手

有人喜欢握着别人的手聊家常，问长问短，啰唆个没完没了，看似热情，实则过分。尤其是对异性，如果握着人家的手长时间不放，对方抽出手不好，不抽出来又特别尴尬。和别人握手，三四秒钟足矣。

（十）不要用左手握手

除非右手不适，否则，绝不能用左手与他人握手，尤其是对外国朋友，这一点特别值得注意。比如印度人和穆斯林便认为，左手只适用于洗浴和去卫生间方便，而绝不能去碰其他人。西方人也不喜欢用左手跟人握手。

有些场合，需要握手的人可能较多。碰到这种情形，可按由近及远的顺序，依次与人握手，但切不可交叉握手。我们讲的是商业礼仪，不能像明星在舞台上那样去表演，应该避免引起别人的误解。

第二节　名片的使用

一、名片的种类

现代社会，名片的使用相当普遍，分类也比较多，没有统一的标准，名片的类别分述如下。

（一）按名片用途分

即是按名片的使用目的来分。名片的产生主要是为了交往，过去由于经济与交通均不发达，人们交往面不太广，对名片的需求量不大。随着人口流动的加快，人与人之间的交往的增多，使用名片的次数开始增多。特别是近几年经济发展，用于商业活动的名片成为市场的主流。人们的交往方式有两种：一种是朋友间交往，一种是工作间交往。工作间交往一种是商业性的，一种是非商业性的，由此成为名片分类的依据。

1. 商业名片：为公司或企业进行业务活动中使用的名片，名片使用大多以营利为目的。商业名片的主要特点为：名片常印有企业的标志、注册商标和业务范围，大公司有统一的名片印刷格式，使用较高档纸张，名片没有私人家庭信息，主要用于商业活动。

2. 公用名片：为政府或社会团体在对外交往中所使用的名片，名片的使用不是以营利为目的的。公用名片的主要特点为：名片常印有标志、部分印有对外服务范围，没有统一的名片印刷格式，名片印刷力求简单适用，注重个人头衔和职称，名片内没有私人家庭信息，主要用于对外交往与服务。

3. 个人名片：为朋友间交流感情、结识新朋友所使用的名片。个人名片的主要特点为：名片不印有标志，名片设计个性化、可自由发挥，常印有个人照片、爱好、头衔和职业，使用名片纸张据个人喜好，名片中含有私人家庭信息，主要用于朋友交往。

（二）按排版方式分

名片因排版的方式不同，可做出不同风格的名片。名片纸张因能否折叠划分为普通名片和折卡名片，普通名片因印刷参照的底面不同还可分为横式名片和竖式名片。

1. 横式名片：以宽边为底、窄边为高的名片印刷方式。横式名片因其设计方便、排版便宜，成为目前使用最普遍的名片印刷方式。

2. 竖式名片：以窄边为底、宽边为高的名片使用方式。竖式名片因其排版复杂、可参考的设计资料不多，适于个性化的名片设计。

3. 折卡名片：可折叠的名片，比正常名片多出一半的信息记录面积。折卡名片因其排版奇特、制作不易，在名片中使用较少。

（三）按印刷表面分

即按名片印刷的正面和反面来划分。每张名片都可印刷成单面，也可两面一起印刷。印刷表面的多少也是确定名片价格的一项主要因素。

1. 单面印刷：只印刷名片的一面。简单名片只需印刷一面就能完全表达名片的意义，目前国内绝大多数名片采用单面印刷。

2. 双面印刷：印刷名片的正反两面。只有当单面印刷不能完全表达名片的意义时，名片才使用双面印刷以扩大信息量。

二、如何使用名片

（一）用于会见

在普通的交际场合中，当介绍自己时，向对方送上你的名片，这是名片使用频率最高的场合。

（二）用于求见

如果你没有条件在见面之前事先向对方打个电话，就在拜访前，在自己名片上加上"求见×××"字样，交由门卫传送。当然，最正规的做法是首先打电话。

（三）贺喜

将名片和礼物一起送上。但如果是隆重的恭贺比如朋友结婚，就不要只用一个名片，应再加上一张结婚贺卡才对。

（四）慰问

如自己的亲友住院，你不便亲自探望，可以在送花去的同时，再在自己名片名字下加"慰问××先生，祝早日康复"等字样。

（五）悼念

通常不太熟的朋友可以随花放上名片，但很好的朋友不光是这样，还要有一张特别的卡片或一封自己写的信。

三、名片的制作

（一）质材

最好不要选用布料、皮料、钢材、木材、黄金、白银等的材质。

（二）色彩

印制名片的纸张，选用白色、米色、淡蓝色、淡黄色、淡粉色、淡灰色并且一张名片颜色一致为好。最好不用特别炫的黄色、红色、紫色、蓝色来印制名片。

（三）图案

名片上允许出现企业标志等类型的图案，但是人像、花卉、漫画、卡通等图案或名人警句之类都不要出现，给人一种华而不实的感觉。

（四）文字

如果一张名片需要印两种文字，要将两种文字分别印在名片的两个面上，不可以在名片的一面出现两种文字。国内的名片一般用简体字就很好，不要故弄玄虚使用繁体字。

四、交换名片的时机

欲使名片在人际交往中正常地发挥作用，还须在交换名片时做得得法。

遇到以下几种情况，需要将自己的名片递交他人或与对方交换名片。

1. 希望认识对方。
2. 表示自己重视对方。
3. 被介绍给对方。
4. 对方提议交换名片。
5. 对方向自己索要名片。
6. 初次登门拜访对方。
7. 通知对方自己的变更情况。
8. 打算获得对方的名片。

碰上以下六种情况，则不必把自己的名片递给对方或与对方交换名片。

1. 对方是陌生人。
2. 不想认识对方。
3. 不愿与对方深交。
4. 对方对自己并无兴趣。
5. 经常与对方见面。
6. 双方之间地位、身份、年龄差别悬殊。

五、名片的递送与交换

有些人在一大堆陌生人中散发自己的名片，这是不对的，要有选择、有层次地递交名片，让你的名片在可能起作用的范围内散发。不要把自己的名片随意散发给陌生人，防止被别有用心的人不正当地使用。

（一）交换名片的礼仪

1. 交换名片应有正确的仪态，这体现了一个人的修养与素质。名片代表着自身，所以无论是递名片或收受名片，一定要保持恭敬严谨的态度。
2. 职位低的人应该先给出名片，这是基本的礼貌。但如果对方已经把名片递过来了，那就应该立即收下。
3. 递出名片时应起身，面向对方，以对方能够阅读的方向把名片递出。递出名片时，可以右手持名片但不要压住名字,以左手辅助轻轻地奉上。双手一起奉上则更显得尊重,以单手轻率的送上,会让对方感觉不悦。

4. 如果名字中有难念的字,要一边递出名片一边念出名字,告诉对方正确的念法。

5. 要把自己的名片单独放在一起,防止递错,不然这是严重失礼的。

(二) 收受名片的正确礼仪

1. 立正站好,以双手承接对方递出的名片。收到名片后不用急于把名片装起来,要仔细地阅读一下,最好念出来,寒暄一下。如:"××公司的王经理,幸会幸会,见到你很高兴。"

2. 注意收到名片后不可拿着名片上下打量对方,这是很没有礼貌和水准的行为。

3. 收受名片时如果手中有物品,应该先把物品放下。千万不要手里拿着东西去收受名片,对方会感觉自己不受重视。

4. 拿到名片后,不要随便乱放,更不可遗忘不拿,这会使对方极为不悦。而且收到名片后也不要在手里把玩,这也是对对方极为不尊重的一种行为,同时也破坏了自己在对方心中的形象,给人一种没礼貌没修养没素质的印象。

5. 名片体现着个人的尊严,收到名片要把它放在上衣口袋或名片夹内,不要随便放置。

(三) 名片的索取

名片的交换讲究有来有往,来而不往非礼也。但有时名片也需要去主动索取的。索取名片有以下四种方法。

1. 交易法。交易法是指"将欲取之,必先予之"。把名片递给对方时,对方不回赠名片是失礼的行为,所以对方一般会回赠名片给你。

2. 激将法。所谓激将法,是指有的时候遇到的交往对方其地位身份比我们高,或者身为异性,难免有提防之心。此时可以略加诠释,如:"王总,我非常高兴能认识您,不知道能不能有幸跟您交换一下名片?"

3. 谦恭法。谦恭法是指在索取对方名片之前,稍做铺垫,以便索取名片。如:"认识您我非常高兴,虽然我做保险已经做了四五年了,但是与您这种专业人士相比真是相形见绌,希望以后有机会能够继续向您请教,不知道以后如何向您请教比较方便?"

4. 联络法。谦恭法一般是对地位高的人,对平辈或者晚辈就不大合适。面对平辈和晚辈时,不妨采用联络法。联络法的标准说法是:"认识您太高兴了,希望以后有机会能跟您保持联络,不知道怎么跟您联络比较方便?"

(四) 婉拒他人索取名片

1. 当他人索取本人名片,而不想给对方时,不宜直截了当,而应以委婉的方法表达此意。可以说:"对不起,我忘了带名片",或者"抱歉,我的名片用完了"。不过若手中正拿着自己的名片,又被对方看见了,这样讲就不合适了。

2. 若本人没有名片,而又不想明说时,也可以以上述方法委婉地表述。如果自己名片真的没有带或是用完了,自然也可以这么说,不过不要忘了加上一句"改日一定补上",并且一定要言出必行,付诸行动。否则会被对方理解为自己没有名片,或成心不想给对方名片。

六、名片的放置

1. 在参加交际应酬之前,要像准备修饰化妆一样,提前准备好名片,并进行必要的检查。最理想的还是为名片准备一个专用名片夹，这不但能显示你是有备而来的专业职场人士，更重要的是可以让你很快地找到你的名片，而不是在包里翻出一张被压得皱皱的名片。此外，男士也可以将名片放在上衣口袋之内。

2. 不要把它放在裤袋、裙兜、提包、钱夹里，那样做既不正式，也显得杂乱无意，在自己的公文包以及办公桌抽屉里，也应经常备有名片，以便随时使用。

3. 接过他人的名片看过之后，应将其精心放入自己的名片包、名片夹或上衣口袋内，切勿放在其他地方。

七、名片的利用

随着人际交往的不断深入，还可在收藏的他人名片上随手记下可供本人参考的资料，使其充当社交的记事簿。在收藏的他人名片上可记的有利于人际交往的资料如下。

1. 收到名片时的具体情况，包括收到名片的地点、时间，以及是否与对方亲自交换等。在国外有一种做法，即把名片的右上角向下折，然后再使其恢复原状，它表示该名片是对方亲自与自己交换的。

2. 交换名片者个人的资料。例如性别、年龄、籍贯、学历、专长、嗜好等。这既可备忘，也可充作资料。

3. 交换名片者在交换名片后的变化情况，例如单位、部门的变化，职业的变动调任，职务、学衔的升降，联络方式的改变等。

八、如何让名片受到重视

名片就像一个人的履历表，递送名片的同时，也是在告诉对方自己是谁、在何处任职及如何联络。由此可知，名片是每个人最重要的书面介绍材料。在我们从业之初，设计及印制名片是首要任务，而名片也常常成为送礼时的附件。精美的名片使人印象深刻，但发送名片的时机与场合可是一门学问。

若想适时地发送名片，使对方接受并收到最好的效果，必须注意下列事项。

1. 除非对方要求，否则不要在年长的主管面前主动出示名片。

2. 对于陌生人或巧遇的人，不要在谈话中过早发送名片。因为这种热情一方面会打扰别人，另一方面有推销自己之嫌。

3. 不要在一群陌生人中到处传发自己的名片，这会让人误以为你想推销什么物品，反而不受重视。在商业社交活动中尤其要有选择地提供名片，才不致使人以为你在替企业搞宣传、拉业务。

4. 处在一群彼此不认识的人当中，最好让别人先发送名片。名片的发送可在刚见面或告别时，但如果自己即将发表意见，则在说话之前发名片给周围的人，可帮助他们认识你。

5. 出席重大的社交活动，一定要记住带名片。

6. 无论参加私人或商业餐宴，名片皆不可于用餐时发送，因为此时只宜从事社交而非商业性的活动。

7. 与其发送一张破损或脏污的名片，不如不送。应将名片收好，整齐地放在名片夹、盒或口袋中，以免名片毁损。破旧名片应尽早丢弃。

8. 交换名片时如果名片用完，可用干净的纸代替，在上面写下个人资料。

九、名片也能体现你的个人风格

使用名片最重要的是知道如何建立及展现个人风格。于名片空白处或背面写下个人资料，将使名片更为"个人化"。例如，送花答谢宴会的主人时，可在名片上写"谢谢您安排的丰盛晚餐，这真是个愉快的夜晚"，然后签上名字；送东西给别人，可在名片后加上亲笔写的"希望你喜欢它"；介绍朋友互相认识时，在名片后可写上朋友的简历，以帮助相互了解。

第三节　馈赠礼仪

在人际交往中，馈赠是向他人表达友谊、感激、敬重和祝福的一种形式，它能给受赠者带来快乐与幸福。也就是说，馈赠的根本目的在于保持联系与沟通。所以我们有必要了解有关赠送礼品的礼仪规范。

一、赠送礼品的基本要求

（一）要了解受礼对象

礼品的接受对象往往是个人或代表组织的个人，因此在选择或赠送礼品时，对受礼者的身份、性格、年龄、性别、教养、爱好和习惯等要有一个比较深入的了解。因为同样一件礼品，对于不同的受礼者会有不同的反应。例如，有的人性格比较随便，对于收到的礼品品质不太注重；有的人有很高的鉴赏力，不论是送礼物给别人或收到别人的礼物，都会细心地挑选和观赏。和外国朋友打交道时，对此也要特别注意。例如，赠送俄罗斯朋友一瓶名酒，他会非常高兴。但是赠送同样的东西给阿拉伯人他一定会面露难色甚至是拒绝，因为伊斯兰教不允许喝酒。只有对受礼的对象有较深入的了解才能投其所好、投其所需。

（二）要注重礼品的价值

这里说的价值不一定是金钱价值，它还包括礼物的思想性、艺术性、趣味性、纪念性等各个方面。名贵的礼物并不一定就是好礼品，相反一份价格低廉的礼物也不一定就会不成敬意。送给他人一份非常贵重的礼物，对方或许会因为礼物太过贵重而不敢收下，收下了或许还会有心理压力。当然这并不是倡导礼物越便宜越好，而是送礼物应该寓意深刻、耐人寻味。千万别送没有用也没有欣赏价值的东西。送礼物给别人，也要多为别人着想，可以用特别的方法精心包装起来，而且要使你的朋友携带方便。

（三）要掌握好赠礼的时机

选择适当的时机赠送礼品可使馈赠礼品显得自然亲切。比如节日期间、晚辈看望长辈、朋友之间互访；再如一些组织的开业典礼纪念日；亲友嫁娶、乔迁、添丁、寿辰等。选择这样的时机赠送礼物，会使双方的感情更为融洽。

（四）要选择好的礼品包装和赠礼形式

选购好一件称心的礼品以后，还有一道手续不能忘记，就是要在礼品送出去之前再进行最后的处理，包装一下，使礼品更出色。这能让对方感受到其中包含的赠送者的诚意与精心。在国外，人们用于礼品包装的花费往往要占送礼总支出的三分之一，甚至二分之一。包装纸的选择也很重要。不能犯以下的错误：朋友结婚，挑了印有"Happy Birthday"的纸；别人生日，挑了印有圣诞树和花的纸。即使这张包装纸非常漂亮，也不能用。

送礼有亲自赠送、托人转送、邮寄赠送等几种方式，一般如果时间条件允许亲自赠送会更好。

二、礼品的避讳

从禁忌看，送礼应避免对方或旁人误会，不可对作为一般同事、朋友关系的异性送内衣、内裤、文胸、腰带、戒指、项链等物品，因为这类东西一般是恋人、夫妻之间相赠的礼物。手巾一般是给吊丧者的东西，送人就意味着"送巾短根"、"送巾离根"之意。对于老人来说忌讳送钟，因为其谐音是"送终"。恋人、朋友之间忌送梨、伞，因为有"离"、"散"之嫌。礼品的颜色也应注意避开受礼人忌讳的颜色。

三、收礼的礼仪

1. 受礼者应在赞美和夸奖声中收下礼品，并表示感谢。一般应赞美礼品的精致、优雅或实用，夸奖赠礼者的周到和细致，并伴有感谢之辞（按中国传统习惯，是伴有谦恭态度的感谢之辞）。

2. 双手接过礼品。视具体情况或拆看或只看外包装，还可伴有请赠礼人介绍礼品功能、特性、使用方法等的邀请，以示对礼品的喜爱。

3. 只要不是贿赂性礼品，一般最好不要拒收，那会很驳赠礼人面子的。假如准备退还礼品，应在24小时内付诸行动。同时要感谢馈赠者，并说明为什么不能接受该礼品。

4. 俗话说："来而不往非礼也。"在接受他人的馈赠时，应该想办法回礼才合乎礼貌。这不是要受礼者接到馈赠就立刻回礼，而是说日后受礼者也得准备礼物馈赠对方。

四、各国的赠礼习俗

世界各国，由于文化上的差异，不同历史、民族、社会、宗教的影响，在馈赠问题上的观念、喜好和禁忌有所不同。只有把握好这些特色，在交往馈赠活动中才能达到目的。

（一）美国人的赠礼习俗

美国人一般是重情轻礼的，所以，如果美国人请吃饭，完全可以不送花，不送礼。如果是去美国人家里度周末或小住一阵子，那应该给女主人带去礼物。一本书、一盒糖、一瓶酒、针织品、工艺品等都是受欢迎的。在节日里，最好能给大家送点礼物，包装好一些。在与美国人打交道的时候，礼物不宜见面就送。一般是在会谈时，尤其是在午宴或酒会开始前送比较好。另外，不要把有企业标志的物品或贵重的物品送给美国人。

（二）英国人的赠礼习俗

英国人传统上是轻礼的，认为过于好的礼物有贿赂之嫌。英国人常以请客吃饭、喝咖啡及观看演出作为送礼的一种方式。在给英国人送礼的时候，最好不要当着太多人的面。可以单独晚上送，在餐后送或看完戏送。一般不要送香皂、香水等生活用品，尤其对方是女士的时候，以免造成误解。另外，英国人不当众打开礼品包装，认为那样做太不含蓄、缺少风度。所以，接受英国人送的礼物要很真诚地表示谢意，并细心地收好礼品，切不可使对方感到对他的礼物不重视。

（三）法国人的赠礼习俗

法国人不喜欢初次见面就送礼，所以与法国人初次见面不需要准备见面礼。对于法国人而言唱片、磁带、艺术画册等能表现文化素养的礼物是比较受欢迎的，当然也常送花，但菊花、牡丹、康乃馨以及纸花是忌送的。法国人还忌讳男士向女士送香水，而且男士向女士送玫瑰，尤其是双数，就更要慎重一些。

（四）德国人的赠礼习俗

德国人收礼物时，不太在乎礼品的价格，他们往往拿普通的东西当礼品送人，而且包装得尽善尽美。德国人对礼物的包装很重视，但黑白、棕色的包装纸和丝带包装袋都不宜选用。

（五）意大利人的赠礼习俗

意大利人也是比较注重礼品包装的，他们喜欢使人快乐和高雅不俗的礼品。所以到意大利人家里做客，带些巧克力、酒、儿童玩具或精美的手工艺品都是不错的选择。对于包装纸来说，一定要避免紫色。送礼给意大利人时，一般是女主人接过去，然后当面打开。如果按英国方式私下送礼，在意大利会被看作是不礼貌的行为。

（六）日本人的赠礼习俗

日本人极爱送礼，送礼被看作是促进合作、增进友谊的一种手段。日本人送礼喜欢名牌货，重价格、重包装。但包装纸不要系个蝴蝶结，而且不要把带有动物形象或菊花、荷花图案的物品送给日本人。对于狐、獾，日本人都比较反感，因为狐狸代表贪婪，獾代表狡诈。和中国人一样，日本人不喜欢当面拆开别人送的礼物。

（七）阿拉伯人的赠礼习俗

送给阿拉伯人的礼品，应首先考虑其宗教习俗。凡带有猪、熊、猫和六角星图案的礼品或带有女性形象的礼品都不宜相送。不要送酒给阿拉伯人，不要单独给阿拉伯妇女送礼品。与阿拉伯人初次见面时一般不送礼，否则会被误认为是行贿。去阿拉伯人家做客时，不要公开地赞美一件东西，否则主人就会认为他应当送你这样一件礼物。

每一个国家都有自己独特的送礼规则，在与之交往中应区别对待，以达到增进感情、加强合作的目的。

五、在中国送礼的秘诀

（一）探病送礼

有些人喜欢给病人送滋补品或保健品，其实这很不恰当，因为病人正在治疗期，每日要按时服药或进行针剂注射，并不适合服用补品。送给病人的礼物以鲜花或小小的盆景为宜。但是，送鲜花是十分有讲究的，有些花并不适于送给病人。一般来说，下列花卉是不错的选择：玫瑰、康乃馨、满天星、百合、天堂鸟等。

（二）结婚送礼

作为参加喜宴的朋友，应事先选购一份礼物前往，礼物最好有意义，如送99朵玫瑰代表"天长地久"，或送具有纪念价值的金贺卡及结婚蛋糕，向新郎新娘表示祝福之心。

（三）祝寿送礼

祝寿其实是庆贺生日。在给长辈祝寿时，"礼数"稍多一些。给同辈朋友过生日，送礼则不必拘于形式。给长辈祝寿，除了衣服要讲究之外，还必须带有一份含有健康长寿意义的物品，如设计精美的蛋糕，或有纪念性的金贺卡。

（四）习俗送礼

一般说来，对家贫者，以实惠为佳；对富裕者，以精巧为佳；对恋人、爱人、情人，以纪念性为佳；对朋友，以趣味性为佳；对老人，以实用为佳；对孩子，以启智新颖为佳；对外宾，以特色为佳。

思考与练习

一、简答题

1. 握手的礼仪有哪些？
2. 名片的种类有哪些？
3. 如何使用名片，在与人交换名片及索取名片时要注意什么？
4. 馈赠礼品时有哪些注意事项？
5. 简要说明中国的送礼秘诀。

二、案例拓展训练与分析

案例一：

张先生和王小姐在公园相遇，由于好久不见，张先生大方、热情地向王小姐伸出手去想与王小姐握手，谁知王小姐却不将手伸出来与之同握，甚至将手放进裤袋里。张先生只好尴尬地摸着自己的手。

如果你是王小姐或者张先生，你会怎么做呢？

问题：在这个情景中，交往双方存在什么问题，应如何处理？

案例二：

某公司王经理约见一位重要的客户方经理。见面后客户将名片递上，王经理看完名片将其放到了桌子上，两人继续谈事。过了一会儿，服务员将咖啡端上桌。王经理喝了一口后，将咖啡杯子放在了名片上，客户经理皱了皱眉头，没有说什么。

问题：

1. 请分析王经理的失礼之处。
2. 接受对方的名片后应如何放置。

案例三：

2005年4月29日连战访问北京大学，获得一份特殊的礼物：母亲赵兰坤女士在76年前毕业于燕京大学的学籍档案和相片，其中包括在宗教系就读的档案、高中推荐信、入学登记表、成绩单等，大多是她亲笔写的字。在这份特殊的礼物面前，一贯严谨的连战先生也难掩饰内心的激动。他高举母亲年轻的照片，然后仔细端详，眼里泛着晶莹的泪光。这一刻，他满脸都是幸福的微笑。

问题：请分析这次礼物赠送的成功之处。

第七章 交际礼仪（三）

知识学习目标

通过本章的学习，读者将能够：掌握宴会的有关礼仪，掌握待客与做客的常规礼仪，掌握商务谈判的礼仪，了解舞会的相关礼仪。

人际交往能力是一个人成功的翅膀，而恰当得体的运用社会交际礼仪将使你更具魅力。本章主要介绍宴请、拜访、商务谈判、舞会等交际礼仪。

第一节 宴　　请

宴请是公关交往中常见的交际活动之一，恰到好处的宴请，会为双方的友谊增添许多色彩。宴请和赴宴，是我们礼尚往来的一种交往形式。在现代社会，随着商业和市场经济的繁荣，私人交往和公务交往都很普遍和频繁，而宴请又是其中一个极其重要的形式。可以说，每个成功的人士，都是这方面的佼佼者。因此在社会交往和现实生活中，通晓宴请礼仪，提高社交礼仪的能力和加强社交礼仪修养是大有裨益的。

一、宴请的形式

国际上通用的宴请形式有宴会、招待会、茶会、工作餐等，而至于采取何种形式，一般根据活动的目的、邀请对象以及经费开支等因素来决定。每种类型的宴请均有与之匹配的特定规格及要求。

1. 宴会：是盛情邀请贵宾餐饮的聚会，按隆重程度、出席规格，可分为国宴、正式宴会和便宴。按举行时间，又有早宴、午宴和晚宴之分。一般说来，晚宴较之早宴和午宴更为隆重、正式。

2. 招待会：是指各种不配备正餐的宴请形式，一般备有食品和酒水，通常不排固定的席位，可以自由活动，常见的有冷餐会和酒会。

3. 茶会：是一种简便的招待形式，一般在下午四时左右举行，也有的在上午十时左右进行。其地点通常设在客厅，厅内摆茶几、座椅，不排座席。但若为贵宾举行的茶会，在入座时，主人要有意识地与主宾坐在一起，其他出席者可相对随意。

茶会顾名思义就是请客人品茶，故对茶叶、茶具及递茶均有规定和讲究，以体现该国的茶文化。茶具一般用陶瓷器皿，不用玻璃杯，也不用热水瓶代替茶壶。外国人一般喝红茶，略备点心、小吃，亦有不用茶而用咖啡者，其组织安排与茶会相同。

4. 工作餐：是国际交往中常用的非正式宴请形式，主客双方利用共同进餐的时间边吃边谈。工作餐按用餐时间可分为工作早餐、工作午餐和工作晚餐。这种宴请形式既简便又符合卫生标准，特别是在日程活动紧张时，它的作用尤为明显。

二、赴宴之前的准备

（一）应邀

接到宴会邀请（请柬或邀请信），能否出席要尽早答复对方，以便主人安排。一般来说，对注有"R.S.V.P."（请答复）字样的，无论出席与否，均应迅速答复。注有"Regrets only"（不能出席请复）字样的，则不能出席时才回复，但也应及时回复。经口头约妥再发来的请柬，上面一般注有"To remind"（备忘）字样，只起提醒作用，可不必答复。答复对方，可打电话或复以便函。

在接受邀请之后，不要随意改动。万一遇到不得已的特殊情况不能出席，尤其是主宾，应尽早向主人解释、道歉，甚至亲自登门表示歉意。

应邀出席一项活动之前，要核实宴请的主人，活动举办的时间地点，是否邀请了配偶，以及主人对服装的要求。活动多时尤应注意，以免走错地方或主人未请配偶却双双出席。

掌握出席宴请活动的时间，抵达时间迟早，逗留时间长短，在一定程度上反映对主人的尊重。应根据活动的性质和当地的习惯掌握。迟到、早退、逗留时间过短被视为失礼或有意冷落。身份高者可略晚到达，一般客人应略早到达，主宾退席后再陆续告辞。出席宴会，根据各地习惯，正点或晚一两分钟抵达。在我国则正点或提前二三分钟或按主人的要求到达。出席酒会，可在请柬上注明的时间内到达。确实有事需提前退席，应向主人说明后悄悄离去，也可事前打招呼，届时离席。

（二）外表

赴宴前应保持身体清洁，最好沐浴和换上干净合体的衣服，头皮屑较多的人士应注意洗头，并时刻留意保持上衣的肩部和颈后部位干净无屑。最重要的且常被忽视的事宜是修理鼻孔内的鼻毛，使其难以被人察觉。应保持口腔清洁，有口臭的人士最好事先到口腔诊所洁齿，或用口香糖洁口。有脚气的人士还应力争在赴宴前洗脚，换上干净的鞋、鞋垫和袜子，并切记不要在赴宴场合脱鞋脱袜。有腋臭的人士应事先清洁好局部，涂上爽身粉，并避免出汗，同时可准备携带纸巾，已备用餐时到卫生间再度清洁局部。有时间尽可能事先如厕。

抵达宴请地点，先到衣帽间脱下大衣和帽子，然后前往主人迎宾处，主动向主人问好。如是节庆活动，应表示祝贺。

（三）礼品

参加他国夫祝活动，可以按当地习惯以及两国关系，赠送花束或花篮。参加家庭宴会，一定要事先购买礼品，不能空手赴宴。礼品可为葡萄酒、鲜花、工艺品等，礼品的价格不能太低，也不宜昂贵或过分昂贵，除非客人另有企图。

三、宴会中的礼仪

（一）桌次的顺序

在宴请中，桌次是一个不可忽视的问题。按习惯，桌次的高低以离主桌位置远近而定。桌数较多时，要排桌次。宴会可用圆桌、方桌或长桌，一桌以上的宴会，则必须定其大小。其定位的原则，以背对饭厅或礼堂为正位，以右旁为大，左旁为小，如场地排有三桌，则以中间为大，右旁次之，左旁为小。桌子之间的距离要适中，各个座位之间的距离要相等。团体宴请中，宴桌排列一般以最前面的或居中的桌子为主桌（如图7-1所示）。

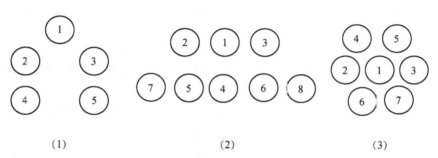

图7-1　桌次示意图

餐桌的具体摆放还应以宴会厅的地形条件而定。各类宴会餐桌摆放与座位安排都要整齐统一，椅背达到纵横成行，台布折纹要向着一个方向，给人以整体美感。

（二）座次的顺序

宾客邀妥后，必须安排客人的席次。目前我国以中餐圆桌款宴，有中式及西式两种座次的安排。两种方式不一，但基本原则相同。一般而言，必须注意下列原则。

1. 以右为尊，前述桌次的安排，已述及尊右的原则，席次的安排、亦以右为尊，左为卑。故如男女主人并座，则男左女右，以右为大。如设两桌，男女主人分开主持，则以右桌为大。宾客席次的安排亦然，即以男女主人右侧为大，左侧为小。

2. 职位或地位高者为尊，高者座上席，依职位高低，即官阶高低定位，不能逾越。

3. 职位或地位相同，则必须依官职传统习惯定位。

4. 遵守外交惯例，依各国的惯例，当一国政府的首长，如总统或总理款宴外宾时，则外交部长的排名在其他各部部长之前。

5. 女士以夫为贵，其排名的秩序，与其丈夫相同。即在众多宾客中，男主宾排第一位，其夫人排第二位。但如邀请对象是女宾，因她是某部长，而这位先生官位不显，譬如是某大公司的董事长，则必须排在所有部长之后，夫不见得与妻同贵。

6. 与宴宾客有政府官员、社会团体领袖及社会贤达参加的场合，则依政府官员、社会团体领袖、社会贤达为序。

7. 欧美人士视宴会为社交最佳场合，故席位采用分座的原则，即男女分座，排位时男女互为间隔。夫妇、父女、母子、兄妹等必须分开。如有外宾在座，则华人与外宾杂坐。

8. 遵守社会伦理，长幼有序，师生有别，在非正式的宴会场合，尤其应该遵守。如某君已为高官，而某教授为其恩师，在非正式场合，不能将某教授排在该部长之下。

9. 座位的末座，不能安排女宾。

10. 如男女主人的宴会，邀请了他的顶头上司，经理邀请了其董事长，则男女主人必须谦让其应坐的尊位，改坐次位。

以上是席次安排的原则。由于席次安排尊卑，宾客一旦上桌坐定，看看左右或前后宾客，尊卑井然。

在具体安排座位时，还应考虑其他因素。例如双方关系紧张的应尽量避免安排在一起，身份大体相同或同一专业的可安排在一起（如图7-2所示）。

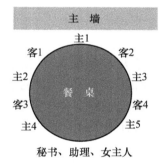

图7-2 座次示意图

（三）入座

座位安排好后，就座时应等长者坐定后，方可入座。席上如有女士，应等女士座定后，方可入座。如女士座位在隔邻，应招呼女士。入座后姿势端正，脚踏在本人座位下，不可任意伸直，手肘不得靠桌缘，或将手放在邻座椅背上。

恰当的用桌次和座位的安排以及就座的顺序可显示你的地位，表达你的尊敬，将会为你的赴会和宴请增添礼仪之邦的风采，并取得特定的效果。

（四）餐巾的使用

1. 餐巾主要防止弄脏衣服，兼做擦嘴及手上的油渍。

2. 必须等到大家坐定后，才可使用餐巾。

3. 餐巾应摊开后，放在双膝上端的大腿上，切勿系入腰带，或挂在西装领口。

（五）进餐

落座后应讲究坐姿，要求身正、腰直、自然垂肩，手不应放在桌上，手肘亦应如此，不要支在桌上。

入座后，主人招呼，即开始进餐。在进餐过程中应注意以下问题。

1. 在其他宾客夹菜时不能转动桌上的旋转台，作为客人最好不要自己转动旋转台。这件事应该是宴请主人的责任。某道菜位置离自己较远时，不应勉强取食，特别是不应越过别人的胸前长距离取食。

2. 不要吃得太饱，有八成饱即可，这样可避免极为不雅的打嗝，尤其是在就餐者众多而菜肴有限的情况下更应如此。要留一些菜在菜盘内，除非设宴主人坚持大家食净所有的菜品。

3. 不要酗酒，不要划拳猜酒，不要强迫他人喝酒，不要抢酒，不要指名要设宴主人再另行购买酒类饮品。客人要时时为主人着想，尽量节约费用开支。

4. 不要在宴席上抽烟，除非席上的每一位宾客无例外的都是吸烟者。

不要在宴席上交头接耳，说话时与对方保持一定的距离，不要侵占他人的身体空间。不要将手搭在他人的肩上、腿上或身上，不要将眼睛凝视或斜视他人，要转过头来或侧过身子正眼看人。

5. 近距离说话时要注意不能将口水飞沫溅在他人的身上，要用纸巾或餐巾掩口。

6. 进餐时最好用公筷夹菜，要夹取菜盘中接近己方的菜肴部分，尽可能不要超越这个范围。夹菜时不要犹豫不决，如用筷子触碰到一块菜食，不要放弃或另行选择。筷子在菜食上不能停留过久。在别人夹菜并越过自己的前方时，不要同时出筷，应该耐心等待他人完成动作。

千万不要用自己的筷子给他人夹菜。即使是配偶双方或情人之间，因为有其他宾客在场，如此亲昵也是不妥的举止。

7. 进餐时不要张口咀嚼，避免发出各种不雅的声音。喝汤、饮酒及啜吸饮料时，不要发出任何声音，特别是喝粥及进食面条时不应发出阵阵不雅之声。进餐时不能一面咀嚼一面说话，切记不能让他人看到你口内的食物的咀嚼过程。

8. 不要批评食物和菜肴的质量和味道，决不要将此次菜品烹饪技术与既往历次相比，除非客人欲羞辱主人。如系主人亲自烹调食物，勿忘给予赞赏。

9. 吃鱼及有骨和带皮的食物，不应该将鱼刺、骨及皮等直接吐到桌上，应该轻轻无声地吐到餐巾纸上或用手接住，然后放在小盘上，尽可能保持餐桌上的整洁卫生。

10. 尽量避免在众人面前用牙签，如实在想用也应用纸巾掩口，并将食物残渣置于纸巾上。残渣及使用牙签的具体过程一定要避开他人眼光，最后将牙签包进纸巾，放于桌上。切忌进餐结束时口含牙签步出餐厅。

11. 避免在餐桌上咳嗽、打喷嚏。万一忍不住，应说声"对不起"。

12. 如吃到不洁物或异味时，应将入口食物吐在餐巾纸上或用拇指和食指轻巧取出，放入盘中。若发现盘中的菜肴有昆虫或碎石等，不要大惊小怪，宜等候侍者走近，轻声告知侍者更换。

13. 食毕，餐具务必摆放整齐，不可凌乱放置。餐巾亦应折好，放在桌上。

14. 进餐的速度，宜与男、女主人同步，不宜太快，亦不宜太慢。

15. 在餐厅进餐，不能抢着付账，推拉争付，至为不雅。若作为客人，不能抢着付账。未征得朋友同意，亦不宜代友付账。

（六）交谈

无论是做主人、陪客或宾客，都应与同桌的人交谈，特别是左右邻座。不要只同几个熟人或只同一两人说话。邻座如不相识，可先自我介绍，但不要冒失的打探其他宾客的个人情况，如收入、婚姻、家庭地址等。可谈论些礼貌的内容，如天气和个人爱好等中性话题。

（七）祝酒

作为主宾参加外国举行的宴请，应了解对方祝酒习惯，即为何人祝酒，何时祝酒等，以便做必要的准备。碰杯时，主人和主宾先碰，人多可同时举杯示意，不一定碰杯。祝酒时注意不要交叉碰杯。在主人和主宾致辞、祝酒时，应暂停进餐，停止交谈，注意倾听，也不要借此机会抽烟。主人和主宾讲完话与贵宾席人员碰杯后，往往到其他各桌敬酒，遇此情况应起立举杯。碰杯时，要目视对方致意。

宴会上相互敬酒表示友好，活跃气氛，但切忌喝酒过量。喝酒过量容易失言，甚至失态，因此必须控制在本人的能力范围之内。

在毫无准备的情况下，被推举出来提议祝酒可能非常令人紧张，此时最好的解决办法就是说出你的感受。祝酒词从来用不着太长。如果你在毫无准备的情况下被叫起来致祝酒词，你可以说一些简单的祝福的话摆脱困境。

但是如果你想表现得更有风度，更有口才，就要增加一些回忆、赞美，以及相关的故事或笑话。然而，祝酒词应当与场合相吻合，幽默感极少会显得不合时宜。在婚礼上的祝酒词应该侧重于情感方面，向退休员工表达敬意的祝酒词则应当侧重于怀旧，诸如此类。

在餐会上，致祝酒词通常是男主人或女主人的优先权。如果无人祝酒，客人则可以提议向主人祝酒。如果其中一位主人第一个祝酒，一位客人可以在第二个祝酒。

在仪式场合，通常会有一位酒司仪。如果没有，组委会主席，会在就餐结束，开始就餐前，致必要的祝酒词。在不太正式的场合，可以在葡萄酒和香槟酒上来之后，就提议祝酒。祝酒者并不需要把酒杯里的酒喝干，每次喝一小口足矣。

你可能根本不碰包括葡萄酒在内的各种酒精饮料，甚至敬酒时也是如此。当酒传递过来时，你可以谢绝，而在祝酒时举起装着苏打水的高脚杯。过去，除非是酒精饮料，否则不祝酒，但是今天各种饮料都可以用来祝酒。此时，你应该站起来，加入到这项活动之中，至少不应该极端失礼地坐在座位上。

（八）宽衣

在社交场合，无论天气如何炎热，不能当众解开纽扣脱下衣服。小型便宴，如主人请客人宽衣，男宾可脱下外衣搭在椅背上。

（九）喝茶（或咖啡）

喝茶、喝咖啡，如愿加牛奶、白糖，可自取加入杯中，用小茶匙搅拌后，茶匙仍放回小碟内。通常牛奶、白糖均用单独器皿盛放。喝时右手拿杯把，左手端小碟。

（十）水果

吃梨、苹果，不要整个拿着咬，应先用水果刀切成四瓣或者六瓣，再用刀去皮、核，然后用手拿着吃。削皮时刀口朝内，从外往里削。香蕉先剥皮，用刀切成小块吃。橙子用刀切成块吃，橘子、荔枝、龙眼等则可剥了皮吃。其余如西瓜、菠萝等，通常都去皮切成块，吃时可用水果刀切成小块用叉取食。

(十一) 纪念物品

有的主人为每位出席者备有小纪念品或一朵鲜花。宴会结束时，主人招呼客人带上。遇此，可说一两句赞扬这小礼品的话，但不必郑重表示感谢。有时，外国访问者，往往把宴会菜单作为纪念品带走，有时还请同席者在菜单上签名留念。除主人特别示意作为纪念品的东西外，各种招待用品，包括糖果、水果、香烟等，都不要拿走。

四、宴会结束礼仪

客人不得中途退席，如确有急事，要向主人说明原因，表示歉意，同时要向其他客人示意，方可离席。

客人餐毕，一般不要离席，应等其他客人吃完。

散席时，须等男、女主人离席后，其他宾客方可离席。在离席时，应帮助隔座长者或女士拖拉座椅。而且客人要向主人致谢意，然后握手告别，并与其他客人告别。

宴会结束后一至数日，应该给主人打电话再次感谢，或方便时寄去一封感谢信或感谢卡。有条件的应考虑适时以同等或更好的宴席规模回请主人夫妇。

第二节　拜　　访

拜访是日常生活中最常见的交际形式，也是联络感情、增进友谊的一种有效方法。

拜访，又称拜见或拜会，是指前往他人的工作地点或私人居所，会晤、探望对方，或与之进行其他方面的接触。拜访是一种双向活动。在拜访中，做东、待客的一方为主，称为主人；访问、做客的一方为客，称为来宾。不论是主是宾都应该依照相应的礼仪规范行事。下面分别介绍一下待客与做客的常规礼仪。

一、待客

作为主人，不可不习待客之道。待客之道的核心，在于主随客便，待客以礼。这一指导思想，主要落实在以下三个方面。

(一) 细心安排

与来访者约定拜会之后，主人要立即着手从事必要的准备工作，以便令客人到访时产生宾至如归之感。主人先期需要准备安排的，主要有以下四项工作。

1. 环境卫生。在客人到来之前，需要专门进行一次清洁卫生工作，以便创造出良好的待客环境，并借以完善个人的整体形象，同时体现出对来客的尊重。

进行清洁卫生工作的重点，应当是门厅、走廊、客厅、餐厅、阳台、卫生间等来客必经之处。此外，对于门外、楼梯等公众共享空间的卫生，亦应加以注意，不要只顾"自扫门前雪"。

2. 待客用品。通常，有客来访之前，需要准备好必要的待客用品，以应客人之需。

在一般情况下，必不可少的待客用品有以下四类。

（1）饮料、糖果、水果和点心。它们被人戏称为中国人款待来宾的"四大名旦"，通常在待客时必须做到有备无患。客人入座后，应把桌上的水果给客人送上，请客人品尝。

（2）香烟。待客时可以备有香烟，并相让于人，如果有女士，也应周到询问。但鉴于吸烟影响健康，所以不要勉强对方。

（3）报刊、图书、玩具。它们可供客人，尤其是随其而来的孩子使用。

（4）娱乐用品。有时间的话，宾主可以在一起玩一玩，同享欢乐。

3. 膳食住宿。在一般情况下，接待来客，均应以其预先准备好膳食，并且在会面之初，便向对方表明留饭之意。千万不要忽略此事，尤其是不要只顾自己用餐，而不顾招待来宾，让对方空腹而归。

假如"有朋自远方来"，还须为其安排住宿。家中或本单位不具备留宿条件的话，事先须向对方说明。在这一问题上，是含糊不得的。

4. 交通工具。接待远道而来的客人时，要事先考虑其交通问题。如果力所能及，则最好主动为其安排或提供交通工具。

为来宾安排交通工具，讲究善始善终，不但来时要管，走时也要管。这样做，不仅是为客人排忧解难，而且也能体现主人的待客之诚与善解人意。

（二）迎送礼让

客人到来之时，主人对其欢迎与否，客人是十分敏感的。因此，在客人抵达之后，主人要做的头一件事，就是要向对方表示热烈欢迎。当客人告辞时，亦须热情相送。

1. 迎候。对于重要的客人和初次来访的客人，主人在必要时要亲自或者派人前去迎候。迎候远道来访的客人，可恭候于其抵达本地的机场、港口、车站或是其下榻之处，并要事先告知对方。

迎送本地的客人，宜在大门口、楼下、办公室或居所的门外，以及双方事先约定之处。

对于常来常往的客人，虽不必事先恭候于室外，但一旦得知对方抵达，即应立即起身，相迎于室外。不要让他人特别是孩子代为迎客，或是当客人到来时依旧"岿然不动"。

2. 致意。与客人相见之初，不论彼此熟悉与否，均应面含微笑，与对方热情握手。在此同时，还应当对对方真诚地表示欢迎，并致以亲切的问候。

在一般情况下，现代人在待客之初，握手、问候和表示欢迎，是必不可少的"迎宾三部曲"。随意对此有所删减，即为失礼。

假如客人到来时，自己这里还有家人、同事或其他客人在场，主人有义务为其进行相互介绍。要是作其互不搭理，或是自行进行接触，只能说明主人考虑不周，或是怠慢客人。

3. 让座。客人到来之后，主人应尽快将其让入室内，并安排其就座。若是把客人拦在门口谈个没完，通常等于主人是在向客人暗示其不受欢迎，来得不是时候。

我国民间在接待来宾时，有一条古老的规矩，叫做"坐，请坐，请上座"，由此可见待客时让座问题的重要性。处理这一问题时，一方面要注意把"上座"让给来宾就座。所谓"上座"，在待客时通常是指：宾主并排就座时的右座；距离房门较远的位置；宾主对面就座时的面对正门的位置；或是以进门者面向为准，位于其右侧的位置。另外，较高的座位与较为舒适的座位，往往也被视为"上座"看待。

另一方面，在就座之时，为了表示对客人的敬意，主人应请客人先行入座，千万不要不让座，或是让错座。

4. 均待。有些时候，可能会在同一时间之内接待多方的来访者。碰上了这一情况，一是要注意待客有序，二是要注意一视同仁。

所谓待客有序，是指在与客人握手、问候以及让座、献茶时，要注意按照惯例"依次而行"。通常讲究女士先于男士，长者先于晚辈，位高者先于位低者。越是正规的场合，越是要注意这一点。

所谓一视同仁，则是要求主人在接待多方来宾时，在态度上与行动上，均要对其平等相待，切勿有意分亲疏，论贵贱，厚此薄彼。

5. 送别。告辞的要求，应由来客首先提出。届时，主人应认真加以挽留。倘若客人执意要走，主人方可起身送行。

送行的具体地点，对远道而来者，可以是机场、港口、车站或其下榻之处；对本地的客人，则应为大门口、楼下或其所乘的车辆离去之处。至少，也要将客人送至房外或电梯门口。不然，就算是对客人的失礼。

与客人告别时，要与之握手，并道以"再见"。对难以谋面的客人，还应请其"多多保重"，并代向其家人或同事致以问候。

在一般情况下，当客人离去时，应向其挥手致意。当对方离开之后，主人方可离开。前往机场、港口、车站为来宾送行时，对方所乘的交通工具尚未开动时，主人抢先离去是不应该的。

（三）热情相待

在待客之时，主人一定要表现出自己的热情、真诚之意。做到了这一点，就会让客人更好地感觉到主人是真心实意欢迎他的。对客人热情相待，应当主要体现于一心一意、兴趣盎然、主次分明三个方面。

1. 一心一意。有客来访之时，客人就是主人的"上帝"，待客就是主人的"工作重心"。因此，在接待客人时，一定要真正做到时时、处处、事事以客人为中心，切勿三心二意，顾此失彼，有意无意地冷落客人。

面对客人的时候，爱答不理，闭目养神，大打哈欠，看书看报，听广播、看电视，忙于处理家务，打起电话没个完，甚至抛下客人扬长而去，只能说明自己"身在曹营心在汉"，是一名不合格的主人。

2. 兴趣盎然。在宾主相处之际，相互之间自然要进行必要的交谈，以便沟通和交流。宾主进行交谈之时，主人不仅要准确无误地表达和接受信息，而且还要扮演一个称职的"主持人"和最佳的观众。作为"主持人"，主人需要为宾主之间的交谈引起话题，寻找话题，而不使大家相对静坐，无话可说。万一客人之间的交谈不甚融洽时，主人还需出面，去转移话题。作为听众，主人需要在客人讲话时洗耳恭听，并对此抱有浓厚的兴趣，令对方谈兴骤增，有话可谈。

无论如何，主人都不宜使宾主之间的交谈冷场，或是对客人的谈吐明显地表现出毫无兴致。

3. 主次分明。在待客之时，来宾即为主人活动的中心，主人的私人事务一般应从属于来宾接待这一中心，这是待客时主次分明的第一层意思。

待客时主次分明的第二层意思，则是指在待客之时，此时此刻正在接待的客人，应被视为主人最重要的客人。也就是讲，对于后到的客人既要接待，又不能为此转而抛弃目前正在接待的客人。可能的话，尽量不要让重要的客人同时到场。万一遇上了这种情况，可以合并在一起进行接待，或是先请他人代为接待。

二、做客

做客虽是正常的人际交往中不可缺少的应酬，但若不谙做客之道，则难免会使拜会不能尽如人意。就做客礼仪而言，其重要之点有三，其核心之处则在于客随主便，礼待主人。

（一）有约在先

有约在先，是做客礼仪之中最为重要的一条。它的基本含义是：拜访他人，一般均应提前有所约定。不提倡随意进行顺访，尤其是对待一般关系的交往对象不宜充当不邀而至、打乱对方计划的不速之客。

从某种意义上讲，做客需要有约在先，即体现着个人修养，更是对主人的尊重。对此，绝对不可予以省略。

预约拜会时，应重视三个方面的问题。

1. 约定时间。在约定拜会时，一定要在两厢情愿的前提下，协商议定到访的具体时间与停留的时间长度。对主人提出的具体时间，应予以优先考虑。由客人自己提出方案时，最好给对方多提供几种选择。

在一般情况下，主人本人认为不方便的时间，工作极为忙碌的时间，难得一遇的节假日，凌晨与深夜以及常规的用餐时间和午休时间，都不宜用作拜会时间。

2. 约定人数。在约定拜会时，宾主双方均应事先向对方通报届时到场的具体人数及其各自的身份。在公务拜会中，这一点尤其重要。宾主双方都要竭力避免使自己一方中出现对方不欢迎，甚至极为反感的人物。

通常，双方参与拜会的人员一经约定，便不宜随意进行变动。做客的一方特别要注意，切勿任意扩大自己的拜会队伍。在任何时候，来宾队伍过于庞大，都会令主人应接不暇，手忙脚乱，干扰其事先所作的安排和计划。

3. 如约而至。约定拜会时间之后，必须认真加以遵守，不再轻易更改。万一有特殊原因，需要推迟或者取消拜会，应当尽快打电话通知对方。不要若无其事，让对方空等。当下次与对方见面时，最好还要再次表示歉意，并说明一下具体原因。

登门进行拜访时，最好准时到达。既不要早到，让对方措手不及；也不要迟到，令对方望眼欲穿。

（二）上门有礼

登门拜访做客时，有以下四条礼仪规范，是人人必须认真遵从的。

1. 先行通报。抵达主人办公室或私人居所门外后，应首先采用合乎礼仪的方法，向对方通报自己的到来。可请其秘书或家人转告，也可以敲门或揿门铃。敲门之时，宜以食指轻叩二三下即可；揿门铃的话，让铃响二三下即可。若室内没有反应，过一会儿可再作一次，得到主人允许后才进门。千万不要用拳头擂门，用脚踢门，把门铃揿个不休，或者在门外大呼小叫，骚扰四邻。有些人家门口放有擦鞋的棕毡，就应该在进门之前把鞋上的泥土擦干净，以免弄脏主人的地毯。

即使与主人关系再好，也绝对不要不打任何招呼便推门而入，否则极有可能遭遇让人尴尬的场面，令自己进退两难。

2. 施礼问候。进屋后，要先向女主人问好，此后向男主人问好。如遇主人家宾朋满堂，那么只需同主人和相识者握手，对其他有点头致意即可，而不宜旁若无人，不搭不理。

前往亲朋好友的私人居所做客时，可为对方携带一些小礼物，诸如鲜花、糖果、书籍、光碟等。在进门之初，一般即应向主人奉上自己的礼物，不要等到告辞时再说。

3. 轻装上阵。做客之前，对于个人的着装要进行认真的选择。越是正式的拜会，就越要注意这一点。在正常情况下，拜访时的着装应当干净、整洁、高雅、庄重，过分轻佻、随便的服装是不宜选择的。

要关注着装的某些重要细节，例如袜子一定要无洞、无味。不然进门后一旦要更换拖鞋，可就要当众献丑了。

进门之后，按照常规，应当主动地脱下外套，并且摘下帽子、墨镜、手套，这时主人一般会主动为你挂起来，客人可以不必客气。如果是雨天走访，应该注意把雨伞、雨衣放在室外。如果携带了大一点的手袋，可在就座后将其放在右手下面的地板上。若将其置于桌椅之上，则是不适宜的。这一规范，通常被称为"入室后的四除去与一放下"。

4. 应邀就座。被主人邀请进入室内时，应主动随行于主人身后，而切勿抢先一步，随意前行。在一般情况下，主人会邀请来宾在其指定之处就座，届时恭敬不如从命。

在就座时要注意三点：一是不要自行找座，二是与人同来时应相互谦让，三是最好与其他人，尤其是主人，一起落座，而切勿抢先落座。

有的时候，拜访他人时未被主人相邀入室，这通常表明自己来的不合时宜。知难而退，是此刻的最佳选择。切勿不邀而入，或是探头探脑向室内进行窥视。

（三）为客有方

在他人的办公室或私人居所做客期间，要注意围绕主题、限定范围、适时告退这三件要事。在这些方面，绝对不允许出现大的闪失。

1. 围绕主题。任何一次登门拜访，都必须有其目的性。既然如此，那么在拜访作客之时，自己的所作所为都应当紧密地围绕着自己进行拜会的主旨而行，一般不允许"跑题"。

在一般情况下，在拜会之时，宾主双方都要尽快地直奔主题，接触实质性的问题，并力争解决问题。不要临阵怯场，言不及义；或是随意变更主题，令双方无所适从。

2. 限定范围。要使拜会围绕主题而行，一项得力的措施是：客人应当自觉地限定个人的交际范围与活动范围。

要求做客时限定交际范围，就是要客人不要对主人的亲属、友人表现出过多的兴趣。比如询问对方与主人的私人关系，就未必合适。

要求做客时限定活动范围，则是要客人尊重主人的个人隐私，切勿未经允许，便在其室内到处乱窜，或是随便乱动、乱拿、乱翻主人的个人物品。如果带着孩子，不要让孩子在屋里乱跑、吵闹，不要让孩子随意翻动主人家的抽屉、柜子、器皿，更不能让孩子随便讨要主人家的糖果、玩具等物品。万一孩子做错了事或失态的时候，要向主人致歉。切不可在主人面前对孩子大声训斥，厉声责骂，甚至殴打孩子，惹得孩子大哭大叫，使主人尴尬，四邻不安，这是十分失礼、失态的。

3. 适时告退。拜会之时，务必要注意"见好就收"，适可而止。如果客人与主人双方对会见的时间长度早已有约在先，客人务必要谨记在心，认真遵守。假如双方无此约定，通常一次一般性的拜访应以一小时为限。初次拜会，则不宜长于半个小时。宁愿和对方在兴趣最浓的时候分手，也不要拖到彼此兴趣索然的时候。

在拜会之中遇有他人到访，应适当缩减停留时间，不必非要"达标"不可，更不要硬找人家攀谈一番。

一旦提出告辞，便要"言必信，行必果"。任凭主人百般挽留，都要坚辞而去。不要一而再，再而三地拖延时间，赖着不走。

在出门以后，即应与主人握手作别，并对其表示感谢。在你走出几步，或在街巷拐弯处，回过身来说"请回"，"请不要送了"，"请留步"，或"好了，再见"等客气语。不可把主人甩在后头，头也不回地大踏步昂首而去；也不要任由对方"十八相送"，或是长时间地在门外与主人恋恋不舍地大说特说"车轱辘话"。

如果人多的聚会、宴会时，客人要早走一步，没有必要大声道别，以免惊动所有的人为你送行。只要悄然向主人告辞，并表示歉意。如果被其他客人发现，可以轻声地个别道声"再见"。总之，提前告辞不能引人注目，以免使其他人以为他们也该走了，而煞了风景，影响人家的兴致。

第三节　商务谈判

所谓谈判，其一般含义，就是在社会生活中，当事人为满足各自需要和维护各自的利益，双方妥善解决某一问题而进行的协商。商务谈判，是指买卖双方为实现某种商品或劳务的交易就多种交易条件而进行的协商活动。而商务活动中，礼仪是重中之重。礼仪是谈判者的广告，是叩开对方心灵的使者，是接近双方距离的桥梁，也是谈判的技术手段之一。

商务谈判礼仪包含的内容很广，有许多细节问题需要注意。在商务礼仪中最基本的理念是尊重为本，善于表达，形式规范。商务谈判中的礼仪主要有服饰礼仪，谈吐礼仪，迎送礼仪，会谈礼仪，宴请礼仪，馈赠礼仪，日常礼仪。服饰礼仪，总的要求是朴素大方和整洁，不要求服饰多么华丽，但一定给人舒适、深沉和活力的感觉，要特别注意选择适合自己的服装。谈吐礼仪，在一定意义上，商务谈判即是交谈的过程，所以在该过程中恰当和礼貌的交谈能使谈判更加顺利、有效地进行。迎送礼仪也是商务谈判中一项基本的礼仪，要确定好迎送的规格，准确掌握来宾抵离的时间，做好接待工作。会谈礼仪是商务谈判中的一项重要活动，其中有很多重要的细节。例如，要确定好会议室的布置情况，注意室内的温度、湿度；要注意礼貌迎接客人；要合理安排双方的主次位置；还有拍照留念等事宜。至于宴请礼仪，馈赠礼仪和日常礼仪要根据来客的身份等情况，注意细节，合理安排。

一、商务谈判的九大技巧

商业管理专家一直强调，成功的商业交易主要依赖于谈判的艺术，绝大多数成功商人都是谈判高手，这使他们能轻而易举地完成一笔交易。

1. 倾听。一个谈判高手通常提出很尖锐的问题，然后耐心的倾听对方的意见。商务专家说,如果我们学会如何倾听,很多冲突是很容易解决的。问题的关键是倾听已经成为被遗忘的艺术,而很多商人都忙于确定别人是否听见他们说的话,而不去倾听别人对他们说的话。

2. 充分的准备。要取得商业谈判的成功,必须在事前尽可能多地搜集相关信息。例如,你的客户的需要是什么?他们有什么选择?事先做好功课是必不可少的。

3. 高目标。有高目标的商人做得更出色。期望的越多,得到的越多。卖家的开价应该比他们期望得到的要高,买家则应该还一个比他们准备付的要低的价格。

4. 耐心。管理专家认为,谁能灵活安排时间谁就有优势。如果谈判时对方赶时间,你的耐心能对他们造成巨大的影响。

5. 满意。如果在谈判中对方感到很满意,你已经成功了一半,满意意味着对方的基本要求已经达到了。

6. 让对方先开口。获知对方渴望达到的目的高低的最好方法就是劝诱他们先开口。他们希望的可能比你想要给的要低,如果你先开口,有可能付出的比实际需要的要多。

7. 第一次出价。不要接受第一次出价。如果你接受了,对方会想他们其实能再压一下价,先还价再作决定。

8. 让步。在商业谈判中,不要单方面让步。如果你放弃了一些东西,必须相应的再从对方那里得到一些东西。如果你不这样做的话,对方会向你索要更多。

9. 离开。如果一个交易不是按照你计划中的方向进行,你该准备离开。永远不要在没有选择余地的情况下谈判,因为如果在这种情况下谈判,你就使自己处在下风。

二、 商务谈判过程的注意事项

（一）谈判准备

商务谈判之前首先要确定谈判人员,与对方谈判代表的身份、职务要相当。

谈判代表要有良好的综合素质,谈判前应整理好自己的仪容、仪表,穿着要整洁正式、庄重。男士应刮净胡须,穿西服必须打领带。女士穿着不宜太性感,不宜穿细高跟鞋,应化淡妆。

布置好谈判会场,采用长方形或椭圆形的谈判桌,门右手座位或对面座位为尊,应让给客方。

谈判前应对谈判主题、内容、议程做好充分准备,制订好计划、目标及谈判策略。

（二）谈判之初

谈判之初,谈判双方接触的第一印象十分重要,言谈举止要尽可能创造出友好、轻松的谈判气氛。

作自我介绍时要自然大方,不可露出傲慢之意。被介绍到的人应起立一下微笑示意,可以礼貌地说："幸会"、"请多关照"之类的话。询问对方要客气,如"请教尊姓大名"等。如有名片,要双手接递。介绍完毕,可选择双方共同感兴趣的话题进行交谈。稍作寒暄,以沟通感情,创造温和气氛。

谈判之初的姿态动作也对把握谈判气氛起着重大作用。目光注视对方时,目光应停留于对方双眼至前额的三角区域,这样使对方感到被关注,觉得你诚恳严肃。手势自然,不宜乱打手势,以免造成轻浮之感。切忌双臂在胸前交叉,那样显得十分傲慢无礼。

谈判之初的重要任务是摸清对方的底细,因此要认真听对方谈话,细心观察对方举止表情,并适当给予回应,这样既可了解对方意图,又可表现出尊重与礼貌。

(三)谈判之中

这是谈判的实质性阶段,主要是报价、查询、磋商、解决矛盾、处理冷场。

1. 报价——要明确无误,恪守信用,不欺蒙对方。在谈判中报价不得变幻不定,对方一旦接受价格,即不再更改。

2. 查询——事先要准备好有关问题,选择气氛和谐时提出,态度要开诚布公。切忌气氛比较冷淡或紧张时查询,言辞不可过激或追问不休,以免引起对方反感甚至恼怒。但对原则性问题应当力争不让。对方回答查问时不宜随意打断,答完时要向解答者表示谢意。

3. 磋商——讨价还价事关双方利益,容易因情急而失礼,因此更要注意保持风度,应心平气和,求大同,容许存小异。发言措词应文明礼貌。

4. 解决矛盾——要就事论事,保持耐心、冷静,不可因发生矛盾就怒气冲冲,甚至进行人身攻击或侮辱对方。

5. 处理冷场——此时主方要灵活处理,可以暂时转移话题,稍作松弛。如果确实已无话可说,则应当机立断,暂时中止谈判,稍作休息后再重新进行。主方要主动提出话题,不要让冷场持续过长。

(四)谈后签约

签约仪式上,双方参加谈判的全体人员都要出席,共同进入会场,相互握手致意,一起入座。双方都应设有助签人员,分立在各自一方的签约人外侧,其余人排列站立在各自一方签约人身后。

助签人员要协助签字人员打开文本,用手指明签字位置。双方代表各在己方的文本上签字,然后由助签人员互相交换,代表再在对方文本上签字。

签字完毕后,双方应同时起立,交换文本,并相互握手,祝贺合作成功。其他随行人员则应该以热烈的掌声表示喜悦和祝贺。

从一定意义上说,商务礼仪是商务谈判和人际关系发展的协调器,人们在商务谈判中注重礼仪,有助于互相尊重,友好合作,可以做到"内强素质,外塑形象"。所以,在商务谈判中一定要注意商务谈判的礼仪,熟悉和掌握商务谈判礼仪,在谈判中做到游刃有余,为企业创造良好的机会与利益。

第四节 舞 会

在各式各样的社交性聚会当中,号召力最强、最受欢迎的,恐怕要首推舞会了。实际上,舞会也的确是人际交往,特别是异性之间进行交往的一种轻松、愉快的良好形式。

舞会,一般是指以参加者自愿相邀共舞为主要内容的一种文娱性社交聚会。在优美的乐曲,美妙的灯光,高雅的舞姿的相互衬托下,人们不仅可以从容自在地获得自我放松,而且还可以联络老朋友,结识新朋友,进一步扩大自己的社交圈。

舞会的所有参与者,在舞场之上均需注意个人的行为举止和自己的临场表现,时时处处遵守舞会的礼仪规范。

对一般人而言，约束自己在舞场上的表现，主要是要注意修饰、邀人、拒绝、舞姿、交际等五个方面的基本问题。

(一) 修饰

参加舞会之际，依礼必须事前进行必要的、合乎惯例的个人形象修饰。其中，修饰的重点主要有以下三项。

1. 仪容。在仪容方面，舞会的参加者均应沐浴，并梳理适当的发型。男士务必要剃须，女士在穿短袖或无袖装时须剃去腋毛。特别需要强调的有两点：其一，务必注意个人口腔卫生，认真清除口臭，并禁食气味刺激的食物；其二，外伤患者、感冒患者以及其他传染病患者，应自觉地不要参加舞会，否则不仅有可能传染于人，而且还会影响大家的情绪。

2. 化妆。参加舞会前，有条件的人都要根据个人的情况，进行适度的化妆。男士化妆的重点，通常是美发、护肤和祛味。女士化妆的重点，则主要是美容和美发。与家居妆、上班妆相比，因舞会大都举行于晚间，舞者肯定难脱离灯光的照耀，故舞会妆允许相对画得浓、烈一些。化舞会妆时仍须讲究美观、自然，切勿搞得怪诞神秘，令人咋舌。

3. 服装。在正常情况下，舞会的着装必须干净、整齐、美观、大方。有条件的话，可以穿格调高雅的礼服、时装、民族服装。若举办者对此有特殊要求的话，则需认真遵循。在舞会上，通常不允许戴帽子、墨镜，或者穿拖鞋、凉鞋、旅游鞋。在较为正式的民间舞会上，一般不允许穿外套、军装、警服、工作服。如果穿的服装过露、过透、过短、过小、过紧，动不动就有可能令自己"春光外泄"，既不庄重，也不合适。

(二) 邀人

在舞会上，邀请他人与自己共舞一曲，是其参加者必做之事。舞会礼仪规定，在邀人共舞时，特别要关注常规、方法、选择、顺序等几个要点。

1. 常规。在舞会上，邀请舞伴的下述基本规范，是人人必须严格遵守的。不然的话，就会失敬于人，或是令人见笑。

请舞伴时，最好是邀请异性。通常讲究由男士去邀请女士，不过女士可以拒绝。此外，女士亦可邀请男士，然而男士却不能拒绝。

在较为正式的舞会上，尤其是在涉外舞会上，同性之人切勿相邀共舞。两位男士一同跳舞，会给人以关系异乎寻常之感。而两位女士一起跳舞，则等于是在宣言："没有男士相邀"，所以迫不得已以此举吁请男士们"见义勇为"。

根据惯例，在舞会上一对舞伴只宜共舞一支曲子。接下来，需要通过交换舞伴去扩大自己的交际面。舞会上的第一支舞曲，一般讲究男士要去邀请与自己一同前来的女士共舞。如有必要，他们二人还可以在演奏舞会的结束曲时再同跳一次。

2. 方法。邀请他人跳舞，应当力求文明、大方、自然，并且注意讲究礼貌。千万不要勉强对方，尤其是不要出言不逊，或是与其他人争抢舞伴。

一般来说，邀请舞伴时，有以下两种具体的办法可行。

(1) 直接法。即自己主动上前邀请舞伴。可先向被邀请者的同伴含笑致意，然后再彬彬有礼地询问被邀请者："能否有幸请您跳一次舞？"

(2) 间接法。即自觉直接邀请不便，或者把握不是很大时，可以托请与彼此双方相熟的人士代为引见介绍，牵线搭桥。

不论采取何种方法请人，万一自己来到被邀请者面前，已有他人捷足先登时，则须保持风度，遵守先来后到的顺序，礼让对方，等下一次再去进行邀请。

3. 选择。在舞会自行选择舞伴时，亦有规范可循。有可能的话，不要急于行事，而是最好先适应一下四周的气氛，进行一下细心的观察。一般说起来，以下八类对象，是自选舞伴之时最理智的选择。

（1）年龄相仿之人。年龄相似的话，一般是容易进行合作的。

（2）身高相当之人。如果双方身高差距过大，未免会令人感到尴尬难堪。

（3）气质相同之人。邀气质、秉性相近的人一同共舞，往往容易互相产生好感，从而和睦相处。

（4）舞技相近之人。在舞场，舞艺相近者"棋逢对手"，相得益彰，有助于更好地发挥技艺，产生快感和满足。

（5）无人邀请之人。邀请较少有人邀请之人，既是对其表示的一种重视，也不易遭到回绝。

（6）未带舞伴之人。邀请未带舞伴的人共舞，成功的机会往往是较大的。

（7）希望结识之人。想结识某人的话，不妨找机会邀对方或是其同伴共舞一曲，以舞为"桥"，接近对方。

（8）打算联络之人。在舞会上碰上久未谋面的旧交，最好请其或其同伴跳一支曲子，以便有所联络。

除以上几种情况之外，在舞会上倘若发现有人遇上异性的纠缠骚扰，最得体的做法，是应当挺身而出，主动邀请被纠缠者跳一支曲子，以便"救人于水火之中"。

4. 顺序。在较为正式的舞会上，根据舞会礼仪的规定，人们除了要与自己一起来的同伴同跳开始曲、结束曲，或是酌情自择舞伴之外，还须按照某些既定的顺序，去"毫无选择"地邀请其他一些舞伴。以下就简介一下男士邀请舞伴的合礼顺序。

就主人方面而言，自舞会上的第二支舞曲开始，男主人应当前去邀请男主宾的女伴跳舞，而男主宾则应回请女主人共舞。

接下来，男主人还需依次邀请在礼宾序列上排位第二、第三……的男士的女伴，相应这些男士同时回请女主人共舞。

就来宾方面而言，有下列一些女士，是男宾应当以礼相邀，共舞一曲的。他们主要包括：一是舞会的女主人，二是被介绍相识的女士，三是自己旧交的女伴，四是坐在自己身旁的女士。

以上女士若被男宾相邀后，与其同来的男伴最好回请该男宾的女伴跳上一曲。

（三）拒绝

在一般情况下，当本人在舞会上被人相邀时，通常不宜拒绝对方。万一非要回绝他人的邀请，则务必要注意态度和措辞，切勿伤害对方的自尊心。

1. 态度。在拒绝他人邀舞的请求时，态度要友好、自然，表现要彬彬有礼。不要把对方"晾"在一旁下不了台，或者对其视而不见，置若罔闻。

口头拒绝对方时，最好起身相告具体原因，并且勿忘向对方致歉，对其说上一声："实在对不起"或"抱歉之至"。别人邀请自己跳舞，是尊重自己的表现，所以千万别令其难堪或受到伤害。

被人拒绝后,要有自知之明,有台阶就下。千万不要自找没趣,赖着不走,胡搅蛮缠。

拒绝一个人的邀请之后,不要马上接受他人的邀请,尤其是不要当着前者的面,堂而皇之地那样做。否则,会被前者视为对其的一种侮辱。

2. 托词。拒绝他人时,语言不宜僵硬、粗鲁,不宜对被拒绝者说:"你是谁呀"、"一边待着去"、"别来烦我"、"也不看看自己算老几"等。

通常,拒绝别人,应在说明原因时,使用委婉、暗示的托词。目前,在舞会上婉拒别人的托词,最常见的有下列六种:

托词之一:"已经有人邀请我了。"

托词之二:"我累了,需要单独休息一会儿。"

托词之三:"我不会跳这种舞。"

托词之四:"我不喜欢跳这种舞。"

托词之五:"我不熟悉这首舞曲。"

托词之六:"我不喜欢这首舞曲。"

(四) 舞姿

参加舞会时,人人重在参与。一个人的舞姿不必美不胜收,其舞技也不必无可挑剔,但是他在舞蹈时所作所为,却必须尽量达到合乎规范的标准,而且还必须文明大方。

1. 标准。在舞场上跳舞时,按规范:步入舞池时,须女先男后,由女士选择跳舞的具体方位。而在跳舞的具体过程中进行合作时,则应由男士带领在先,女士配合于后。

每个人在跳舞之时,身体都应保持平衡,步伐切勿零碎、杂乱。在需要前进或后退的时候,迈出的脚步、身体的重心、力量的分配,一定要认真、准确,并且要注意移动自如。

在跳舞时,应掌握运步方向的技巧。要记住,在变换各种方向时,均应以自己左脚或右脚的前脚掌为轴心进行转动。

跳舞时所有人的行进方向,都必须按照逆时针方向进行,唯有如此,方能确保舞池的正常秩序,不至于发生跳舞者互相碰撞拥挤的状况。

有乐队伴奏时,一曲舞毕,跳舞者应首先面向乐队立正鼓掌,以示感激。此后,方可离去。

在一般情况下,男士应当将自己所请的女士送回其原来的休息之处,道谢告别之后,才能再去邀请其他女士。

有条件的话,对基本的舞姿可多做练习,以便熟能生巧。

2. 文明。在舞场上跳舞时,每个人的舞姿均应符合文明规范。跳舞时的具体动作,要与届时演奏的舞曲协调一致。在任何时候,都不要自我创作,乱跳一气,尤其不允许有意采用夸张、怪异、粗野甚至不雅的舞蹈动作,去吸引他人的注意。

在跳舞之时,要注意与其他的跳舞者保持适当的距离,以防相互影响。万一不慎碰撞或踩踏了别人,应当自觉地向对方道歉。若他人因此而向自己道歉,则需大度地向对方表示"没关系"。

不论自己与一起跳舞的舞伴为何种关系,两个人在一起合作跳舞时,除必要的以手相互持握外,身体的其他部位都要保持大约一拳左右的间隔。男士不能借机对女士又搂又抱,女士则不宜主动贴向男士。

(五) 交际

鉴于舞会多以交际为主，故此舞会亦称交谊舞会。参加舞会时，不能只图跳舞尽兴，而忘却了本应进行的交际活动。

1. 叙旧。在舞会上碰上了老朋友、老关系，除了要争取邀请对方或其同伴共舞一曲之外，还要尽量抽时间找对方叙上一叙，致以必要的问候，并且传递适当的信息。千万不要在舞会上表现得"喜新厌旧"，为了结交新朋友，而对旧交不屑一顾。

2. 交友。在舞会上结交新朋友，通常有三种方法可行。其一，主动把自己介绍给对方；其二，请主人或其他与双方熟悉的人士代为介绍；其三，通过邀请舞伴的方式直接或间接的认识对方。在舞会上结识新友之后，一般不宜长时间深谈。可在此后适当的时间，主动打电话联络对方，以便进一步推进双方关系。

与互不相识的舞伴跳舞时，可略作交谈。其内容以称道对方的舞技、表扬乐队的演奏等为佳。有时，也可以进行简短的自我介绍。但是，在交谈时不宜打探对方的个人隐私、贬低他人的舞技或是胡乱吹嘘。无论如何，都不要在跳舞时伺机向对方提出单独约会的请求，更不能风风火火、急不可耐地向其表达"一见钟情"的爱慕之意。

一、简答题

1. 简要说明宴会中的礼仪。
2. 简要说明拜访时有什么礼仪要求。
3. 简要说明商务谈判的九大技巧。
4. 简述商务谈判的礼仪。
5. 举例说明参加舞会时要注意的方方面面。

二、案例拓展训练与分析

案例一：

一位老师带领学生前往一家大公司参观，公司总经理是该老师的大学同学，亲自接待参观的学生。工作人员为每位同学倒水，席间有位女生表示自己只喝红茶。学生们在有空调的大会议室坐着，大多坦然接受服务，没有半分客气。当总经理办事情回来后，不断向学生表示歉意时，没有一个人应声。工作人员送来作为礼品的笔记本，总经理亲自双手递送时，学生们大都伸着手随意接过，没有起身也没有致谢。从头到尾只有一位同学起身双手接过工作人员递过来的茶和老总递过来的笔记本时客气地说了声："谢谢，辛苦了！"

最后，只有这位同学收到了这家公司的录用通知。有的同学很疑惑甚至不服"他的成绩并没有我好，凭什么让他去而不让我去？"老师感叹道："我给你们创造了机会，是你们自己失去了。"

问题：试分析是什么原因使这些同学失去了被录用的机会？这些同学有哪些行为不合乎礼仪？

案例二：

乔·吉拉德向一位顾客推销汽车，谈判交易的过程比较顺利，当客户正要付款时，另一位推销员跟乔·吉拉德谈起了昨天的足球，乔·吉拉德一边跟这位推销员谈着足球，一边伸手去接顾客的付款。不料顾客却突然掉头而去，车也不买了。后来乔·吉拉德才明白，客户在付款时，谈起了自己家儿子考上大学一事，而自己却和同伴谈的是球赛。在这次谈判交易过程中，乔·吉拉德与成功失之交臂。

问题：试分析乔·吉拉德这次生意失败的根本原因。

案例三：

国内一家效益很好的大型企业的总经理王明，经过多方努力和上级有关部门的牵线搭桥，终于使德国一家著名的家电企业同意与自己的企业合作。谈判时为了给对方留下精明强干、时尚新潮的好印象，王明上身穿了一件T恤衫，下穿一条牛仔裤，脚穿一双旅游鞋。当他精神抖擞、兴高采烈地带着秘书出现在对方面前时，对方瞪着不解的眼睛看着他上下打量了半天，非常不满意。最终，这次合作没能成功。

问题：试分析王明与德国家电企业的合作失败的原因？

第八章 餐饮礼仪

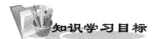
知识学习目标

通过本章的学习，使同学们能正确安排中西餐宴请的桌次、位次；能够正确使用餐具；熟知中西餐礼仪禁忌。

餐饮礼仪，主要是指人们以食物、饮料款待他人和被邀请参加宴请活动时，所必需遵守的行为规范。

在宴请过程中，不论是作为主人还是作为客人，都应该对餐饮过程中的各种礼仪有所了解，只有这样才能在社交中应付自如。如果不懂得有关餐饮的具体礼仪要求，显然会使自己到时不知所措。除了尴尬之外，还会使自己的社交形象大打折扣。

第一节　中　餐

一、宴会活动的组织

1. 确定宴请对象。宴请对象一般是指宴请事由的当事人。应明确具体邀请的范围，充分考虑要邀请所有与事由有关的代表参加，既不能有所遗漏，也不能乱凑人数。

2. 确定宴请的规格和形式。首先应考虑宾主双方谁是这次宴会活动的主动者，主动者的身份地位如何。一般是以主方活动的性质和准备出席的人的最高身份地位或可能应邀出席者的身份地位来确定宴会的规格。规格过低显得失礼，规格过高也没有必要。

3. 确定宴会的时间和地点。宴会活动的时间、地点安排应先争取第一主宾的意见，商定后尽早通知其他客人，通知的时间通常在宴会的前两个星期或再提前些。切记不要当天请客时再去通知客人，这样会使参加的人感觉不舒服，是一种不敬之举。还有一些习惯是：如果宴请的人中有外宾，宴会日期最好不要盯在周末或假日；中国人宴请活动的时间喜欢选在有"六"的日子里，代表着"六六大顺"之一，而忌讳带"三"、"四"的日子。

二、餐桌的安排

形状不一的方桌、圆桌、长桌都经常在交际活动中用到，桌子的选用、座位的排列都对交际有着一定的影响。一般来说，使用正方形桌子又相对而坐，易于产生对立情绪，制造主从关系气氛，适合简短谈话。如果目的一致，应在方桌一侧并肩而坐。圆桌适宜于非正式的场合，因为就座各方拥有相同的领地，显示地位平等，可以造成轻松自在的气氛，有利于合作和友好关系的建立，激发彼此谈论的兴趣。使用长方形桌子，则带有地位的差别或权力的影响。一般，面向门口的人具有统观全局的势力，而背朝门口就座的人则与对面的一个人形成竞争对手。

方位的尊卑原则：居中为上、以右为上、以远为上。

（一）桌次的安排

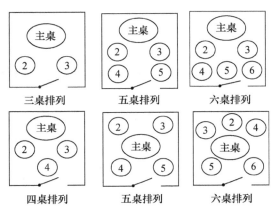

（二）座次的安排

宴请客人，一般主陪在面对房门的位置，副主陪在主陪的对面，1号客人在主陪的右手，2号客人在主陪的左手，3号客人在副主陪的右手，4号客人在副主陪的左手，其他可以随意。以上主陪的位置是按普通宴席掌握，如果场景有特殊因素，应视情而定。其实基本原则也还是以近为上、以远为下。

举行多桌宴请时，各桌之上应均有一位主桌主人的代表在座。他也就是各桌的主人了。其位置一般应于主桌的主人同向，有时也可以面向主桌主人。

各张餐桌上所安排的用餐人数应限于10人之内，并宜为双数。

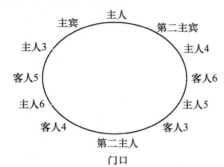

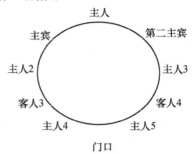

方式三：长条桌型宴请座次

有时，如果主宾身份高于主人，为表示尊重，可安排其在主人位次上就座，而请主人坐在主宾的位次上。

若本单位出席人员中有高于主人者，可请其居于主位而坐，而请实际上的主人座在其左侧。

三、 餐具的使用

（一）筷子

使用筷子时应注意下列问题。

1. 在取菜前不可以品筷子，这样在取盘中菜时会把唾液带进菜品中。而且无论筷子上是否残留食物都不要用舌头去舔它或长时间把筷子含在口中。

2. 不用筷子时，可把它放在筷子座，或支放在自己所用的碗碟的边缘。不要直接放在餐桌上，不要把它横放在碗碟上特别是公用碗碟上，不要把筷子插放在食物上，中国人只有在祭祀祖先的时候才这么做。

3. 筷子只是用来夹取食物的，不可以用筷子叉食物吃。不可以把筷子用做他用，如挠痒痒、夹取除了食物之外的东西等。

4. 与别人交谈，应暂时放下筷子，不要指点对方。不要用筷子敲碗盘。

（二）碗

碗在中餐里主要用于盛放主食和羹汤。使用碗的时候注意：

1. 不要端起碗来进食，可用汤匙或筷子等餐具辅助；
2. 碗内食物不要用舌头乱舔；
3. 暂时不用的碗不宜乱扔东西。

（三）盘

盘子在中餐中用来盛放食物，盘子在餐桌上应保持原位，不被搬动，不宜多个摞在一起。

（四）碟

碟用来盛从公盘中取用的食物。注意不要一次取用过多食物。不宜入口的骨刺等不要吐在地上、桌上，而应把它们轻轻取放在食碟里，必要时可让侍者取走换新。

（五）湿巾

在中餐用餐前，有时服务员会为每个用餐者上一块湿巾。它只能用做擦手，千万不要用来擦脸、擦嘴和擦汗。

（六）牙签

牙签，是用来剔牙用的。尽量不当众剔牙，就算当众剔牙，也要用另外一只手做一下遮掩。剔出来的东西，不要当众观赏或再次入口，也不要随手乱弹、乱吐。不要将牙签叼在嘴里没完。需要用牙签取用食物时不要用它扎来扎去。

四、宴请的程序

非正式宴请活动不需要讲究严格的程序，但较正式的宴请活动则要按一定的程序来进行，一般有这样一些程序。

1. 迎宾：宴会开始前，主人应站在大厅门口迎接客人，客人到来后，主人应主动上前握手问好，表示对客人的欢迎。
2. 引导入席：主人将客人引向休息厅或宴会厅。
3. 祝词、敬酒：正式宴会一般都有致辞和祝酒。我国习惯是在宴会开始前讲话、祝酒，客人致答谢词。
4. 用餐：主人应努力调节宴会气氛，选择恰当的话题，使整个用餐过程愉快、有趣。
5. 送别：用餐完毕，主任和客人起身离席，互相致谢，宴会即告结束。按惯例宴请结束时是不用宣布的。

五、中餐的禁忌

1. 举止应庄重、文明，站姿、坐姿要端正，入座后姿势应端正，脚不可随意向前伸直，手肘不得靠近桌子的边缘，不要东依西靠，跷二郎腿，更不要晃来晃去，切忌用手指或刀叉指指点点。
2. 当主人起身敬酒时，应停止进餐，认真倾听，在主人没有举杯时，请不要自斟自饮，切忌饮酒过度。
3. 吃食物时，不要将汤水、渣末贱到他人身上。用餐具取菜、喝汤或吃菜时，轻拿轻放。
4. 宴会上，严禁随地吐痰，扔烟头，应避免在餐桌上咳嗽，打喷嚏，切忌用手指剔牙。

5. 如吃到不洁或有异味的食物，直接吐出，应用筷子从嘴里托出，放到渣碟里。

第二节 西 餐

一、西餐的文化背景

由于文化背景不同，大多数的东、西方人对对方的用餐方式，都不易全面地了解和把握。

在西方，吃饭有两个概念，一是吃饱（feeding），即填满肚子；二是享受用餐情趣（dining）。通常，feeding 是指在快餐店用餐，像麦当劳、肯德基；西方人的传统 dining 餐厅环境是很安静的，背景灯光较幽暗，餐桌上有点燃的蜡烛，偶尔伴有优雅轻柔的音乐。

在西方，餐桌一定是干净的，台布总是保持到饭后还是清洁干净的。如果有的地方弄脏了，马上放一块餐巾盖住脏的地方，这与中国的传统是不一样的。比如，有的人吃饭时往往把骨头和不吃的东西放在台上，甚至吐在地上。外国人只有野餐和十分随便的餐会才会这样做。90%的时候，他们绝不会把骨头和不吃的东西放在台上，尤其不会放在台布上，只放在碗里或盘子的一角。外国人吃饭时，每个人都意识到自己的范围，他们总是去拿靠近自己的东西。如果他需要远处的东西时，就会非常有礼貌地请坐在靠近那东西的人递给他，从不会站起来伸手去拿。

外国人不理解中国人用餐讲究热闹的气氛，英文字典里是找不到"热闹"这个词的；在中式餐厅里，人们习惯说话音量提高，厅内灯光明亮，时而有人劝酒、划拳、大声嚷嚷，人们穿梭于餐桌之间。从西方人的角度看，他们不认为这是很好的用餐氛围。

二、用西餐的场合

当你被邀请参加早餐、午餐、晚餐、自助餐、鸡尾酒会或茶会，通常只有两种：一种是正式的，一种是随意的。最具代表性的场合是以下三种。

（一）自助餐

自助餐（Buffet）有很多种：可以是早餐、中餐、晚餐，甚至是茶点。菜肴有冷菜，也有热菜，连同餐具陈设在菜桌上，供客人自取，并可多次取食。冷餐会一般在室内、院子或花园里举行，以宴请不同人数的宾客。

在西方，人们吃自助餐是排队等候的。而且，一次不要拿得太多，你可以去多拿几次，切不要拿得太多吃都吃不完。

（二）鸡尾酒会

鸡尾酒会（Cocktail Party）的形式活泼、简便，便于人们交谈。招待品以酒水为主，略备小食品、小点心、小面包、小香肠等，置于小桌或茶几上，或由服务生拿着托盘，把饮料和点心端给客人。不设座椅，客人可随意走动。举办的时间一般是下午 5 点到晚上 7 点。近年来在国际上日渐普遍，各种大型活动前后往往都会举办鸡尾酒会。

鸡尾酒会的礼节：

1. 端着盘子站着进餐。
2. 有时，你要去吧台拿你自己的酒。
3. 有时，服务生拿一个托盘走到你附近，你可以选择要喝和吃的东西。
4. 食品中，有的是牙签穿起来的，有的没有牙签，需用手拿，因此你一定要拿一张纸巾。
5. 保持手的干净。在鸡尾酒会上，你总是会遇到一些人，而不时地和他们握手。如果你伸出的手沾着蛋黄酱或芝士汁，别人会不高兴的。最好手中拿着一张餐巾，以便随时擦手。当你的手指沾上你刚吃的开胃菜的酱汁时，即使是吃芝士条或条形的椒盐脆饼干，你也需要用餐巾擦手。建议在鸡尾酒会上用左手拿杯子，而伸出你热情、干净的右手去和别人握手。
6. 食后不要忘了用纸巾擦嘴、擦手。用完了纸巾，当服务员经过的时候，给他就可以了，或丢进垃圾箱，千万不要扔在地上。

（三）晚宴

晚宴（Dinner）有两种：一是隆重的晚宴（Formal Black Tie Dinner），比较正式；还有一种是便宴（Casual Dinner）。

1. 隆重的晚宴。按照西方的习惯，正式宴会大多安排在晚上举行，一般都在晚8时以后，在欧洲更晚，中国则一般在晚6时至7时开始。举行这种宴会，说明主人对宴会的主题很重视，或为了某项庆祝活动等。正式晚宴一般要排好座次，在请柬上注明对着装的要求。席间祝词或祝酒，有时应有席间音乐，由小型乐队现场演奏。

2. 便宴。采取比较简便的形式的宴请称"便宴"。这种宴会适于亲朋好友之间，气氛亲切友好。有的在家里举行，服装、席位、餐具、布置等大可不必过分讲究，但这仍有别于一般家庭晚餐，仍应注意遵守宴会上的礼节。西方习惯，晚宴一般邀请夫妇同时出席。如果你受到邀请，要仔细阅读你的邀请函。邀请函上应说明是一个人还是先生或夫人陪同，或者携带伴侣。回复邀请时，你应该告诉主人他们的名字为好。

（四）进入餐厅的礼仪

进入西餐厅，应等候侍者带领入座，不可自行就座，正式的西餐厅要求客人事先订位。西餐习惯上由左侧入座，男士应协助女士入座，帮女士拉出椅子，等女士就座后再入座。

（五）西餐座次排列

1. 西餐座次排列的规则

西餐的位置排列与中餐排列既有相同之处，也有很大的区别；中餐多使用圆桌，而西餐的桌子一般有方桌、长桌或由其拼成各种图案的桌子。其中，最常见、最为正规的西餐桌当属长桌。西餐座次排列的基本规则如下所示。

（1）女士优先

在西餐礼仪里，女士处处备受尊重和照顾，这也是西方绅士风度的体现。

（2）恭敬主宾

在西餐中，主宾极受尊重。即使用餐的来宾中有人在身份、地位、年纪方面高于主宾，但主宾仍是主人关注的中心。在位次排列时，男、女主宾应分别紧靠着女主人和男主人就座，以便受到很好地照顾。

（3）以右为尊

在排定位次时，以右为尊是基本原则。就两人而言，右位高于其左位，所以安排女主宾坐在男主人的右侧，男主宾坐在女主人的右侧。

（4）距离定位

西餐桌上位次的高低，往往是根据主人座位的远近而定的，离主人座位越近的为位次高，离主人座位越远的位次越低。

（5）面门为上

和中餐一样，面门为上是指面对餐厅正门的位子为上位。

（6）交叉排列

西餐用餐惯例是男女交叉安排座位，所以用餐人数最好是偶数，并且男女人数相同。

2. 西餐长桌、方桌座位的具体排列方式

（1）西餐长桌座位的排列

西餐长桌座位的排列一般有两种方法：一是男女主人分坐于长桌两端；二是男女主人对坐于长桌横面的中央，其他男女宾相间入座。

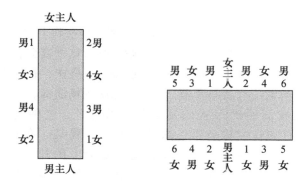

（2）西餐方桌座位的排列方法

以方桌排列位次时，就座于餐桌四面的人数应相等。一般每侧各坐两人的情况比较多见。排列座位时，应使男、女主人与男、女主宾对面而坐，所有人都与自己的恋人或配偶坐成斜对角。

三、餐桌的布置

当你坐下来的时候，眼前有各种大小杯子、盘子、银器具，眼睛都花了。面对这一系列难以理解的餐具，对很多中国人来说，是一件麻烦的事，人们会很疑惑这些东西用来做什么的。

（一）餐具的摆设

1. 刀叉。吃西餐有很多餐具，像刀、叉和勺，别担心，只要记住：它们是根据一道道不同菜的上菜顺序精心排列起来的。正规一点的西餐宴会上，通常讲究吃一道菜要换一副刀叉。也就是说吃每道菜时，都要使用专门的刀叉。

刀叉（Knife&Fork）的摆放一般是，餐刀在右、餐叉在左分别纵向摆放在用餐者面前的餐盘两侧。沙拉叉，放在紧靠盘碟的左边，其次是肉叉，最外面是鱼叉。盘碟右向依次是沙拉刀，肉刀，最外面是鱼刀，刀锋都应面朝盘碟方向排列。刀的外面是汤勺，再依次挨着的是牡蛎叉或葡萄柚勺。

刀叉总是先用外面的一个，顺着上菜的顺序，往中间排着用。一般以三套刀叉居多，依次是吃开胃菜用的、吃鱼用的、吃肉用的。吃甜品用的刀叉则放在餐盘的正上方。吃黄油用的餐刀（没有与之相匹配的餐叉），它的正确位置是横放在用餐者左手的正前方并且刀刃朝着自己。

2. 餐巾。在休闲的用餐中，餐巾可以是纸制成的。在比较正式的餐会中，餐巾是布制成的。注意，别拿餐巾擦鼻子或擦你整张脸。有些家庭喜欢把餐巾放在一个空的水杯里，叠成好看的扇形，甚至是花型。餐巾也可以叠好，放在盘子的中间。餐巾可以被叠成多种样子，而且可以放在桌子的任何位置。如果你热衷于餐巾的花样叠法，有很多这样的书教你怎样做。

3. 盐和胡椒。近几年，几乎没有人在他们的食物里加盐，这无疑是对厨师的一种赞赏，同时也是注意健康的一种表现。人们减少了食物盐量，但是并没有减少他们吃胡椒的量。装胡椒和盐的小瓶子应以逆时针的方向传递。

4. 烟灰缸。很多主人不愿意客人在他们的家里吸烟。如果餐桌上没有烟灰缸而你想吸烟，必须得到男主人或女主人的允许，并向他们要一个烟灰缸来确保你不会弄脏屋子。

5. 咖啡杯和玻璃杯。把热水放在玻璃杯里是不正确的做法，这样既不科学，又不安全。因为玻璃杯不能受热，手会烫伤。所有的热水、热茶等，都应该放在瓷杯里，拿的时候不会烫到手。而玻璃杯是用来装冰或冷水的，绝不能用瓷杯代替。

在中国，大部分人喝茶是把茶叶直接放在茶杯里用开水冲开后喝的，有时茶叶仍然在杯子上面。但在西方，这种喝法不能被接受。最好的方法是用袋泡茶或把茶叶先放在茶壶里泡，然后把茶水倒出来喝，茶杯里是没有茶叶的。

6. 餐桌的装饰物。餐具都摆齐以后，不要忘了餐桌的装饰物，例如蜡烛台或用你的茶壶做个小花瓶等，都可以增添浪漫的情调。

（二）餐具的使用

1. 用餐姿势

进餐前，和中国人的习惯不同的是：西方人认为弯腰、低头、用嘴凑上去吃是很不礼貌的，而这恰好是中国人通常吃饭的方式。

吃西餐时，身体要坐直、坐端正，不要趴在餐桌上；手臂不要放在餐桌上，也不要张开妨碍别人，两个胳膊肘也不能架在桌子上；不要跷腿，也不要靠在椅背上。

正确的姿势是只有一个手在桌上用餐。头要保持一定有高度，不能太低。不能过多地移动你的头。对中国人来说，这需要多加练习，慢慢习惯着去做。

2. 美式吃法和欧式吃法

有两种用刀叉的方法：美国式的和欧洲式的，两种都是对的。

美国式：切完肉把刀放在盘子上，叉子从左手换到右手，然后用叉子叉起切好的肉。

欧洲式：始终是左手拿叉，右手拿刀。不要把刀子握在手里锯食品，无论是美式还是欧式，都不应该这样做。

3. 如何用刀叉表示暂停或吃完

如果你想休息一下或和朋友聊会儿天，或要喝口酒、喝口水时，请把刀叉放在盘子的两侧。千万不要在交谈时，手在空中挥舞刀叉。

暂停方法是：叉在左边，叉齿朝下，刀在右边，刀口向内，呈"八"字状摆放在餐盘之上。

当你用餐完毕后，刀和叉应并排放在盘子的右边或中间，刀口向内、叉齿向上，你这么做后，侍者就明白你的用餐已经结束。

4. 餐巾的使用

（1）很多中国人在整个用餐过程中，餐巾完全没有碰，还是叠得很好地放在台布上。西方人吃饭不能没有餐巾。西方人用餐，第一件事就是拿起餐巾，打开。要注意，不应折叠，而是展开后整个平铺在自己的膝盖上。

（2）不要用餐巾擦脸，它仅仅是用来擦嘴和手的。

（3）最重要有一件事要记住，除了你起身离开桌子的那一刻外，你的餐巾始终是在腿上的，不应该放在桌上盘碟的下面。如果你出于什么原因要在进餐过程中离开你的桌子，把餐巾折起一点，放在你的位子上。

（4）如果你吃完了，不要把用过的餐巾往桌子上一扔，这样很不雅。在所有人都离开的时候，可以把你的餐巾叠好放在桌子上。

（5）女士可以把唇膏弄到餐巾上，但在正规的宴会上不能这样做。所以，你在吃东西时就必须很小心。

（6）正方形的餐巾，使用时应把它折成等腰三角形，并将直角朝向膝盖方向。使用长方形餐巾，则可将其对折，然后折口向外平铺。打开餐巾、折放餐巾的整个过程应悄然进行于桌下，不要临空一抖。

5. 牙签的使用

在鸡尾酒会上，所有食物都是小块的，包括甜点。如果是大块的，主人会为你准备好小盘子。用过的牙签可以放在托盘的边上，千万别把用过的牙签放回去。蘸过酱的牙签也不能再放到酱里蘸。

如果附近没有烟灰缸、盘子或废物箱，那么把你用过的牙签放在纸巾里，也可以把它交给服务生或放在他们的托盘里。许多人在别人不注意的时候，把他们用过的牙签放在主人的花瓶里、沙发的坐垫下，就太不对了。

6. 洗指碗的使用

洗指碗通常在很正规的晚宴上才能看到。服务员通常在上必须用手的菜或甜点之前，给你洗指碗。

这是一个小碗，通常是玻璃做的，可以是漂亮的甜点碗或小汤碗，并且装了 3/4 的温水，有时里面还放些小花做的装饰物，服务生会把它放在盘的中央。你可以把手指在水中洗一下，然后用餐巾擦干。注意，这个动作不要太大，要优雅一点。

洗指碗比较普遍地用在客人吃过某种让手指变脏的食品后，如蜗牛、龙虾、蛤蚌、玉米，或者小羊肉、小排骨、烤鸡。在这种情况下，客人的手很快就变脏了，这时给你的客人端上盛了温水的洗指碗，最好在每个碗中放上一片柠檬。

四、西餐餐桌礼仪

（一）用餐礼貌

当大家一起坐下来吃饭时，我们每一个人吃饭时的表现自然地落入所有人的视线之中。如果你在餐桌前的举止很优雅，他们会对你另眼相看。

我们在餐桌上必须要注意以下事项。

1. 别吃得太快，要慢慢咀嚼，咽下口中的食物以后再吃下一口。口中塞满食物时不要说话；如果你急于要谈话，也得先把口中的食物吞下去。还有，嚼食物的时候，你的双唇应该是闭住的，这样咀嚼时就不会发出任何声音。

2. 经常用餐巾擦拭手指与嘴，那是很重要的。油腻腻的手指，加上嘴边的食物碎屑，都会损坏你的形象。

3. 在西方，如果你想再吃一份食物的话，尽可说出来，别不好意思。你不说出来，别人认为你已经饱了。西方的习惯不会强迫客人吃东西。但在中国，哪怕你没有饱，你也会说吃饱了，而主人通常会劝你多吃一些。

4. 有的外国人喜欢吃净盘中最后一滴酱汁，这是很好的。可以用叉子叉起一块小面包或用手拿，蘸着盘里的酱汁，然后放在嘴里。面包不要切片太大，如果用叉子叉面包，动作要更优雅一点。

5. 如果在别人的家中，上了一道你不喜欢的菜，不要拒绝，可以让它待在盘子中，但你一定要用叉子拨一拨它，这样别人就不会注意你不吃这种食物。

6. 在进餐过程中，随意脱下外衣、摘下领带、松开领口、挽起袖子、解开衣扣等动作，都是应该避免的。除非是很随便的晚餐，主人请你这样做；如是你想这样做，最好请得到主人的允许。

7. 用餐过程中，如果需要离开桌子去洗手间，必须向左、右边邻座的人说："对不起，我很快就回来。"如果是女士，她邻座的先生要站起来帮她拉出椅子。当她回来时，男士仍要站起来帮助女士坐好。站起来就走是非常没有礼貌的。

女士的晚宴小手包如果比较小，要放在椅子上或挂在靠背上；如果地板干净，也可以放在椅子下面或地毯上；若都不合适，则放在桌子中间放花的地方，用西餐这个位置是不会放菜的。

（二）上菜顺序

西餐的基本上菜顺序是：开胃菜—汤—鱼或肉—蔬菜沙拉/奶酪—甜食/水果—咖啡/茶。

（三）进餐厅和就座顺序

通常在西方国家，男士永远要为女士拉门，包括进出车门、电梯和房间。所以，当进入餐厅时，男士要为女士拉门，让女士先走进房间。

当女士走进房间时，座位上的男士应站起来，侍者（或是男士）首先把女士的椅子拉出来，女士从椅子的侧面进去，男士把女士的椅子轻轻往前推。当女士的小腿碰到椅子时，再轻轻坐下，男士要等女士就座后再坐下。

按西方传统习惯，男主人坐主位，右手是第一重要的客人的夫人，左手是第二重要的客人的夫人。女主人坐在男主人的对面。她的两边是第一、第二重要的男客人。以前，吃西餐是这样一男一女的间隔式坐法。今天的社会，若不是非常正规的午餐或晚餐，就不是很有必要了。

（四）取菜规则

1. 西方人用餐的三种取菜方式

（1）服务员将每道菜送到你的餐桌旁边供你取用。食物放在大盘子上面，取多少由你决定。

在一些晚宴上，所有的主菜都会放在一个盘子里端给你。但有时，食物是端到你的身边，由你自己夹菜的。食物由托盘端上，从你的左边上菜。在托盘上，用公勺、公叉自己夹菜。夹完菜后，要把餐具放回托盘。如果你把公勺或公叉的手柄弄脏了，用餐巾擦干净后再放回去，使下一位客人方便取食。你吃完以后，服务生会把盘子从你的右边撤下。

（2）类似西方的自助餐，你完全可以自己站起来走到对面去取，然后走回自己的座位坐下再吃。

（3）请求别人将远处的东西如葡萄酒、盐和胡椒瓶传过来，放在你的面前。当别人有同样需要时，你也可以传递给他。

当主人从厨房端出一个菜时，自己拿好后把菜传给旁边的人。如果你是最后一个人，可以把菜放在你的面前。当有人需要时，再把它传给别人。

这一点是和中国传统完全不同的。在中国餐桌上，可以伸手去取桌上你想要的东西，甚至站起来去取你想要的东西。但在西方，这是很不礼貌的。

2. 何时拿起和放下你的刀叉

在欧洲，当一道菜端上来时，你就可以吃了。但在美国有一点不同，应等最后一个人上菜后才开始吃。有一种情形会例外，那就是当食物是热的，主人就会在上菜后劝客人立即食用。

在很正式的场合，如果女主人不在场，坐在男主人右边的女嘉宾是第一个开始吃的人。先开始吃是她的责任，别的人跟随其后。如在一次宴会上，女主人或女嘉宾正在和别人进行生动的谈话，看起来好像永远不会拿起刀叉，而别的客人都想吃了，又觉得他们不该"犯规"，只好再等下去。但平时的规矩是没有这么严格的。

通常主人会留意客人是否用餐完毕。当主人把餐巾放在桌子上，并站起来，就表示用餐到此结束。

3. 取少量食物

作为一个客人，当食物传给你或在你取菜时，不应该取大量食物而吃不完。如果你真需要多一点，还可以再取。通常，主人会传第二次。当满是小羊排的盘子传给你时，你可以取两块；如果羊排是大一些的，只拿一块，因为很可能盘中的羊排仅够每位客人拿一块。

吃自助餐也是如此。不要让别人看着你第一次走过自助餐台时，就像看着一个称得上冠军的贪吃者。

（五）与侍者和调酒员的交流

与侍者和调酒员（Waiter & Bar Tender）交流的窍门是要有礼貌、大方。因为他们是服务的专职人员，其职责是使客人无拘无束地用餐。

你如果预定了座位，一进门便要向侍者报出你所定位子的座号，由领位员带你去预定的座位。其实，你和侍者间的交流，早在这时就开始了。

在设有衣帽间的餐厅，要将大衣等物品寄存。他们会给你一个印有号码的卡片以便到时候领取自己的衣物。在美国，大约寄存一件大衣需要付一美元，也有些人非常慷慨，给得多一点。

厚厚的西餐菜单上有用外文写的菜名，外文不好的人别慌，仔细看。如果对菜的内容和搭配方法，以及葡萄酒的选择方法等不清楚，可以多向侍者咨询，他们会耐心地回答你。这是他们的工作，不要因为看不懂菜单而觉得尴尬。

菜单一般按正规西餐分类，你只需按顺序从中各选一种，一套菜自然就点出来了。也可根据自己的口味点两三种菜，外加甜点和咖啡。但是应该注意，同类菜不要点两种，如果开胃菜点三个，肉菜点两个，就显得不懂点菜的规则。菜选好后，要轻轻招手，叫服务员来定菜。

碰倒了玻璃杯或叉子掉在地上，应叫侍者来，让他收拾干净。同时，你要说"对不起"，之后轻声说"谢谢"。对和颜悦色、懂礼貌的客人，他们肯定会服务得更好。

用完餐后，叫来服务员，说声"结账"，服务员就会把账单拿来。你可以仔细地看账单，这没有什么不好意思的。男士如果趁女士饭后补妆时付账比较自然。

第三节 饮 品

一、茶的礼仪

我国是茶的故乡，有着悠久的种茶历史和严格的敬茶礼节，还有着奇特的饮茶风俗。在我国，饮茶从神农时代开始，少说也有四千七百多年的历史了。茶礼有缘，古已有之。"客来敬茶"，是我国汉族同胞重情好客的传统美德与礼节。直到现在，宾客至家，总要沏上一杯香茶。喜庆活动，也喜用茶点招待。开个茶话会，既简便经济，又典雅庄重。所谓"君子之交淡如水"，也是指清香宜人的茶水。

（一）茶叶的种类

我国所产的茶叶分红、绿、青（乌龙）、黄、黑、白六大类。

1. 绿茶。绿茶是不经过发酵的茶，即将鲜叶经过摊晾后的茶叶直接下到一二百度的热锅里炒制，以保持其绿色的特点。

2. 红茶。红茶与绿茶恰恰相反，是一种全发酵茶（发酵程度大于80%）。红茶的名字得自其汤色红。

3. 黑茶。黑茶原来主要销往边区，像云南的普洱茶就是其中一种。普洱茶是在已经制好的绿茶上浇上水，再经过发酵制成的。普洱茶具有降脂、减肥和降血压的功效，在东南亚和日本很普及。不过真要说减肥，效果最显著的还是乌龙茶。

4. 乌龙茶。乌龙茶也就是青茶，是一类介于红、绿茶之间的半发酵茶。乌龙茶在六大类茶中工艺最复杂费时，泡法也最讲究，所以喝乌龙茶也被人称为喝工夫茶。

5. 黄茶。著名的君山银针茶就属于黄茶，黄茶的制法有点像绿茶，不过中间需要闷黄三天。

6. 白茶。白茶则基本上就是靠日晒制成的。白茶和黄茶的外形、香气和滋味都是非常好的。

（二）中国的行茶礼仪

古代的齐世祖、陆纳等人曾提倡以茶代酒。唐朝刘贞亮赞美"茶有十德"，认为饮茶除了可健身外，还能"以茶表敬意""以茶可雅心""以茶可行道"。唐宋时期，众多的文人雅士如白居易、李白、柳宗元、刘禹锡、皮日休、韦应物、温庭筠、陆游、欧阳修、苏东坡等，他们不仅酷爱饮茶，而且还在自己的佳作中歌颂和描写过茶叶。

最基本的奉茶之道，就是客户来访马上奉茶。奉茶前应先请教客人的喜好，如有点心招待，应先将点心端出，再奉茶。

俗话说："酒满茶半"。奉茶时应注意：茶不要太满，以八分满为宜。水温不宜太烫，以免客人不小心被烫伤。同时有两位以上的访客时，端出的茶色要均匀，并要配合茶盘端出。左手捧着茶盘底部，右手扶着茶盘的边缘，点心放在客人的右前方，茶杯应摆在点心右边。上茶时应向在座的人说声"对不起"，再以右手端茶，从客人的右方奉上，面带微笑，眼睛注视对方并说："这是您的茶，请慢用！"奉茶时应依职位的高低顺序先端给职位高的客人，再端给自己公司的同仁。

不论泡茶技艺如何变化，要冲泡任何一种茶，除了备茶、选水、烧水、配具之外，以下泡茶次序是需要共同遵守的。

1. 清具。用热水冲淋茶壶，包括壶嘴、壶盖，同时烫淋茶杯。
2. 置茶。按茶壶或茶杯的大小，用茶匙置一定数量的茶入壶。
3. 冲泡。置茶入壶（杯）后，按照茶与水的比例，将开水冲入壶中。
4. 敬茶。敬茶时，主人要脸带笑容，最好用茶盘托着送给客人。
5. 赏茶。如果饮的是高级名茶，那么茶叶一经冲泡后，不可急于饮茶，应先观色察形，接着端杯闻香，再啜汤尝味。尝味时，应让茶汤从舌尖沿舌两侧流到舌根，再回到舌头，如是反复2～3次，以留下茶汤清香甘甜的回味。
6. 续水。一般当已饮去三分之二壶的茶水时，就应续水入壶。

（三）西方下午茶的礼仪

英国人爱喝茶（tea）是世界闻名的。然而茶的故乡并不在英国，而在中国，中国是种茶、制茶和饮茶最早的国家，英国最早的茶原是300年前从中国运过去的。据说，英语中"tea"的发音原是中国南方某地方言对"茶"的叫法。以下介绍喝下午茶的礼仪，供读者参考。

1. 喝下午茶的正统时间是下午四点钟。
2. 下午茶是社交的一部分，受邀喝茶的礼节及衣着非常重要。在维多利亚时代，男士应着燕尾服，女士应着长袍。
3. 通常是女主人着正式服装亲自为客人服务，以表示对客人的尊重。一般不用女佣协助。
4. 用茶匙搅动茶水的时候，应轻轻从外向内拨动茶水。
5. 喝柠檬茶时，不要随便拿起柠檬片撕咬。
6. 端茶杯时不要跷起小指。这在英国的下午茶桌上是非常不礼貌的。
7. 用完下午茶时，将餐巾随手放在桌上或交还给服务人员就可以，不必为表示礼貌而叠起来。

二、咖啡的礼仪

有关咖啡起源的传说各式各样，不过大多因为其荒诞离奇而被人们淡忘了。但是，人们不会忘记，非洲是咖啡的故乡。咖啡树很可能就是在埃塞俄比亚的卡发省（KAFFA）被发现的。后来，一批批的奴隶从非洲被贩卖到也门和阿拉伯半岛，咖啡也就被带到了沿途的各地。可以肯定，也门在15世纪或是更早既已开始种植咖啡了。阿拉伯虽然有着当时世界上最繁华的港口城市摩卡，但却禁止任何咖啡种子出口，这道障碍最终被荷兰人突破了。1616年，他们终于将种子和成活的咖啡树偷运到了荷兰，开始在温室中培植。阿拉伯人虽然禁止咖啡种子的出口，但对内其实十分开放。首批被人们称作"卡文卡恩"的咖啡屋在麦加开张，人类历史上第一次有了这样一个场所，无论什么人，只要花上一杯咖啡的钱，就可以进去，坐在舒适的环境中谈生意、约会。

喝咖啡需要讲究的礼仪如下。

1. 加奶和糖：是否在咖啡中加入奶和糖，全凭个人的喜好。给咖啡加糖时，如果是砂糖，可用汤匙舀取，直接加入杯内；如是方糖，则应先用糖夹子把方糖夹在咖啡碟的近身一侧，再用汤匙把方糖加在杯子里。如果直接用糖夹子或手把方糖放入杯内，有时可能会使咖啡溅出，从而弄脂衣服或台布。

2. 搅拌：饮用咖啡之前，应先充分搅拌均匀。搅拌后要把咖啡匙放在碟子的外侧，以不妨碍喝咖啡为宜。切忌将咖啡匙留在杯中，端起就喝。这样既不雅观，也容易弄洒咖啡。

3. 品喝：不能用咖啡匙盛着咖啡喝，咖啡匙只能用来搅拌。如果座位离桌子较近，只需端起咖啡杯用下面的碟子接着喝，不能端着碟子喝。如果座位远离桌子，则应左手持碟，右手端杯，并将杯子稍稍端离碟子喝咖啡。喝咖啡时应尽量避免将咖啡溅到桌布或衣服上。

三、酒的礼仪

（一）选酒

我国有悠久的酿酒历史，在长期的发展过程中，酿造出许多被誉为"神品"或"琼浆"的美酒。唐代著名诗人李白、白居易、杜甫等都有脍炙人口的关于酒的诗篇流传至今。据历史记载，中国人在商朝时代已有饮酒的习惯，并以酒来祭神。在汉、唐以后，除了黄酒以外，各种白酒、药酒及果酒的生产已有了一定的发展。

中国酒品种繁多，风格独特，按香型分大致分为以下四种。

1. 酱香型白酒以茅台白酒为代表，特点是酒质醇厚，酱香浓郁，香气幽雅，绵软回甜。倒入杯中放置较长时间香气不失，饮后空杯留香。

2. 浓香型白酒。以泸州老窖特曲为代表，特点是芳香醇厚，回味悠长，饮后幽香。

3. 清香型白酒。以汾酒为代表，特点是酒液晶莹透亮，酒气幽雅清香，酒味醇厚绵软，甘润爽口。

4. 米香型白酒。以桂林三花酒为代表。这类酒主要是以大米为原料发酵成的小曲酒，特点是酒气米香清柔，幽雅纯净，回味怡畅。

中国的酒是由小麦、面粉、米或药材制成的。吃中国菜要喝白酒、黄酒、药酒；吃日本菜要喝Sake，这也是一种米制成的酒；但西方的酒，除了啤酒，大部分是由葡萄制成的。那么吃西餐,一般来说,就要选葡萄酒。

常用的葡萄酒有雪利酒(Sherry)、苦艾酒(Bitter)、香槟酒(Champagne)或鸡尾酒(Cocktails)。雪利酒是红色的,加白兰地调制而成的,酒劲属于较大的一种;苦艾酒是在白葡萄酒里加香草味的意大利酒;香槟酒是发泡型葡萄酒的代表,原产地是法国香槟区,故名"香槟"。

开胃酒的目的是刺激食欲,但对有些人来说,喝得太多反而没有食欲,因此不要勉强。此外,还有白葡萄酒调配的樱桃鸡尾酒(Cherry Cocktails)、杜松子酒、苦艾酒调配的马提尼酒(Martini)以及甜酒调配的曼哈顿鸡尾酒(Manhattan-cocktails)。

啤酒是最普通的酒,因此一般在吃便餐时,才喝啤酒。

(二)中国饮酒礼仪

中国人的好客,在酒席上发挥得淋漓尽致。人与人的感情交流往往在敬酒时得到升华。中国人敬酒时,往往都想对方多喝点酒,以表示自己尽到了主人之谊。客人喝得越多,主人就越高兴,说明客人看得起自己,如果客人不喝酒,主人就会觉得有失面子。中国人劝人饮酒有如下几种方式:"文敬"、"武敬"、"罚敬"。这些做法有其淳朴民风遗存的一面,也有一定的副作用。

1. "文敬":是传统酒德的一种体现,即有礼有节地劝客人饮酒。酒席开始,主人往往在讲上几句话后,便开始了第一次敬酒。这时,宾主都要起立,主人先将杯中的酒一饮而尽,并将空酒杯口朝下,说明自己已经喝完,以示对客人的尊重。客人一般也要喝完。在席间,主人往往还分别到各桌去敬酒。

2. "回敬":这是客人向主人敬酒。

3. "互敬":这是客人与客人之间的"敬酒",为了使对方多饮酒,敬酒者会找出种种必须喝酒理由,若被敬者无法找出反驳的理由,就得喝酒。在这种双方寻找论据的同时,人与人的感情交流得到升华。

4. "代饮":即不失风度,又不使宾主扫兴的躲避敬酒的方式。本人不会饮酒,或已饮酒太多,但是主人或客人又非得敬上以表达敬意。这时,就可请人代酒。代饮酒的人一般与他有特殊的关系。在婚礼上,男方和女方的伴郎和伴娘往往是代饮的首选人物,故酒量必须大。

为了劝酒,酒席上有许多趣话,如"感情深,一口闷;感情厚,喝个够","感情浅,舔一舔。"

5. "罚酒"是"敬酒"的一种独特方式。"罚酒"的理由也是五花八门。最为常见的可能是对酒席迟到者的"罚酒三杯"。有时也不免带点开玩笑的性质。

藏族人好客,用青稞酒招待客人时,先在酒杯中倒满酒,端到客人面前。这时,客人要用双手接过酒杯,然后一手拿杯,另一手的中指和拇指伸进杯子,轻蘸一下,朝天一弹,意思是敬天神。接下来,再来第二下、第三下,分别敬地、敬佛。这种传统习惯是提醒人们青稞酒的来历与天、地、佛的慷慨恩赐分不开,故在享用酒之前,要先敬神灵。在喝酒时,藏族人民的约定风俗是:先喝一口,主人马上倒酒斟满杯子,再喝第二口,再斟满,接着喝第三口,然后再斟满。往后,就得把满杯酒一口喝干了。这样做,主人才觉得客人看得起他,客人喝得越多,主人就越高兴,说明主人的酒酿得好。藏民族敬酒时,对男客用大杯或大碗,敬女客则用小杯或小碗。

壮族人敬客人的交杯酒并不用杯,而是用白瓷汤匙两人从酒碗中各舀一匙,相互交饮。主人这时还会唱起敬酒歌："锡壶装酒白连连，酒到面前你莫嫌，我有真心敬贵客，敬你好比敬神仙。锡壶装酒白瓷杯，酒到面前你莫推，酒虽不好人情酿，你是神仙饮半杯"。

西北裕固族待客敬酒时，都是敬双杯。主人不论客人多少，只拿出两只酒杯，主人轮番给在场的客人敬双杯。

（三）西方饮酒礼仪

1. 西方饮酒的注意事项

在西方，正确的斟酒方法是只倒半杯（1/2）的酒在杯中，绝不能像我们中国人斟酒要满杯。

无论在家中或餐馆，如果你以你的酒为荣，可以让客人看看酒签。如果不是名酒，最好放入一个漂亮的玻璃盛酒瓶里。

红酒应该保存在温度低的房间，如果是好的红酒应该在餐前将红酒先打开斜放大约一个小时，让它呼吸一下新鲜空气，味道更好。如果在很冷的季节为客人上红酒，你应该建议客人把酒杯握在手里几分钟，这样可以使酒快速升温。

餐前，你应该把白葡萄酒在冰箱里至少放两个钟头。如果你有冰酒器，把酒在有冰块的水里放20分钟。

不要让客人在已使用过的杯里倒另一种颜色的酒，这是一个待客的原则，因为这样做会使酒的味道改变。因此你要多准备一些空杯子。

2. 酒与菜的搭配

餐前酒喝出点气氛后，该挑选配菜的葡萄酒了。葡萄酒的种类多得惊人，选什么酒合适呢？这是十分讲究的事，也是个大难题。

原则上是"白肉配白酒，红肉配红酒"。白葡萄酒适合当开胃菜或者搭配虾、螃蟹、贝类、鱼等菜。

以前，只有法国才能生产世界上最好的葡萄酒。但是现在，许多国家包括中国也可以生产非常好的葡萄酒。因为自从使用了现代化的方法——机械化的生产和计算机全面质量控制，完全可以制造出好的葡萄酒。

3. 品酒

品酒要先从酒标开始。看酒的标签，核实一下是否是要的酒，要点是看：葡萄的收成年份、葡萄酒名称、葡萄的产地。然后，先往玻璃杯里稍倒一点，举杯看看酒的颜色是否漂亮，再用鼻子闻一闻酒的香味，最后喝一小口品品，若没有问题，点点头，说声"可以"，侍者就倒酒了。

酒开瓶了，除了明显的变质问题可以换酒外，因不合自己口味而随意退掉定好的酒是不允许的。

酒的价格变化很大，从几美元到几千美元都有。主要看酒来自于哪一个酒庄和年份，好的年份的名酒可能价值数千美元以上。一般不错的法国红酒都来自于波尔多（Bordeaux）区。你要根据你的经济实力点酒。如果很多人喝，你可以点一瓶或者点小半瓶；若你是一个人喝酒，也可以按"杯"要酒。每一家餐馆都提供了一两种点酒的方式，这些都是可以的。这一点，中国与外国有很大的差别。

思考与练习

一、简答题

1. 中餐如何组织？
2. 在中餐中餐桌如何安排？
3. 吃中餐时如何使用餐具？
4. 简述西餐文化的背景。
5. 一般在什么场合下用西餐？
6. 简要说明西餐的餐桌礼仪。
7. 简述中国和西方的饮酒文化。
8. 论述中国的行茶礼仪。

二、案例拓展训练与分析

案例一：

王海的好朋友从外国回来，王海很热情的请好友来家吃饭，席间王海不顾好友夫妇的一再推托，非常热情地为好友夫妇夹菜，王海自己在吃肉骨头时，突然有肉渣钻进了牙缝，于是，王海拿起桌上的牙签，当众剔牙，还将提出的肉渣放在桌上。

问题：请同学们说说王海的表现是否符合礼仪规范？他应该怎样做才正确？

案例二：

某公司林总请刚刚回国的朋友刘先生吃饭，叫秘书小李去安排，小李便安排在上岛西餐厅吃西餐。

在吃西餐时，小李把餐巾围在了衣服前，为了对刘先生的到来表示欢迎，她一口气喝光餐前的开胃酒，而林总和刘先生只是随意喝了一点，刘先生略显惊讶地说："李小姐好酒量啊！"林总却尴尬地笑了笑。在吃饭的过程中林总与刘先生聊得十分开心，小李嘴里含着还没有咽下去的食物，手里摇晃着刀叉，时不时插上几句。中途，小李外出接电话时，就把刀叉和餐巾往桌子上一丢，说"不好意思，我先离开一会。"

问题：请同学们分组评价小李吃西餐时言行举止，分角色演示正确的做法。

训练一：

设置酒店餐厅模拟场景，让学生扮演餐厅服务员，由其他学生、老师充当就餐的客人，进行模拟活动，实际操作西餐服务礼仪。

训练二：

模拟西餐正餐的桌次、位次排列。

训练三：

模拟西餐上菜顺序及刀叉的使用。

训练四：

结合所学的中餐礼仪知识，理论联系实践，自设场景，模拟客人入座排序。

训练五：

根据中餐礼仪中进餐禁忌事项，由学生自设情景，编成小品，分角色扮演，明确中餐进餐时注意的事项。

训练六：

学生自设情景，分组演练用餐后，主客双方是如何离席的。

【知识拓展】

不懂礼仪闹出笑话　白领急补"西餐"课

近日吃西餐的人也多了起来。因为不熟悉西餐礼仪，准白领袁小姐闹出了不少笑话，于是痛下决心学"吃西餐"。袁小姐是大四的学生，目前在一家外贸公司的财务部试用。日前，为替在中国的外国客户庆祝圣诞节，公司举办了大型的西式自助餐会，邀请了不少洋客户及公司的全体员工。

因为很少吃西餐，袁小姐在餐会上出了不少"洋相"。餐会一开始，袁小姐端起面前的盘子去取菜，之后却发现那是装食物残渣的盘子；为节省取食的路途，袁小姐从离自己最近的水果沙拉开始吃，而此时同事们都在吃冷菜，袁小姐只得开玩笑地说自己"减肥"；因为刀叉位置放得不正确，她面前还没吃完的菜就被服务员给收走……一顿饭吃下来，袁小姐浑身不自在。

晚上回到学校，和同学们谈及此事，大家纷纷感慨："看来，要进外企必须先学'吃菜'啊。"袁小姐决心赶紧补上西餐礼仪课。

毕业于美国华盛顿礼仪学校的礼仪专业顾问马莉女士，她为不熟悉西餐礼仪的准白领指出了四大容易出问题的细节。

入座：应从椅子的右侧入座。

取食：取食的顺序一般是冷菜、汤、热菜、甜点、水果、冰激凌；取食时不要谈话，以免污染食物。

餐巾：离座取食时，可将餐巾放到椅座上；用餐完毕，将餐巾放到盘子的左手边。

刀叉：暂停用餐时，可将刀叉相对着斜放在盘子的左右两边，服务员就不会撤走盘子；吃完一盘后，应将刀叉平行竖放盘中，服务员会主动收去。

第九章 仪式礼仪

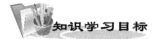知识学习目标

通过学习本章，要求同学们了解迎来送往的相关礼仪；掌握重要会议的礼仪；理解剪彩的相关礼仪；了解升旗礼仪和开业庆典的礼仪。

礼和仪是密不可分的，礼是仪的主要内容，仪是礼的一种表现形式，我们通常把这种礼的表现形式称为礼仪仪式。在社会生活和社交活动中，几乎所有的正式活动，都要借助于一定的仪式来进行。如开业典礼、剪彩仪式、迎送往来、交接仪式等。既可表明组织对此项活动重视、严肃的态度，又可借此扩大组织的社会影响，提高组织的知名度和美誉度。因此，对于大学生来说，了解和掌握一些常用的仪式礼仪，借助专题活动的特定内容、主题和场景气氛树立形象，往往会收到意想不到的效果。

第一节　迎送礼仪

迎来送往是人们在工作、生活中常见的一种礼仪。它是指人们在接待来访者的过程中所做的一系列工作,包括接客、待客、送客等。迎来送往是社交中的一项重要礼仪活动,按照迎来送往的礼节,细致周到的做好各方面的事情,对于个人、家庭、单位都具有重大的意义。它可以提高个人的声望,可以调节家庭的气氛,可以融洽个人、家庭、单位之间的关系,可以增进各方面的友谊,可以使个人和单位事业有成,在竞争中取得成功。一般来说,迎来送往有两种情况:一种是家庭亲朋好友个人之间的迎来送往,礼节可以根据对象的不同有所区别;另一种是单位工作中的迎来送往,也就是通常所说的工作接待,这种礼仪比较规范,但也要看工作的性质,来访者应区别对待。

一、拜访礼仪

拜访是指亲自到某处拜见某人,如果对拜访的基本礼仪不懂,就可能会破坏朋友之间的感情,损害自身的形象,甚至会把成功的道路堵塞。

具体来讲,拜访应遵守如下礼仪规范和要求。

1. 要有约在先

到住宅拜访,由于住宅是私人的生活领域,多有不便,所以要事先约好时间,以便主人及家人有所准备。约见的时间不宜太早或太晚,应选择宾主双方都方便的时间,最好在下午或晚饭后,尽量避开吃饭、午休、晚睡的时间和早晨忙乱的时间。

2. 要如约而行

时间约定后,要准时或略提前几分钟到达。如遇有特殊情况不能赴约或不能按时赴约,应提前通知主人,并表示歉意,重新约见。

3. 视情况准备礼品

初次到别人家拜访,最好适当带些礼品。如主人家有老人或小孩,所带礼品应尽量适合他们的需要。熟人一般不必带礼物,但遇到重要节日或特殊约见,不妨带些大家都欢迎的礼品。

4. 要修饰仪容仪表

拜访前对自己的仪容仪表做适当地修饰是十分必要的。这样,一方面注重了自身的形象,同时也显示出了对主人的尊重。

5. 注意言谈举止

拜访过程中,拜访者应充分注意自己的言行举止。如:进门后应主动问候主人并根据主人要求换上拖鞋;在主人未让座之前不能自己随意坐下;对于主人递来的茶水、香烟等均应用双手接过,并致谢。拜访过程中,应坚持"客随主便"的原则,听从主人的安排,充分谅解主人。如:主人没有邀请参观他们的其他房间或设施时,不应主动提出参观,更不能未经主人允许到处乱窜,乱翻乱动,这是对主人的不尊重。

6. 要适当控制拜访时间

拜访时间不宜过长,第一次拜访应以 20 分钟左右为好。当宾主双方都已谈完该谈的事情,应及时起身告辞。如果发现主人有急事要办或有其他事情,或又有新的客人来访或遇到以下情况，也应及时告辞：一是双方话不投机，或当你谈话时，主人反应冷淡，甚至不愿搭理时；二是主人虽显得很"认真"，但反复看他自己的手表或墙上的挂钟时。

告辞时，应向主人及其他家人，特别是长辈打招呼，并诚意邀请他们到自己家做客。同时，对主人的友好热情的接待表示感谢。

二、接待礼仪

接待客人要讲究礼仪和技巧，只有热情、周到、礼貌待客，才能赢得朋友，获得尊重。

（一）家庭待客礼仪

在家庭生活中，接待来访的客人要讲究礼仪和艺术，且不可随意和冷淡。家庭与正式场合上的人际交往相比，较为直接、轻松、随意，但家庭待客也应当注意一定的礼节规范。

1. 家居清洁

为了客人有一个良好的"第一印象"，平时就应将家里收拾干净、整洁，以免"不速之客"突然光临时手忙脚乱，非常尴尬。

2. 准备充分

当客人来访预约时，应根据来访者的身份、性别、年龄、爱好等做一些适当的物质准备。

第一，应提前整理好房间或会客室，准备糖果烟茶等。

第二，要搞好个人的仪容仪表。

第三，按约定准备好自己能为客人提供的所需的相关资料。最后，如果要请客人用餐，应根据客人的民族习俗、嗜好和忌讳，备好饭菜原料。

3. 迎接问候

如果是长者、贵客来访，应让全家人都到门口微笑迎接，女主人在前。见到客人，应热情招呼，寒暄问候，以示欢迎。如果与来访者是第一次见面，见面后双方都应作自我介绍。需要注意的是，迎接客人时应说一些类似"欢迎，欢迎"、"一路辛苦啦……"、"稀客，稀客"、"请进……"、"大老远的，真难为您了"的欢迎语和问候语，使客人有受到礼遇、获得尊重的感觉。

4. 感谢礼物

如果客人有带礼物来，主人应双手相接，并说一些"不好意思，让您破费了"、"您的这件礼物正是我（或家里其他人）所喜欢的"之类的客套话，甚至还可以适当地赞赏、夸奖客人的欣赏水平和审美能力，使客人感到高兴。

5. 热情招待

当许多客人同时来访时，不论关系亲疏，不论男女老幼，都应一视同仁、热情招待。比如，冬天应帮助客人存放衣帽，夏天应递毛巾给客人洗脸、擦面。客人入座后，应给客人敬茶、递烟、上水果或其他茶点，并热情与客人交谈。

6. 挽留用餐

久别的亲朋来访，应挽留吃顿便饭。一般客人来访，到了用餐时间也应邀请他们一起用餐。菜肴准备应视情况而定。一般应比平时略丰盛些。进餐时可根据情况与客人交谈娱乐，创造热烈、欢乐、轻松的气氛。

7. 礼貌送客

客人告辞时，应婉言相留。如果客人执意要走，应等客人起身后，主人再起身相送，家里在场的人，都应与客人亲切道别。若客人带来了礼品，主人应表示谢意，并在送客时适当还礼，或先暂表谢意，待以后回访时，再报以相应礼品即可。当客人告别离开时，主人应走在客人的后面相送。如果是常客、老熟人或一般来访者，可随意一些，送到门口或楼梯口，致意告别即可。如果是长辈或贵客，则应远送。

（二）办公室接待

办公室接待一般是因为双方工作、业务往来的需要，因此，应注意应有的礼节规范，以免损坏单位的形象，带来负面的影响。

1. 注意办公室的整洁

办公室既是工作的地方，也是社交的场所，应当注意其文明、整洁。不能乱吐痰、乱丢烟蒂、纸屑。要注意经常清扫，并将办公用品整理摆放整齐。

2. 办公人员要注意自身形象

办公人员的形象代表着单位的形象。首先，要注意仪表端庄、仪容整洁，加深客人对单位的第一印象。有些单位没有统一着装，但都对上班时的着装，提出明确的要求。上班时，办公人员应穿着与办公场合相适宜的服装。女士最好化淡妆，男士应做适当的面容修饰。其次，要注意语言礼貌、举止优雅。这不仅显示出一个人良好的文化素养、较强的业务能力和工作责任心，也体现了企业的管理水平。

3. 提前准备好材料

要按约定准备好自己能提供的、客人需要的书籍、报表、账目等其他咨询材料，或谈判、会谈所需要的材料。考虑好交谈的问题，要做到"心中有数"。即使是接待事先无约的来访者，也应迅速对此问题做出反应，以免被动，影响与客人交谈。

4. 迎接、问候

任何客人来访时都应热情欢迎。如果是上级、贵宾、外单位团队来访，应当组织适当规模的欢迎仪式。如果是事先有约的远方客人，应主动到车站、码头或机场迎接，并准备好写有"欢迎×××先生（女士）"字样的牌子，这样即方便接到客人，又显得礼貌。接到客人后，应致以问候、欢迎，初次见面的应作自我介绍，问候语要恰当得体，对中国人可说"一路辛苦了！"、"路上顺利吗？"等；对外国人可以说"见到您真高兴！"、"欢迎您到××市来"等。应帮助客人提取行李，并主动介绍当地风俗、民情、气候、物产等方面的情况。

5. 介绍

如果客人对前来欢迎的人不认识，应向客人一一进行介绍。被介绍的人应满面微笑地与客人伸手相握，并说"您好！""欢迎您！""见到您真高兴！"等。向领导引见客人时，应礼貌地向双方作介绍。介绍时应简洁、明了，如"李总，这位是××公司的王经理"、"王经理，这位是我们公司的李总经理"。双方握手问候后，主人应让座。

6. 上茶水

主客双方坐下后，接待员应按礼仪次序的要求为客人上茶水。安排妥善后，如自己没必要参加会谈，可避开，等候领导吩咐，或经领导同意后离开，回到自己的工作岗位。离开时应向客人礼貌致意，退出门外，轻轻把门关上。

7. 礼貌交谈

在办公室与客人交谈，一般应是工作上的事。谈话要尽量简短，几句寒暄后要马上进入正题，不能漫无边际地聊天。交谈时要控制音量，专心致志。对交谈的内容、来访者的意图等可做适当的记录，以便向有关部门、领导汇报和落实。对客人提出的要求要认真考虑，不能立即答复的，应诚恳地向客人说明，或向有关部门、领导汇报后再答复。如果对方的意见和要求不能满足，应委婉拒绝。总之，无论结果如何，都不能失礼和失态，要注意维护企业、单位的利益和尊严。

第二节　会议礼仪

（一）会议准备礼仪

许多重要性的会议，都是在政治上、思想上、组织上做了长时期的准备才成功的。准备阶段的主要工作有以下两项。

1. 会务筹备组的建立。组织一个高效率的会务筹备组，选好一个干练、认真的筹备组负责人，是会议成功的先决条件。会议筹备组的负责人，应是本单位比较有影响的人物，不但有较强的组织才能，而且有一定的凝聚力；不但自身各方面能力较强而且能以身作则，关键时候可以带领会务组全体人员突击某项工作。如果允许，筹备组的负责人最好是会议的主持人。

会议筹备组应下设两个小组：秘书小组与会务小组。前者主要负责文字宣传准备，后者主要负责除文字宣传以外的所有工作，从会前的准备，会议开始的接待，会议中间的服务，直至会后的送行等。会议筹备组的主要负责人和两个小组的负责人要及时沟通信息，在总的日程安排下，做详细的准备工作及日程进度计划，以确保会议准备工作的完善。

2. 会务准备。会务准备工作由会务小组负责，会务准备的内容有：拟发会议通知、安排会场及做会务预算等。

（二）会议组织礼仪

1. 工作性会议礼仪。工作性会议是不同方面的人聚集在一起，为达成同一目标、得到统一结论而召开的会议。工作性会议的礼仪主要有以下几个方面。

（1）会议通知应阐明目的。工作性会议的通知，一般不宜使用请帖的格式，通知中应该写明会议的目的。如有必要，还应写明会上计划讨论的事项，以便会议参加者准备资料。

（2）会议应适于讨论。工作性会议主要是为讨论工作而召开的，如果会场太大、座位安排太疏散，则不易集中人们注意力。一般来说，工作性会议的会场座位安排宜采用"圆桌型"，使会议的主要参加者围绕圆桌而坐，有利于提高会议的效果。

（3）既服从多数又尊重少数。在工作性会议的进行过程中，有时会碰到需要裁决的问题，"少数服从多数"的民主集中制原则固然必须遵守，但少数人的意见也应该给予尊重。这是因为有时少数人的意见可能是正确的，同时正视有不同意见存在，也有助于使决策更加周密。

2. 例会组织礼仪。例会是指有固定时间、固定地点、固定人员参加的制度性会议。

例会的内容主要是传递信息或讨论工作。例会的礼仪主要有以下几点。

（1）与会者应准时到会。例会是制度化的会议，一般不发通知和告示。因此，参加者应该准时赴会。如遇到特殊情况不能赴会，应请合适的人员代为参加，或者事先请假，以免其他参加者无端等候。对例会的主持人来说，如有特殊情况需要取消或者推迟会议，更要事先通知有关人员以免让大家徒劳往返，浪费时间。

（2）座位安排应紧凑。通常，会议室正中要设有圆桌或长桌，会议参加者应围桌而坐。坐得集中紧凑，便于会议参加者发言与倾听别人的发言。

（3）会议的时间不宜过长。例会的基本风格应该是"短小精炼"。会议主持者要尽量有效地利用时间，在互通信息时，最好是一个紧接一个发言，尽可能不要出现冷场。在讨论工作时，也应抓实质性问题。如果对某一问题争论不休，主持者应考虑另择时间专门开会解决。如果经常把例会开成"马拉松"式的长会，又要所有的人"作陪"，就不合例会的礼仪。

3. 报告会的组织与礼仪。报告会，是邀请某领导干部、专家学者或其他有关人员做专题报告的会议。较常见的有形势报告会、学术报告会、劳模报告会或英模报告会等。做专题发言的，通常是一人，有时也可以是多人。报告会的礼仪，主要有以下四点。

（1）选好报告人。举行报告会，应在条件允许的情况下，选择与会议主题相关的造诣较高、体会较深、影响较大的人作报告人。这样，既可以不使报告人勉为其难，又能使听众颇有收获。

（2）向报告人介绍情况。选定报告人后，举办者应将参加报告会的听众情况向报告人作简要的介绍，并针对具体情况提出要求。这样便于报告人事先有针对性地做好准备工作，并对自己讲话的内容、范围、深浅程度有所了解。

（3）对报告人要以礼相待。对报告人的邀请、迎送以及招待应周到、热情。报告人作报告时，会议主持者应在场作陪，并仔细倾听报告。如需要录音、录像，必须事先征得报告人的同意。

（4）注意"对话"方式。有的报告会，听众可以向报告人提问题，双方可以进行对话。听众主动提出问题的，应将问题写在纸条上，由主持人转交给报告人，以利于报告人俟机回答。如果报告人主动要求主持人和听众提问题，应注意维护会场秩序，切勿一哄而起。

4. 座谈会的组织与礼仪。座谈会是邀请有关人员参加交谈，讨论某个或某些问题，以达到沟通信息、联络感情的目的。座谈会的礼仪，主要有以下三点。

（1）及时通知并说明内容。通知应及时发送，注明会议的时间、地点和座谈内容，并且写上举办座谈会的单位或部门名称。如果用电话通知，最好找到参加者本人，并报告其详细内容；如托人转告，应把要点告诉转告者，以便会议参加者有备而来。

（2）创造出融洽、热烈的气氛。在座位安排上，会议主持者最好和会议参加者围圈而坐。开会时，主持者应事先讲明会议宗旨，以便参加者能有目的积极思考如何发言。如果参加者与主持者互相不熟悉，主持者应先作自我介绍，有必要时也可请参加者互相介绍，以融洽会议气氛。如果开始时有些冷场，主持者可引导大家广开言路，然后逐步接近座谈主题。

（3）鼓励插话与争论。为了使会议气氛活跃、热烈，可以鼓励大家采取你一言我一语的插话和争论方式进行座谈。这样，才能使与会者知无不言、言无不尽，才能听到与会者发自肺腑的心声。

5. 讨论会的组织与礼仪。讨论会是就某一专门问题而召集有关人员参加探讨的会议，目的在于沟通信息、互通情况、求同存异，从而加深对问题的认识。讨论会的礼仪，主要有以下几点：

（1）适当控制会议规模。讨论会的规模可大可小，应视会议内容而定。应请与讨论问题的有关人士参加，不应该无针对性的兴师动众。

（2）创造畅所欲言的环境。不论是学术性的还是非学术性的讲座会，畅所欲言才能发现真知灼见。

（3）会议纪要应全面客观。一些讲座会，在会后需要写会议纪要，拟写时要做到客观、准确和全面。如果厚此薄彼、挂一漏万，那么一方面不能反映讨论会的实际情况，另一方面又是对其些人的不尊重。

6. 学术研讨会的礼仪。学术研讨会是交流学术思想，提高学术水平的重要手段，也是日益增多的会议类型。学术研讨会参加人员往往范围较大，人数较多。以由国内人员参加的中型、行业性研讨会为例，会议的全过程如下：

（1）会议的准备工作。

① 会议发起人明确会议目的及主题。

② 成立筹备组，明确会务准备工作的分工。一般任命组织能力强、有一定威信的人担任筹备组负责人，筹备组下设三个小组：秘书组、会务组和宣传组。

（2）学术研讨会的关键环节。学术研讨会的关键是课题的选择和报告人的水平，所以，这方面的选择一定要慎重。对于出席会议的人员，也要提前一段时间发出通知。在大多数的情况下，请与会代表提前将论文提交会务组，以便选择作为大会宣读、互相交流或收入论文集的文稿。

（3）与会人员的仪表。学术研讨会是比较严肃的会议，参加会议的人员必须衣着整洁、态度谦逊。在大会报告期间，注意聆听别人的发言，当与自己观点不同时，要心平气和地阐明自己的观点并列举出实验数据和引证资料，不可以摆出"唯我正确"的架势，更不可以带着藐视的态度，用尖刻的语言向对方发问。

开幕式和闭幕式时，学术报告会主席台上，除大会主持人、报告人以外，要将请来的主要来宾和大会主席团的人员都请到上面就座，其他时间则没有必要都坐在主席台上。主席台上座次的分布，原则上是重要人物坐中间，然后向两边依次排开，大会主持人一般坐在边上。听众席上，对于大型会议的重要来宾，一般安排在前两排，在座位前的桌子上摆上姓名标志牌，进入会场时由服务人员引导至座位上。

7. 其他形式的会务工作中的礼仪。除了前文所谈的传统形式的会议之外，电话会议和领导人员应有关单位邀请参加的庆祝会、纪念会等社会活动的安排，也是办公室会务工作中逐渐占有较大比例的部分。

（1）电话会议。由于其及时、迅速的特点，目前已被党政机关和管理部门广泛利用。会务工作人员在电话会议召开时，需要做好以下各项工作。

① 事先发出会议通知，及时通知有关单位和人员，要求其按时到开电话会议的场所听会。

② 提前与电话管理部门联系，确定开会具体时间，保证开会时的线路畅通。

③ 主会场的组织工作和服务工作。要落实与会领导和有关负责人的名单，以及发言

人讲话稿，同时会务工作人员还必须始终参加会议，保证服务工作的落实。

④ 会前要检查各地分会场的到会情况并及时报告会议主持人。

⑤ 所使用的电话应加保密设备。

（2）社会活动。这是各党政机关领导人工作中较常见的部分，办公室应对这类活动进行合理、妥善的安排，在促进各项工作的同时又排除那些不必要的活动对领导人工作和精力的干扰。在这方面，应该掌握以下三个原则。

① 要主动协助领导把好审核关，对邀请领导人参加的各项活动有所控制，不要安排参加那些不应该参加和不重要的活动。

② 对需要参加的各项社会活动，办公室应协助领导进行合理的安排，综合考虑工作的安排及领导人的精力等各方面的情况，切忌把各项社会活动过多地集中到某个人或某些人身上。

③ 要认真做好领导人已决定参加的社会活动的组织服务工作。包括落实具体时间、地点、准备讲话稿等。

（三）会后工作礼仪

1. 整理会议记录。会后必须对现场记录进行整理，以更正现场记录中由于紧张而造成的字迹不清、语言文字不规范等问题，保证会议记录的真实、清晰、准确、完整和规范，最后成为会议文件之一或编发会议报告的依据。

2. 安排与会人员离会。这包括为与会人员结算钱款，回收需要的会议文件等。对于外地与会者，还应提前登记并为其代购返程车（船、机）票。

3. 会议文件的立卷归档。会议文件必须在会议结束后归入卷内，其排列顺序一般是：会议通知、会议纪要、会议议题及有关文件。对修改过的文件，立卷时应将原稿放在前面，然后将修改稿依次排在后面。大型会议完整的会议案卷，应包括以下部分：会议正式文件，如决定、计划等；会议参阅文件；会议安排的发言稿；会议上的讲话记录；其他有关材料。

4. 会议新闻报道。重要会议往往要邀请记者到会，办公室或会务处应及时向新闻记者提出宣传会议精神的要求和建议。根据各种会议的不同情况，会议可发布新闻消息或进行典型报道。新闻报道稿通常由会议工作人员与新闻记者配合共同编写，以求及时、准确地反映会议精神。新闻稿件在发布前应送领导人审核，以免出现差错。

5. 会务工作总结。这是会务工作的最后一件事，一般由会议领导人员召集会务工作人员来进行。有时还要写出会务工作的总结报告。

第三节　剪彩仪式

剪彩仪式是指商界的有关单位，为了庆祝企业的成立、企业的周年庆典、企业的开工、宾馆的落成、商店的开张、银行的开业、大型建筑物的启用、道路或航道的开通、展销会或展览会的开幕等等而举行的一项隆重性的礼仪性程序。它可以在开业典礼中进行，也可以单独举行，最终目的是为了树立良好的形象，引起社会各界的关注。

剪彩的由来有以下两种说法。

一种说法是，剪彩起源于西欧。

在古代，西欧造船业比较发达，新船下水往往吸引成千上万的观众。为了防止人群拥向新船而发生意外事故，主持人在新船下水前，在离船体较远的地方，用绳索设置一道"防线"。等新船下水典礼就绪后，主持人就剪断绳索让观众参观。后来绳索改为彩带。人们就给它起了"剪彩"的名称。

另一种说法是，剪彩起源于美国。

1912年，在美国的一个乡间小镇上，有家商店的商主慧眼独具，从一次偶然发生的事故中得到启迪，以它为模式开一代风气之先，为商家创立了一种崭新的庆贺仪式——剪彩仪式。

当时，这家商店即将开业，店主为了阻止闻讯之后蜂拥而至的顾客在正式营业前耐不住性子，争先恐后地闯入店内，将用以优惠顾客的便宜货争购一空，而使守时而来的人们得不到公平的待遇，便随便找来一条布带子拴在门框上。谁曾料到这项临时性的措施竟然更加激发起了挤在店门之外的人们的好奇心，促使他们更想早一点进入店内，对行将出售的商品先睹为快。

事也凑巧，正当店门之外的人们的好奇心上升到极点，显得有些迫不及待的时候，店主的小女儿牵着一条小狗突然从店里跑了出来，那条"不谙世事"的可爱的小狗若无其事地将拴在店门上的布带子碰落在地。店外不明真相的人们误以为这是该店为了开张志喜所搞的"新把戏"，于是立即一拥而入，大肆抢购。让店主转怒为喜的是，他的这家小店在开业之日的生意居然红火得令人难以设想。

向来有些迷信的他便追根溯源地对此进行了一番"反思"，最后他认定，自己的好运气全是由那条被小女儿的小狗碰落在地的布带子所带来的。因此，此后在他旗下的几家"连锁店"陆续开业时，他便将错就错地如法加以炮制。久而久之，他的小女儿和小狗无意之中的"发明创造"，经过他和后人不断地"提炼升华"，逐渐成为一整套的仪式。它先是在全美，后是在全世界广为流传开来。在流传的过程中，它自己也被人们赋予了一个极其响亮的鼎鼎大名——剪彩。沿袭下来，就成了今天盛行的"剪彩"仪式。

从操作的角度来进行探讨，目前所通行的剪彩的礼仪主要包括剪彩的准备、剪彩的人员、剪彩的程序、剪彩的做法等四个方面的内容。以下，就分别择其要点进行介绍。

一、剪彩的准备

剪彩的准备必须一丝不苟。与举行其他涉及场地的布置、环境的卫生、灯光与音响的准备、媒体的邀请、人员的培训，等等。在准备这些方面时，必须认真细致，精益求精，这自不待言。

除此之外，尤其对剪彩仪式上所需使用的某些特殊用具，诸如红色缎带、新剪刀、白色薄纱手套、托盘以及红色地毯，仔细地进行选择与准备。

（一）场地布置

1. 场地要宽敞明亮。

2. 场地一定要铺红地毯，它主要铺设在剪彩者正式剪彩时的站立之处，其长度可视剪彩者人数的多少而定，宽度则不应少于1米。在剪彩现场铺设红色地毯，主要是为了提高仪式档次，营造一种喜庆的气氛。

3. 应布置有彩旗、拱门、条幅、气球、花篮等。

（二）物品准备

1. 红色缎带。它即剪彩中的"彩"，是非常重要的物品。按传统做法，它应由一整匹未使用过的红色绸缎，在中间扎上几朵大而醒目的红花而成。现在为了节约，一般使用两米左右长的红缎带、红布条作为变通。

2. 新剪刀。它是专供剪彩者剪彩时使用的，必须是剪彩者人手一把，而且是崭新、锋利的剪刀。避免因剪刀不好用，让剪彩者出洋相。

3. 白色薄纱手套。它是供剪彩者剪彩时戴的，以示郑重，但一般情况下可以不准备。如果准备，就要确保手套洁白无瑕、剪彩者人手一副、大小适度。

4. 托盘。它是供盛放剪刀、手套用的，最好是崭新、洁净的，通常首选银色的不锈钢制品。为了显示正规，还可在使用时铺上红色绒布或绸布。在剪彩时，礼仪小姐可以用一只托盘依次向各位剪彩者提供剪刀和手套，也可以为每一位剪彩者提供一只托盘。

（三）人员的选定

剪彩的人员必须审慎选定。

除主持人之外，剪彩的人员主要是由剪彩者与助剪者等两个主要部分的人员所构成的。以下，就分别来简介一下对于他们主要礼仪性要求。

1. 剪彩者

在剪彩仪式上担任剪彩者，是一种很高的荣誉。剪彩仪式档次的高低，往往也同剪彩者的身份密切相关。因此，在选定剪彩的人员时，最重要的是要把剪彩者选好。

剪彩者，即在剪彩仪式上持剪刀剪彩之人。根据惯例，剪彩者可以是一个人，也可以是几个人，但是一般不应多于五人。通常，剪彩者多由上级领导、合作伙伴、社会名流、员工代表或客户代表所担任。

确定剪彩者名单，必须是在剪彩仪式正式举行之前。名单一经确定，即应尽早告知对方，使其有所准备。在一般情况下，确定剪彩者时，必须尊重对方个人意见，切勿勉强对方。需要由数人同时担任剪彩者时，应分别告知每位剪彩者届时他将与何人同担此任。这样做是对剪彩者的一种尊重。千万不要"临阵磨枪"，在剪彩开始前方才强拉硬拽，临时找人凑数。

按照常规，剪彩者应着套装、套裙或制服，将头发梳理整齐。不允许戴帽子和戴墨镜，也不允许其穿着便装。

若剪彩者仅为一人，则其剪彩时居中而立即可。若剪彩者不止一人时，则其同时上场剪彩时位次的尊卑就必须予以重视。

一般的规矩是：中间高于两侧，右侧高于左侧，距离中间站立者愈远位次便愈低，即主剪者应居于中央的位置。需要说明的是，之所以规定剪彩者的位次"右侧高于左侧"，主要是因为这是一项国际惯例，剪彩仪式理当遵守。其实，若剪彩仪式并无外宾参加时，执行我国"左侧高于右侧"的传统作法，亦无不可。

2. 助剪者

助剪者，指的是剪彩者剪彩的一系列过程中从旁为其提供帮助的人员。一般而言，助剪者多由东道主一方的女职员担任。现在，人们对她们的常规称呼是礼仪小姐。

具体而言，在剪彩仪式上服务的礼仪小姐，又可以分为迎宾者、引导者、服务者、拉彩者、捧花者、托盘者。迎宾者的任务，是在活动现场负责迎来送往。引导者的任务，是在进行剪彩时负责带领剪彩者登台或退场。服务者的任务，是为来宾尤其是剪彩者提供饮料，安排休息之处。拉彩者的任务，是在剪彩时展开、拉直红色缎带。捧花者的任务则在剪彩时手托花团。托盘者的任务，则是为剪彩者提供剪刀、手套等剪彩用品。

礼仪小姐的基本条件是相貌较好、身材颀长、年轻健康、气质高雅、音色甜美、反应敏捷、机智灵活、善于交际。

礼仪小姐的最佳装束应为：化淡妆、盘起头发，穿款式、面料、色彩统一的单色旗袍，配肉色连裤丝袜、黑色高跟皮鞋。除戒指、耳环或耳钉外，不佩戴其他任何首饰。有时，礼仪小姐身穿深色或单色的套裙亦可。但是，她们的穿着打扮必须尽可能地整齐划一。必要时，可向外单位临时聘请礼仪小姐。

二、剪彩的程序

剪彩的程序必须有条不紊。

在正常情况下，剪彩仪式应在行将启用的建筑、工程或者展销会、博览会的现场举行。正门外的广场、正门内的大厅，都是可予优先考虑的。在活动现场，可略作装饰。在剪彩之处悬挂写有剪彩仪式的具体名称的大型横幅，更是必不可少的。

一般来说，剪彩仪式宜紧凑，忌拖沓，在所耗时间上愈短愈好。短则一刻钟即可，长则至多不宜超过一个小时。

按照惯例，剪彩既可以是开业仪式中的一项具体程序，也可以独立出来，由其自身的一系列程序所组成。独立而行的剪彩仪式，通常应包含如下六项基本的程序：

第一项，请来宾就位。在剪彩仪式上，通常只为剪彩者、来宾和本单位的负责人安排座席。在剪彩仪式开始时，即应敬请大家在已排好顺序的座位上就座。在一般情况下，剪彩者应就座于前排。若其不止一人时，则应使之按照剪彩时的具体顺序就座。

第二项，宣布仪式正式开始。在主持人宣布仪式开始后，乐队应演奏音乐，现场可燃放鞭炮，全体到场者应热烈鼓掌。此后，主持人应向全体到场者介绍到场的重要来宾。

第三项，奏国歌。此刻须全场起立。必要时，亦可随之演奏本单位标志性歌曲。

第四项，进行发言。发言者依次应为东道主单位的代表、上级主管部门的代表、地方政府的代表、合作单位的代表，等等。其内容应言简意赅，每人不超过3分钟，重点分别应为介绍、道谢与致贺。

第五项，进行剪彩。此刻，全体应热烈鼓掌，必要时还可奏乐或燃放鞭炮。在剪彩前，须向全体到场者介绍剪彩者。

第六项，进行参观。剪彩之后，主人应陪同来宾参观被剪彩之物。仪式至此宣告结束。随后东道主单位可向来宾赠送纪念性礼品。

三、剪彩的注意事项

进行正式剪彩时，剪彩者与助剪者的具体做法必须合乎规范，否则就会使其效果大受影响。

（1）当主持人宣告进行剪彩之后，礼仪小姐即应率先登场。

在上场时，礼仪小姐应排成一行行进。从两侧同时登台，或是从右侧登台均可。登台之后，拉彩者与捧花者应当站成一行，拉彩者处于两端拉直红色缎带，捧花者各自双手手捧一朵花团。托盘者须站立在拉彩者与捧花者身后一米左右，并且自成一行。

（2）在剪彩者登台时，引导者应在其左前方进行引导，使之各就各位。

剪彩者登台时，宜从右侧出场。当剪彩者均已到达既定位置之后，托盘者应前行一步，到达前者的右后侧，以便为其递上并剪刀、手套。

剪彩者若不止一人，则其登台时亦应列成一行，并且使主剪者行进在前。在主持人向全体到场者介绍剪彩者时，被介绍者应面含微笑向大家欠身或点头致意。

剪彩者行至既定位置之后，应向拉彩者、捧花者含笑致意。当托盘者递上剪刀、手套，亦应微笑着向对方道谢。

（3）在正式剪彩前，剪彩者应首先向拉彩者、捧花者示意，待其有所准备后，集中精力，右手手持剪刀，表情庄重地将红色缎带一刀剪断。

若多名剪彩者同时剪彩时，其他剪彩者应注意主剪者动作，与其主动协调一致，力争大家同时将红色缎带剪断。

（4）按照惯例，剪彩以后，红色花团应准确无误地落入托盘者手中的托盘里，而切勿使之坠地。为此，需要捧花者与托盘者的合作。剪彩者在剪彩成功后，可以右手举起剪刀，面向全体到场者致意。然后放下剪刀、手套于托盘之内，举手鼓掌。接下来，可依次与主人握手道喜，并列队在引导者的引导下退场。退场时，一般宜从右侧下台。

待剪彩者退场后，其他礼仪小姐方可列队由右侧退场。

不管是剪彩者还是助剪者在上下场时，都要注意井然有序、步履稳健、神态自然。在剪彩过程中，更是要表现得不卑不亢、落落大方。

第四节　升旗仪式

各单位为了增强所属人员的国家观念和爱国意识，培养人们对国家的责任心和荣誉感，以生动的形式进行爱国主义教育，普遍进行升国旗仪式。此外，由于军训在各校普遍地开展，有关升军旗的仪式在学校也常出现。因此，大学生应了解和掌握升旗仪式知识。

一、升国旗仪式

（一）国旗来历

国旗是由国家法律规定的具有一定形式和格式的旗帜，是国家的象征和标志，它通过向国外通报并互相承认而具有国际法的效果。中华人民共和国的国旗为五星红旗，面为红色，呈长方形，长度和高度的比例为3∶2。五星红旗上的黄色大五角星表示中国共产党，四颗小五角星表示全国人民（当时指工人阶级、农民阶级、城市小资产阶级和民族资产阶级）；五颗五角星及其相互关系，象征着中国共产党领导下的革命人民大团结。

五星红旗的设计者是上海的曾联松同志。中华人民共和国成立前夕，各地纷纷寄来了征集的国旗设计图案，经过讨论、酝酿、挑选，1949年9月27日，全国人民政治协商会议第一届全体会议正式通过决议：中华人民共和国的国旗为五星红旗。

根据《中华人民共和国国旗法》的规定，每个公民和组织都应尊重和爱护国旗；在公共场合故意以焚烧、毁损、涂画、玷污、践踏等方式侮辱国旗的，要依法追究其刑事责任。此外，国庆节、国际劳动节、元旦和春节，各级国家机关和各人民团体应当举行升挂国旗仪式。

（二）升国旗的要求

1. 国旗法规定，应将国旗置于显著的位置，不得升挂破损、褪色或不合规格的国旗。在直立的旗杆上升降国旗时，应徐徐升降。升起时，必须将国旗升至杆顶，降下时不得使国旗落地。下半旗时，应先将国旗升至杆顶，然后降至旗顶与杆顶之间的距离为旗杆全长的三分之一处；降下时，应先将旗升至杆顶，然后再降下。

2. 每个人无论在何时、何地，只要遇到附近正在升降国旗，奏唱国歌，都应让自己的表情和姿态严肃起来。

3. 参加升国旗仪式的人，当国旗升降时，必须起立、脱帽、立正，表情要肃穆，面向国旗肃立致敬，并可唱国歌。要注意起立时不要乒乓作响，脱帽后不要用手去整理头发。

4. 举行升旗仪式时，要眼看国旗、脱帽、行肃穆礼，不得走动和喧闹。

二、 升军旗仪式

（一）军旗

世界各国的军队都有自己的军旗。中国人民解放军的军旗呈长方形，横直比例为5∶4，旗面为红色，上有金黄色的五角星及"八一"两字。"八一"军旗是中华人民共和国武装力量的标志，它象征着中国人民解放军的荣誉、勇敢和光荣，激励着中国人民解放军全体指战员牢记自己的神圣职责——忠于人民，忠于党，不惜牺牲自己的生命来保卫祖国。目前，中国人民解放军建制团以上的部队都配发了军旗，海军舰艇出海配发了相应号别的军旗。

（二）升军旗的要求

1. 迎军旗。将展开的军旗持入队列时，参加升军旗的人员要整队举行迎军旗仪式。主持迎军旗的指挥员下达"立正"、"迎军旗"的口令，掌旗员扛旗，二名护旗员分列掌旗员两侧，一起齐步行进。当他们由队列正前方或右前方进至离队列40～50步距离时，在听到向军旗敬礼的口令后，位于队列指挥位置的军官应行举手礼，其余人员行注目礼。

2. 送军旗。将军旗持出队列时，也要整队举行送军旗仪式。听到"立正"、"送军旗"的口令后，掌旗员、护旗员按迎军旗路线相反的方向齐步行进。军旗行至队伍右前侧时，全体人员要按迎军旗的规定敬礼，直到听到"礼毕"的口令。

第五节　开业庆典

开业庆典是现代商业活动中，各类企业、商场、酒店等在成立或开张时，经过精心策划，按照一定的程序专门举行的一种庆祝仪式，以达到宣传自己，扩大传播范围，塑造企业良好形象的目的。开业庆典对一个经济实体的外貌，形象树立如何走好关键的第一步尤为重要，要迈好这第一步，庆典仪式方案及与之相关的庆典道具运用，无疑是挂"帅"点"将"，十分重要！

一、 开业庆典的准备工作

开业庆典的准备工作是开业仪式的基础工作。凡事预则立，不预则废。准备工作充分

与否直接影响开业典礼能否成功。开业典礼要从以下几个方面做好准备:

1. 做好舆论宣传工作。企业可运用传播媒介在报纸、电台、电视台广泛发布广告,或在告示栏中张贴开业告示,以引起公众的注意。这些广告或告示的内容一般包括开业典礼举行的日期和地点、企业的经营范围及特色、开业的优惠情况等。开业广告或告示一般宜在开业前的3～5天内发布。另外,企业还可邀请一些记者在开业仪式举行之时,到现场进行采访、报道,予以宣传。

2. 邀请宾客

首先通过调查研究,要精心拟出宾客的名单,经领导审定后,印制成精美的请柬,并提前两周左右的时间寄送给宾客。活动前三天再电话核实,看有无变动;对贵宾在活动前一天再核实一次。一般邀请宾客的范围:

(1) 上级领导。邀请他们参加主要是为了感谢给予单位的关心、支持。

(2) 社会名流。通过"名人效应",更好地提高本单位的知名度。

(3) 新闻界人士。通过他们公正的报道,加深社会对本单位的了解和认同,进一步扩大单位的社会影响。

(4) 同行业代表。请他们来表明希望彼此合作、促进本行业共同发展的愿望。

(5) 社区负责人。通过他们搞好单位与本地区的关系,让更多的人关心、支持本企业的发展。

3. 拟定程序表

程序包括确定主持人、介绍重要来宾、组织负责人或重要来宾致辞、剪彩或安排参观等。

4. 安排接待工作

在举行开业庆典的现场,一定要有专人负责来宾的接待工作。在接待贵宾时,须由本单位的主要负责人亲自出面。接待室中要求茶杯洁净,茶几上放置烟灰缸,如不允许吸烟,应用礼貌标语标牌放置在接待室中,提示来宾。

5. 布置环境

开业庆典一般在商场、单位的门口举行。为了烘托出热烈、隆重、喜庆的气氛,可在现场悬挂开业或庆典会标、庆祝或欢迎标语。两侧布置一些来宾送的贺匾、花篮,本单位的宣传材料、待客的饮料等应提前备好。对于仪式要用的音响、照明设备也要事先认真检查、调试,以确保开业典礼的顺利进行。值得一提的是,开业典礼的场地选择不能妨碍交通,音响设备的调试以不制造噪音为宜。不能为了烘托气氛而热闹过头,否则会影响开业典礼的效果,甚至破坏企业的形象。

二、 开业庆典的仪式过程

开业庆典活动所用的时间不长,但事关重大,所以对典礼活动的程序安排及人员要求都很严格。

(一) 开业典礼的程序

典礼程序是指典礼活动的进程。典礼的效果如何,主要由程序决定。因此,拟定程序要完整、协调,符合礼仪要求。一般情况下典礼程序由以下八项组成。

1. 迎宾

接待人员就位在会场门口接待来宾,请来宾签到后,引导来宾就位。

2. 接待

来宾签名后，由接待人员引领到备有茶水、饮料的接待室，让他们稍事休息并相互认识。本组织人员应在此陪同宾客进行交流，说些对宾客到来表示感谢的话语。

3. 典礼开始。主持人宣布开业典礼正式开始。全体起立，奏国歌，宣读重要嘉宾名单。

4. 致贺词。由上级领导和来宾代表致祝贺词，主要表达对开业单位的祝贺，并寄予厚望。贺词由谁来讲事先要定好，以免大家当众推来推去。对外来的贺电、贺信等不必一一宣读，但对其署名的单位或个人应予以公布。

5. 致答谢词。由本单位负责人致答谢词。其主要内容是向来宾及祝贺单位表示感谢，并简要介绍本单位的经营特色和经营目标等。

6. 揭幕。由本单位负责人和一位上级领导或嘉宾代表揭去盖在牌匾上的红布，宣告企业的正式成立。参加典礼的全体人员鼓掌贺之，在非限制燃放鞭炮地区还可放鞭炮庆贺。

7. 参观。如有必要，可引导来宾参观，介绍本单位的主要设施、特色商品及经营策略等。

8. 迎接首批顾客。可以采取让利销售或赠送纪念品的方式吸引顾客，也可以选择一些有代表性的消费者参加座谈，虚心听取消费者的意见，拉近与消费者的距离。

以上程序可视具体情况有所增减，无须照抄硬搬。总之，开业庆典的整个过程要紧凑、简洁，避免时间过长、内容杂乱，使来宾产生不快。

（二）参加开业典礼的礼仪要求

1. 企业方礼仪。对于开业典礼的组织者来说，整个仪式过程都是礼待宾客的过程，每个人的仪容、仪表、言谈举止都关系企业的形象。假如有的人在仪式中精神风貌不佳，不讲究穿着打扮，行为举止不当，很容易给本单位的形象带来负面影响。因此，作为开业方的出席者，在参加开业典礼时应注意以下六点。

（1）仪容要整洁。所有出席本单位典礼的人员，事前都要做适当的修饰，女士要适当化妆，男士应梳理好头发，剃掉胡须。任何人不得蓬头垢面、胡子拉碴，给单位的形象抹黑。

（2）服饰要规范。有条件的单位最好着统一式样的服装，没有条件的，应要求每个人穿着礼仪性服装，即男士穿深色西装或中山装，女士穿深色西装套裙或套装。绝不能在服饰方面任其自然，给人很凌乱的感觉。

（3）准备要充分、周到。请柬的发放应按时，不得有遗漏。席位的安排要讲究，一般按身份与职务高低确定主席台座次及贵宾席位。为来宾准备好迎送车辆等。

（4）要遵守时间。出席本单位开业典礼的每一位人员都应严格遵守时间，不得迟到、无故缺席或中途退场。如果仪式的起止时间已经公布，主办单位应准时开始、准时结束，向社会证明本单位是言而有信的。

（5）态度要友好。遇到来宾要主动热情地问好，对来宾提出的问题应予以友善的答复。当来宾发表贺词后，应主动鼓掌表示感谢，不能起哄、鼓倒掌，不能随意打断来宾的讲话、向其提出挑衅性质疑，或是对来宾进行人身攻击。

（6）行为要自律。主办方人员的得体举止，可以充分展示本单位文明礼貌的良好风范。典礼过程中，主办方人员不得追逐打闹，不得做与典礼无关的事，如看报纸、织毛衣、打瞌睡等。不要东张西望，一再看时间，表现得心不在焉。

2. 宾客礼仪。参加开业典礼的宾客也要注意自己的礼貌礼节，尽量做到以下六个方面。

（1）要准时参加开业典礼，为主办方捧场。如有特殊情况不能到场，应尽早通知主办方，不要辜负主人的一番好意。

（2）宾客在开业典礼前或开业典礼时，可送些贺礼，如花篮、镜匾、楹联等以表示对开业方的祝贺，并在贺礼上写明庆贺对象、庆贺缘由、贺词及祝贺单位。

（3）见到主人应向其表示祝贺，并说一些祝顺利、发财、兴旺的吉利话。入座后应礼貌地与邻座打招呼，可通过自我介绍、互换名片等方式结识更多的朋友。

（4）在典礼上致贺词时，要简短精练，不能随意发挥，拖延时间，而且要表现得沉着冷静、心平气和，注意文明用语，少用含义不明的手势。

（5）在典礼过程中，宾客要根据典礼的进展情况，做一些礼节性的附和，如鼓掌、跟随参观、写留言等。

（6）典礼结束后，宾客离开时应与主办单位的领导、主持人、服务人员等握手告别，并致谢意。

一、简答题

1. 简单说明迎来送往的礼仪。
2. 会议组织中有哪些注意事项？
3. 举例说明几种重要的会议礼仪。
4. 剪彩人员的选择要注意什么？
5. 剪彩的程序是怎样的？
6. 升国旗与升军旗过程中要注意哪些礼仪？
7. 开业庆典中有哪些礼仪要求？

二、案例拓展训练与分析

训练一：分组模拟一次剪彩仪式

训练二：自主学习下面的酒店开业庆典策划书，并练习自己写一份开业庆典策划书。

酒店开业庆典策划书

一、活动主题

××大酒店开业庆典仪式

二、活动时间

2011年6月×日

三、活动地点

国际会展中心117室（暂定）

四、活动背景

如何将"××大酒店"的认知影响最大化，把品牌所营造的"势能"，转化成其南阳市同行业中的推动力，并利用这次开业大典的契机，扩大本酒店的知名度，增加本酒店的美誉度，从而给自己一个好的开端，是新店开业要解决的核心问题。

五、主持人

六、参与人员

1. 大酒店董事会人员以及全体工作人员。

2. ××市各大媒体相关人员。

3. ××市相关领导嘉宾、×城区相关领导嘉宾。

4. 其他相关生意合作伙伴。

七、策划思路

1. 精心营造开业庆典现场的活动气氛，对目标受众形成强烈的视觉冲击力，提高受众对该银行的认知和记忆。

2. 加大广告整合宣传力度，提升传播效应和社会影响力。

3. 开业庆典现场力求大气、时尚、活跃，极力渲染开业的喜庆气氛。

八、活动目的及意义

正式宣布酒店开业，引起××市场同行、目标消费者以及媒体朋友的关注；

让××市场的目标客户以及竞争对手的潜在用户进一步充分了解提供的独特服务，创造出对体验的强烈欲望；

进一步加强与××媒体的互动和交流，为在区域市场的销售和推广营造一个良好的舆论环境；

借助开业机会，建立起与××市场的相关政府部门和合作伙伴的良性关系，为后续的市场经营及推广做好铺垫。

让人们对××大酒店有一个初步的了解、认识。

参与人员：市、县级相关领导、公司领导、外界友人、相关媒体。

九、现场布置：包括场外布置和场内布置

1. 在酒店大门两侧设立迎宾两名，用气球等用品适当布置。

2. 酒店大门上沿挂横幅一条，内容：××大酒店开业庆典。

3. 在酒店大厅里设置迎宾台，设迎宾一名，旁边有身着喜庆旗袍（可视情况而定）的名礼仪小姐，在活动现场引导来宾签到、佩带贵宾花、典礼开始引导来宾入场、配合仪式。

4. 现场礼仪服务人员××名，负责现场秩序的维护、给嘉宾倒茶等事项。

5. 主席台两侧放置户外远程音响一对，活动开始活动期间播放喜庆音乐和活动开始主持人及相关领导嘉宾发言讲话扩音。

十、相关庆典布置人员安排

十一、开业典礼实施流程

2011年×月×日，×点钟酒店工作人员到达现场做准备工作，保安人员正式对现场进行安全保卫。

十二、庆典活动流程

××：×× 活动各项准备工作就绪，播放喜庆音乐；

××：×× 礼仪小姐迎宾（佩带贵宾花、请领导签名并引导相关领导和来宾至休息处）；

××：×× 主持人介绍相关活动情况，邀请相关领导和来宾至主席台前就位；

××：×× 主持人宣布××大酒店仪式正式开始，介绍到场领导及嘉宾。

××：×× 第一项：鸣炮；（下载鞭炮音乐代替）

××：×× 第二项：邀请省南阳市相关领导讲话；（上台时配出场乐，讲话时配轻音乐）

××：×× 第三项：邀请宛城区领导致恭贺词；（上台时配出场乐，讲话时配轻音乐）

××：×× 第四项：酒店董事长或总经理表态发言，企业介绍；（上台时配出场乐，讲话时配轻音乐）

××：×× 第五项：主持人邀请相关领导为××大酒店剪彩；（礼仪陪同、放礼花炮、喜庆音乐）

××：×× 第六项：主持人宣布开业大典胜利闭幕，由酒店董事长或者总经理送别相关领导以及嘉宾。

十三、预期效果

1. 使××大酒店开业的消息得到广泛的传播，吸引更多的目标消费群体来参加此次活动。

2. 加深××大酒店在消费者心目中的印象。

3. 不管是从前期策划还是从后期执行上，都要力争做到使这一开业庆典达到空前轰动的效果。

4. 增强内部员工对公司的信心。

5. 在同行业中做到后来者居上，成为行业内一匹黑马。

十四、活动预算经费

1. 现场布置：条幅、气球、礼炮、礼花等共×××元。

2. 请相关领导赴会的车费以及其他花费共×××元。

3. 活动结束给相关嘉宾以及记者赠送的礼品等共×××元。

十五、所需物品清单（详见附录）

第十章 出行礼仪

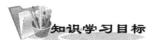知识学习目标

通过学习本章,要求同学们了解乘车、乘船和乘机的礼仪,住宿及乘坐电梯的相关礼仪。

人是社会中的人,除了个人生活、家庭生活之外,人们还必不可少地要置身于公共场合,参与社会生活。在这种情况下,与他人共处,彼此礼让、包容、理解、互助,也是做人的根本。在出行中,我们要做到"遵守公德、勿碍他人、以右为尊"。

第一节　乘车乘船礼仪

人们生活在现代都市，往往需要乘坐各种车辆，以求方便。下面主要介绍一下乘坐轿车、公共汽车、轮船、火车等机动车辆时应遵守的礼仪。

一、乘坐轿车的要求

汽车如今已成为现代社会最主要的交通工具，不在桌前，就在车上早已成了许多白领们的工作缩影。与领导、同事、客户一同乘车更是难免，因此坐车礼仪就显得十分重要了。

（一）座次礼仪

在比较正规的场合，乘车一定要分清座次的"尊卑"，并在适合自己的座位就座。下面介绍四种常用车辆在乘坐时的座次排列。

1. 双排五座轿车

由主人亲自驾驶时，座位顺序应当依次是：副驾驶座、后排右座、后排左座、后排中座（如图10-1所示）。由专职司机驾驶时，座位顺序应当依次是：后排右座、后排左座、后排中座、副驾驶座（如图10-2所示）。

2. 三排七座轿车。由主人亲自驾驶时，座位顺序应当依次是：副驾驶座、后排右座、后排左座、后排中座、中排右座、中排左座（如图10-3所示）。由专职司机驾驶时，座位顺序应当依次是：后排右座、后排左座、后排中座、中排右座、中排左座、副驾驶座（如图10-4所示）。

3. 吉普车。吉普车是一种轻型越野车，大都为4座车。不管由谁驾驶，吉普车上座位顺序均依次是：副驾驶座、后排右座、后排左座（如图10-5所示）。

4. 多排座轿车。这是指4排以及4排以上座位的大中型轿车。其不论由何人驾驶，均以前排为上，以后排为下；以右为"尊"，以左为"卑"；并以距离前门的远近来排定具体座位的顺序，现以6排17座轿车为例（如图10-6所示）。

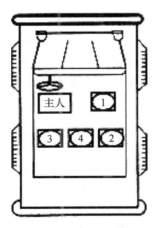

图10-1　双排五座轿车

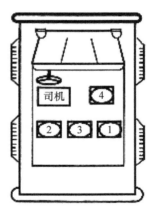

图10-2　双排五座轿车

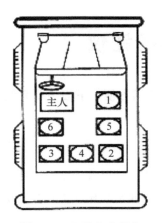

图 10-3　三排七座轿车

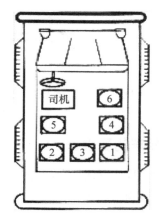

图 10-4　三排七座轿车

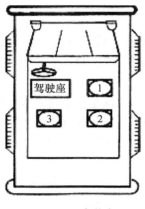

图 10-5　吉普车

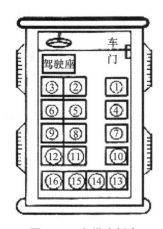

图 10-6　多排座轿车

在公务接待中，除了注意车辆的正常座次排列外，还需要把握以下三点。

1. 乘坐主人驾驶的轿车时，最重要的是不能让前排空着。一定要有一个人坐在那里，以示相伴。

2. 由专人驾驶车辆时，副驾驶座一般也叫随员座，通常坐于此处者多为随员、译员、警卫等。从安全角度考虑，一般不应让女士坐于副驾驶座，孩子与尊长也不宜在此座就座。

3. 必须尊重嘉宾本人对轿车座次的选择，嘉宾坐在哪里，则哪里即是上座。

（二）举止的规范

与别人一同坐轿车时，应将轿车视为公共场所。那么就有必要对个人的行为举止进行规范。要注意以下几个问题。

1. 女士上车时不要一只脚先踏入车内，也不要爬进车里。需先站在座位边上，把身体较低，让臀部坐到位子上，再将双腿一起收进车里，双膝一定保持合并的姿势。

2. 从安全角度考虑，应该是后排左座最佳（司机后面的座位）。

3. 从视觉角度考虑，应该是前排右座最好（副驾驶座位）。坐该座者视线宽广，可以观光，然而，此座最不安全。

4. 从"服务"角度考虑，应该是后排右座最方便。在中国，车辆遵循的准则是靠右侧行驶，坐后排右座者，伸腿上车抬腿下车，便于秘书、随车人或现场迎接人员等为其开关车门，体现坐车者的层次与身份，出入高档场所或重大活动更能体现此座者的重要性。

5. 车上不要睡觉，乘车的人都睡觉时，司机也容易犯困。

6. 谈话要适当，与领导同车，自然要作适当的交谈，但一定要适度。

7. 领导之间若是在谈工作，除非问到你，或希望你介入，否则尽量不要插话。

8. 若领导之间谈论的话题涉及对某人的评价等保密内容时，你不但不要插话，甚至不要听，此时最好的办法是找个话题与司机聊聊天，或播放一段轻音乐（音量不要过大）等。

9. 车内尽量不要吸烟。

（三）上下车顺序的规范

上下轿车先后顺序的基本要求是：请尊长、女士、来宾先上车，后下车。具体而言，包括以下五点。

1. 主人驾驶轿车时，应后上车，先下车，以便照顾客人上下车。

2. 乘坐专职司机驾驶的轿车时，坐在前排者，大都应后上车，先下车，以便照顾坐在后排者。

3. 乘坐专职司机驾驶的轿车，并与其他人同坐后一排时，应请尊长、女士、来宾从右侧车门先上车，将车门关上后，自己再从车后绕到左侧开门上车。下车时，自己应先从左侧下车，再从车后绕到右侧打开车门请他们下车。如果车停在闹市左侧车门不宜开启，从右门上车时，应当里座先上，外座后上。下车时，应外座先下，里座后下。

4. 为了上下车方便，坐在折叠座位上的人，应当最后上车，最先下车。

5. 坐三排九座车时，应是低位者先上车，后下车；高位者后上车，先下车。

二、乘坐公共汽车的要求

公共汽车，指的是由单位或专人经营，有着固定线路和车站，供社会公众付费乘坐的多排座汽车。

乘坐公共汽车，应当注意以下四个方面的问题。

（一）上下车的礼仪

上下公共汽车要注意以下五点。

1. 上车依次排队。要自觉地以先来后到为顺序，排队候车，排队上车。公共汽车进站停稳后，要按照排队的顺序依次上车。不要蜂拥而上，挤作一团；也不要不排队去加塞。上车时要礼让他人，对老人、孕妇、病人、残疾人以及妇女、孩子，加以帮助。

2. 下车提前准备。公共汽车上比较拥挤，下车要提前准备。在下车的前一站，要向车门靠近，不能上车后就等在门口。下车准备时，如需他人让路，应有礼貌地打一声招呼，不要默不作声地猛挤猛冲，更不要发脾气，或出言不逊。

3. 物品安放到位。上了公共汽车后，应将随身所带的物品放到适当的位置，不要把它放到座位上或挡在过道上。

4. 不要在车上吃东西。上车前未吃完的东西，应进行必要的处理。在车上吃东西，是很没教养的表现。

5. 雨雪天上车后，应把雨伞、雨衣等雨具放入塑料袋中，并提前抖掉身上的雨水和雪花，以免弄湿其他人。对已经湿了的物品，应妥善处理。

（二）座位选择

乘坐公共汽车时，选择座位要加以注意。

1. 对号入座。长途的公共汽车，一般按座售票，乘坐者应对号入座。乘这种车时，不要乱坐座位，也不要找人换座位。

2. 不对号入座。有的公共汽车不对号入座，通常讲究就座时先来后到。坐这种车时，不要与人争抢座位，更不要为座位与他人发生口角。

3. 主动让座。遇上老人、病人、残疾人、孕妇、抱孩子的人，应主动让出自己的座位。当他人为自己让座时，应立即道谢。

4. 留出特殊座位。不少公共汽车的前门或中门附近，都有老、弱、病、残、孕专座。这些座位即使空着，不符合条件的也不应坐。

5. 不随处乱坐。公共汽车上除座位外，比如窗沿、地板、扶手、发动机等处，均不能就座。挤坐他人座位，也是不雅之举。

（三）乘车表现

乘坐公共汽车时，个人的表现不要肆意放纵。

1. 忌勾肩搭背。与恋人、配偶乘车时，不应表现的过于亲热。

2. 忌碰撞他人。应与其他人的身体保持一段距离。万一因为车辆摇晃或自己不小心碰撞、踩踏了别人，应立即道歉。反过来，他人因此向你道歉，就应大度地表示"没关系"。

3. 忌设置路障。不管是坐或站，均应坐有坐相，站有站相，不要把腿伸在过道上。有人从身前通过时，要主动相让。

（四）管好孩子

带孩子的人，一定要管好孩子，不要让孩子随地大小便、哭哭闹闹、到处乱跑，也不要让孩子乱动他人物品，或纠缠他人。

三、乘坐火车的要求

乘坐火车的礼仪内容包括上车、寻位、休息、用餐、交际、下车等几个方面。

1. 上车须知。上火车的程序，由下述三个环节构成，对其中每一个步骤，都不应轻视、忽略。

（1）持票上车。乘坐火车，应预先购票，持票上车。来不及买票，可购一张站台票上车，预先声明，并尽快补票。

（2）排队上车。在候车室等候检票要排队，在站台上，待火车停稳，方可在指定车厢前排队上车。不要拥挤，更不要从车窗上车或是从车窗下穿行。

（3）行李定量。火车对乘客所携物品内容、数量均有规定。必要时，应办理托运手续。当工作人员检查行李时，应主动予以配合。

2. 就座须知。上火车后，寻找座位时，须注意以下六点。

（1）乘坐指定车次。坐火车一定要乘坐车票上所指定的车次，不要上错车次。为防止上错车次，明智的做法是上车时，再问一下乘务员，确保车次无误。

（2）乘坐指定座位。车票因价格不同，而使座位有所差别。如硬卧与软卧、硬座与软

第十章　出行礼仪

座，有无空调等。

（3）中途上车找座。中途上车找座时，应先礼貌地向他人询问，不要硬挤、硬抢、硬坐。

（4）处理身边空位。身边有空位时，则应主动请无位者就座，不要占着不让，对他人的询问不理睬，或是说假话骗走对方。

（5）让出自己座位。发现有老人、孩子、病人、孕妇、残疾人无座时，应尽量挤出地方请其就座，或让出自己座位来给对方坐。

（6）座位的尊卑。火车上座位的尊卑是，靠窗为上，靠边为下；靠右为尊，靠左为卑。面向前方为上，背对前方为下。

3. 休息须知。由于火车行程较远，因此，旅客在火车上的大多数时间里都在休息。在火车上休息，应当记住以下三点。

（1）着装文明。不准脱鞋脱袜。不准在车厢赤身裸背，下装也不要太短小。不要当众更换衣服，袒露胸怀，撩衣撩裙。

（2）姿势优雅。在座席车上休息，不准东倒西歪，卧倒于座席上、座席下，茶几上、行李架上或过道上。不准靠在他人身上，或把脚架在对面的座席之上。在卧铺车上休息，不准与恋人、配偶共享一张铺位。不应注视他人的睡相和睡前准备。

（3）管好孩子。带孩子的人，一定要管好孩子，不要让孩子随地大小便、哭哭闹闹、到处乱跑，也不要让孩子乱动他人物品，或纠缠他人。

4. 用餐须知

在火车上用餐，要注意以下两点。

（1）在餐车用餐。用餐时，应节省时间，不要大吃大喝，猜拳行令。用餐后，应立即离开，不要趁机休息、谈天占着座位影响他人就餐。

（2）在车厢用餐。可在自己的车厢内享用自己所带的食物，或购买服务员送来的饭盒。不应索要他人的东西吃，当他人请自己品尝时，应当婉言拒绝。不要在车上吃气味刺鼻的食物，吃剩的东西不要扔到过道或投出窗外。在公用茶几上，不要过多地堆放自己的食物。

5. 交际须知。在火车上与他人交际时，要注意以下三点。

（1）主动问候。上车后，应主动向邻座打招呼问好。如有必要，可简单地进行自我介绍。对方反映一般的话，你只需点头微笑一下就行了。

（2）交谈适度。与邻近的乘客交谈，要注意分寸，不要神吹乱侃。当他人兴致不高或准备休息时，应话到为止。有人想跟你交谈，不要置之不理；与异性交谈，不要涉及个人情况。

（3）相互照顾。在火车上，大家彼此要相互关心，相互照顾。别人行李拿不动时，应援之以手。有人晕车或病了，应多加体谅。他人帮助了自己，要多加感谢。

6. 下车须知。下火车时，应注意以下几点。

（1）提前准备。在到达目的地的前10分钟，应开始准备下车，以免仓促之间手忙脚乱。不要坐过了站，或下车时忘带了行李。

（2）与人道别。在下车前，应与邻人道别，没有必要主动要求与之交换地址或电话号码。遇上乘务员，应主动说一声"再见"。

（3）排队下车。下车时应自觉排队，不要往前硬挤。

四、乘船礼仪

在日常生活里，当人们在江河湖海上旅行时，要想一帆风顺，旅途愉快，与萍水相逢的其他乘客和睦相处，就要遵守有关乘船的礼仪。具体来讲是要注意安全、休息、交际三大方面。

（一）安全要求

乘船旅行，安全第一。乘坐客轮时，要具有安全意识，遵守安全规则，采取安全措施，这样才能确保旅途平安。乘船必须注意知道的问题有以下几点。

1. 上船与下船

（1）上船，一定要按先后次序排队，与尊长、女士、孩子一起上船时，应请他们走在前面，或者以手相扶。

（2）下船，要提前做好准备工作，与其他乘客一起时要相互礼让，依次而下。与尊长、女士、孩子一起下船时，可以以手相扶，或是请他们走在自己身后。

（3）上下船时，若不是走舷梯，而是走跳板或小船时，不要乱蹦乱跳，要小心翼翼。

2. 防患须知。有些人会晕船、生病，因此，在乘船之前一定要预备好一些治疗、应急的药品，以备急用。

（1）一旦晕船，应立即服药，卧床休息。如果呕吐不止，身体虚脱，就应请船上的医生进行诊治。

（2）在船上突然患病、犯病，要及时求治。

（3）若自己周围的人晕船、生病，要给予对方力所能及的帮助。

3. 室外活动须知。在轮船上进行室外活动时，以安全为重。

（1）不要去不该去的地方，如轮机舱、救生艇以及桅杆之上和没有扶手的甲板上。

（2）在风大浪高时或者深夜，不要一个人在甲板上徘徊，以免发生意外。

（3）未经允许，不要擅自下水游泳，以免被鲨鱼袭击。

4. 紧急事件须知

（1）乘船旅行途中，要是发生了难以预料的天灾人祸，例如火灾、沉船、撞船、触礁、劫船、台风等，应当处乱不惊，与其他人一同进行自救，共渡危难。

（2）如果需要离船，应当听从船员的指挥，并乘坐其安排的交通工具。不要惊慌失措，更不要跳水逃走。遇到这类事件，一定要冷静，不仅要奋起自救，而且要尽心尽力地救助其他人。

（二）休息的要求

在船上，乘客的主要时间是用来休息。在休息的整个过程中，应特别注意以下五点。

1. 寻位须知。国内客轮的舱位，分为头等舱、一等舱、二等舱、三等舱、四等舱、五等舱，一般对号入座。所以，你要是买到有座位或铺位的船票，不要争抢、占据不属于自己的席位，也不要随便同不相识者调换座位或铺位。

如果你买的是不对号的散席船票，上船后要听从船员的指示、安排，前往指定处休息，不要任意挪动或是自己选择地方。

2. 娱乐须知。在自己所在的船舱内，可以自行安排自己的活动。如观赏两岸景色，观看电视电影，收听广播、录音机，阅读书刊报纸，下棋、打扑克等。

第十章　出行礼仪

（1）注意进行自娱活动时，不要妨碍别人，影响别人休息。

（2）需要他人参与娱乐活动时，要两厢情愿，不要勉强。对要求参与娱乐活动的人或旁观者，应表示欢迎。如有必要，在进行娱乐之前，应征得周围人的同意，以免影响他人。

3. 健身须知。乘船的时间一长，往往会使人产生疲乏与不适。在这种情况下，可进行一些健身活动，活动的同时应注意以下三点。

（1）在船舱内做健身活动时，不要只管自己尽兴、舒服，而不顾其他乘客的感觉。

（2）到健身房活动或在泳池游泳时，要讲究公德，遵守秩序，爱惜公物，尊重异性。

（3）在甲板上晒日光浴时，要着装得体，不要过分地裸露身体。

4. 卫生须知

（1）在乘船地整个过程中，要始终自觉地维护环境卫生，保持环境整洁。

（2）与他人同住一个客舱时，不要吸烟。

（3）发生晕船呕吐情况，不要吐在地上，应到洗手间进行处理，或吐在呕吐袋内，然后放进垃圾桶里。

（4）对于吃剩下的食物、废弃的物品、果皮纸屑等，不可随手乱丢，也不要将其扔到甲板上或水中。

（5）由于客舱的空间狭小，因此要及时漱口、洗澡，以消除体味、汗臭。

5. 睡眠须知

（1）需要更衣时，应去洗手间内进行。睡觉前后更衣时，应回避他人的注意。遇到他人更衣时，应起身暂避。

（2）在铺位上睡觉时，要注意睡姿、睡相。不要衣衫不整，睡相难看。

（三）交际的要求

在乘船过程中，主动或被动地与其他人进行交际时，应当遵循下列的礼仪规范。

1. 与船员交际须知。乘船少不了与船员打交道。船员对乘客而言，既是服务者，也是交际对象，因此应该与船员和平相处，热情友好。

（1）当你接到船长的邀请与他同桌用餐，要高兴地接受，并准点到达。这种情况，着装应庄重、保守，不可穿短裤、背心、泳装、睡衣、拖鞋前往。

（2）与客舱服务员交际，要主动向对方打招呼。如果对方先打了招呼，你要快速回应。对方为你提供服务时，一定要感谢。

（3）与普通船员交际。平时相遇时，不管是否与其见过面，都要微笑地跟对方打一下招呼。在一般情况下，不要只身前往船员工作的地点或其住处探访。用餐吃鱼时，不要将鱼翻来翻去，也不要说"翻"、"沉"等字，这是船员最忌讳的。

2. 与其他乘客交际须知

（1）到自己所在的客舱后，应向先到的游客打个招呼。必要时，还可以简单地介绍一下自己。如果对方是个很健谈的人，你可以安顿停当后，愉快地与对方交谈。如果对方是不爱说话的人，就不要没话找话，打扰他们。

（2）由于船上的气氛比较宽松、愉快，这种氛围里，你可以结交临时的朋友，可以同他们一道在甲板上散步，看夜景，吹海风，跳舞唱歌，甚至一起用餐。但是，不要过分亲密，一定要保持合理的距离，理性地看待交往。

（3）在船上与其他乘客聊天时，要多选择轻松愉快、时尚、流行的话题。

（4）对于异性，可以大大方方地进行适度交往，可以向对方表示友好，但不可热情过度，更不要如影随形。当对方向你表示友好、热情时，也不必受宠若惊，自作多情。

（5）没有被邀请，不要到别人所在的客舱做客，尤其在夜晚、凌晨、午休时，更不要这么做。对刚刚结识的乘客，也不要邀请其到自己所住的客舱做客。

（6）下船之前，应与同舱的其他乘客道别；下船时，应与船上礼仪服务员点头道别，说声"辛苦了！"。

第二节 乘机礼仪

乘坐飞机，必须遵守有关的乘机礼仪。唯有如此，才不会有失身份。乘坐飞机的有关礼仪规范主要有先期准备、登机手续和乘机表现三个方面。

一、先期准备要求

乘坐飞机，必须掌握有关乘坐飞机的知识，以便提前做好准备。这种提前进行的准备工作，包括选定航班、购买机票、准备行李。

1. 选择航班须知。选择自己所乘的航班时，应考虑以下三点。

（1）为了节省时间、费用，选择航班时，最好选择直达目的地的航班，一般不要选择异地中转的航班，以免麻烦。

（2）大多数城市的机场设在远郊，因此应尽量挑选白天抵达目的地的航班。航班在晚上抵达目的地，会给你带来不便。

（3）选择航班时，要选择声誉好的航空公司，并且这家航空公司要拥有大型、先进机型的航班。这样的航班才舒适和安全。

2. 购买机票规定须知。购票时，应注意以下六点。

（1）持证件购票。购买飞机票时，必须出示居民身份证或其他有效证件，按规定还要填写《旅客订座单》。

（2）分等级购票。机票通常分为三个等级，其价格也不同。其中，头等舱机票最贵，公务舱机票次之，经济舱机票最便宜。

（3）机票有效期。按规定：正常标价的机票有效期为一年。在此期限之内，一般可按规定变更旅行日期或者退票。一旦过期，机票将被视作无效。在有效期间，机票可进行变更，但以一次为限，并须在航班规定的离港前24小时内提出。

（4）机票不得转让。机票上均列有旅客的姓名，按规定只供旅客本人使用，不得擅自涂改或转让他人。

（5）机票必要时要再证实。旅客持有订妥座位的联程或回程机票，如在该联程或回程地点停留72小时以上，须在该联程或回程航班飞机离港前两天、中午12点以前，办理座位再证实手续。否则，原订座位将不予保留。

（6）退票。民航规定：在机票上列明的航班规定离港前24小时之前退票，收取客票价5%的手续费；在航班规定离港前24小时之内两小时以前退票，收取客票价10%的退票费；在航班规定离港前两小时以内退票，收取客票价20%的退票费；在航班规定离港时间后退票，按误机处理，收取客票价50%的退票费。

3. 准备行李规定须知。有关乘客所携带行李的规定有以下四点。

（1）随身携带的行李。持头等舱票的旅客，每人可随身携带两件物品；持公务舱或经济舱票的旅客，每人只能随身携带一件物品。每件物品总重量不得超过 5 公斤，其大小则应限制在长 55 厘米、宽 40 厘米、高 20 厘米之内，否则不准带入机舱。

（2）免费托运的行李。每位旅客可免费托运一定数量的行李，免费额为：头等舱 40 公斤，公务舱 30 公斤，经济舱 20 公斤。超额的行李应付费托运。

（3）托运行李的规格。交付托运的行李，每件不得超过 50 公斤，其大小应限制在长 100 厘米、宽 60 厘米、高 40 厘米之内。另外，还应包装完好，捆扎牢固，锁闭严实，并能承受一定压力。

（4）禁止托运的物品。按照规定，禁运物品、限制运输物品、危险物品以及具有异味或容易污损飞机的其他物品，不准托运或随身携带。重要的文件资料、外交信贷、证券、货币、汇票、贵重物品、易碎易腐蚀物品，以及其他需要专人照管的物品，也不宜交付托运。枪支、弹药、刀具、利器等，不准随身携带乘机。不准随身携带乘机的物品还有动物、磁性物质、可聚合物质、放射性物质等。

二、 办理登机手续的要求

民航规定：旅客必须在机票上列名的航班规定离港前 90 分钟到达指定地点，办理登机手续。在航班规定离港前 30 分钟，登机手续将停止办理。除托运行李之外，需要办理的登机手续主要有交纳机场建设费、换取登机牌、接受安全检查等几项。

1. 交纳机场建设费。每位旅客，在登机前必须交纳机场建设费，否则不准登机。

机场建设费，是我国各地机场向所有飞机乘客普遍征收的、用以建设、维护机场的一种为国家所批准的特种附加费，其收取金额是全国统一的。交纳机场建设费后，应保留好收据，以供机场工作人员检查时出示。

2. 换取登机牌。旅客在登上飞机前，必须在机场内的指定处换取登机牌，再凭登机牌登机，而不能直接手持机票登机。

换取登机牌的时候，应注意以下两个环节。

（1）换取登机牌的所需凭证。换取登机牌时，应向工作人员出示机票、身份证或其他有效证件、机场建设费交纳凭据，三者缺一不可。换取登机牌之后，应妥善保存，不得丢失，否则将难以登机。

（2）交运行李。在换取登机牌的同时，可办理托运行李的手续。托运行李的票据一定要保存好，以便提取行李时作为凭证。

3. 接受安全检查。为了确保飞机飞行的安全，每位乘客登机前，必须接受例行的安全检查。检查的对象是所有的乘客及其随身携带的行李物品。乘客在接受安全检查时，应注意以下三点。

（1）接受技术检查。接受此种检查时，乘客必须通过特制的安全门。接受检查之前，应取出自己身上全部的金属制品，以保证检查的顺利进行。

（2）接受手工检查。手工检查，即旅客人身或其随身携带的行李由专门的检查人员进行手工触摸。进行人身检查时，通常由同性别的安检人员担任。

（3）自觉进行配合。接受例行的安全检查时，要主动、自觉地进行合作。

三、 乘机礼仪规范

乘坐飞机期间，一定要约束自己的行为，尊重乘务人员、善待其他乘客，使自己的言行合乎礼仪规范。

1. 严格要求自己、约束自己，做一个有素养的人，必须注意以下五点。

（1）不侵占别人的位置。上飞机后，应凭登机牌上指定的座位就座。坐好之后，腿、脚不要乱伸乱动，更不要伸向别人的座位下。

（2）不贪图小便宜。阅读用的书刊、洗手间里的卫生纸、座位底下的救生衣、座位上方的氧气面罩，均不可取走。

（3）不乱动乱摸。对机上的一切禁用之物、禁动之处，不可因好奇而乱摸乱动，不然很有可能危及飞机上全体乘客的生命安全。

（4）不使用违禁物品。在机上不准吸烟，不准用移动电话、激光唱机、手提电脑、调频收音机、电子游戏机以及电子玩具等有可能干扰无线信号的物品，否则极有可能危害自己和他人的生命安全。

（5）不破坏环境卫生。在机上绝对不能乱扔、乱吐东西，不能当众更换衣服，更不能脱去鞋袜。如具因晕机呕吐，应及时使用专用的呕吐袋。

2. 尊重乘务人员。登机后，要尊重、支持、配合机组乘务人员的工作。

（1）上下飞机时，会有机组乘务人员在机舱门口列队迎送，并主动向你打招呼、道问候，此时，你一定要友善的回应。

（2）当乘务人员送来饮料、食物、报刊，或是引导方向、帮助你搬放行李时，应主动说一声"谢谢"。

（3）飞机升空或降落前，乘务人员都要巡视、检查每位乘客的安全带是否扣好、座位是否端正、身前小桌是否收起，此刻，应服从指挥。

（4）万一遇上飞机晚点、停飞、返航或改降其他机场，不要向乘务人员大发脾气，尤其不要骂人、打人、侮辱人，更不能用武力。

（5）乘务人员的工作很辛苦，一定要体谅她们。不要随便摁呼叫按钮，唤她们跑来跑去；更不要跟空姐开过头的玩笑，或动手动脚。

3. 善待其他乘客。在飞机上，不要妄自尊大，目中无人，跟其他乘客应当和睦相处，友好相待。

（1）在上下飞机、使用卫生间时，应自觉排队等候。下飞机之后领取本人行李时，也要注意这一点。

（2）飞机飞行期间，尤其是飞机夜间飞行或身边的乘客休息时，不要高谈阔论，以免影响他人休息。

（3）在飞机上，不要反复打量、窥视其他乘客。尤其对女士，不应当这样做。没事情时，也不要到处乱走瞎逛。

（4）在座位上，不要晃动不止，以免妨碍身边的人。不要把靠背调得太朝后，使身后的人活动不便。

第三节 住宿礼仪

一、宾馆住宿礼仪

客房，是宾馆里供客人用作休息的房间。

在客房之内，住宿客人应当掌握相应的礼仪规范，以展示个人的良好教养。具体应注意以下三个方面。

（一）人际关系的要求

在客房休息时，你所要接触的主要包括宾馆服务员、同屋室友、周围邻居等。在处理这些关系时，应遵守敬人为先，克己自律的原则。

1. 与服务人员打交道须知

（1）对服务人员，应平等相待，尊重他们的劳动和人格。

（2）出入宾馆大门时，当门童为自己开启大门，或向自己问好时，要表示感谢。

（3）保安人员打量或者盘问时，要友善地合作，不要不满或者趾高气扬。

（4）在登记客房时，要友好地出示有效证件，并且耐心地等待对方办好全部手续。

（5）搭乘有人服务的电梯时，不要自己操作，而无视对方的存在，应口齿清晰地报出要到的楼层，并随后道一声"谢谢"。

（6）行李员到房间送或取走行李时，应表示谢意，不要不搭不理，或提出过高要求。

（7）客房服务人员进入客房打扫卫生，送开水、报纸时，应表示欢迎并道谢；在走廊里遇到客房服务员向你打招呼时，应友好致意。

（8）打总机人工转接的电话时，要向接线员问好或者道谢，不要粗声粗气，说话低俗。

（9）客房内个别设备出现故障，维修工人修理时，不要刁难对方或是小题大做。

2. 与来访客人打交道须知。宾馆不提倡在客房内会见来访的客人。必要的话，宾馆大堂与咖啡厅是接待访客的最佳场所。当然，偶尔在客房里会见来访的客人，也是允许的。但以下六个戒条应该谨记。

（1）在客房里，接待的客人数目不宜过多。否则，人生嘈杂会破坏宾馆的肃静，影响他人休息。

（2）在客房里，待客的时间不宜过久，否则会让外人产生误会。

（3）不允许来访客人在客房留宿，或使用客房内的各种设备。

（4）不要在客房内接待普通关系的异性客人。如果接待的话，最好不要关闭房门，时间也不要长于半小时，以防被人误会。

（5）不要邀请刚刚结识的人到自己所住的房间作客，以免造成不必要的麻烦或损失。

（6）在客房内，不要让按摩人员上门服务，也不要请态度暧昧的异性到房间玩。

3. 与周围邻居打交道须知

（1）进出自己客房时，如果遇上周围的邻居，可先打招呼。若对方先打了招呼，应给予回应。此后再见面时，应先问候对方。

（2）周围邻居求助于你时，如有条件，应尽力相助，不要断然回绝。

（3）不请刚认识的邻居到自己客房里做客，你也不宜前去打搅。有必要前去时，要得到对方允许再进入。夜晚10点之后，早上8点之前，不要前去打扰；午休时，也不要登门拜访对方。

（二）享受服务的要求

住宿宾馆，是为了享受它所提供的高档次的服务。要充分享受宾馆所提供的常规服务，就必须对其有一定程度的了解。千万不要自以为是，不懂装懂，硬充内行，而闹出笑话来。要享受宾馆为客人提供的常规服务，需要注意以下几点。

1. 了解服务业务。在客房内备有客人须知、业务介绍等各种资料。入住以后，一定要详细阅读，以便全面地了解宾馆为客人提供的各项业务，并酌情享用。

2. 财务存放服务。许多宾馆都有为住宿客人免费提供存放贵重物品的业务，因此入住之后，将自己的贵重物品交予宾馆方面代为存放，不要因为怕麻烦而造成财产损失。

3. 告示牌服务。进入客房后，应立即关闭房门。休息时，应在门外把手上悬挂专用的"请勿打扰"的告示牌，或者开启"请勿打扰"指示灯。若离开房间时，应在门外把手上悬挂"请打扫房间"的告示牌，或开启"请打扫房间"的指示灯，以便客房服务员进行工作。

4. 衣物洗涤服务。住宿宾馆后，如需清洗衣物，应将衣物装入专用的洗衣袋放在客房内或交给客房服务员。若需要快洗，要事先说明，并多付费用。

不要在客房内大洗衣服，就是自己洗了一些衣服，也不要挂在窗外、房内、走廊上或阳台上，只许晾在卫生间里边。

二、 保持卫生的要求

入住客房后，应自觉保持卫生，这是对客房服务员辛苦工作的起码尊重。保持客房卫生，这方面应该注意到的事项大致有以下几点。

1. 个人物品要整洁。在客房里，个人物品一定要分类摆放、定位摆放，以便用起来方便，看起来也舒服。具体做法如下。

（1）大件物品放壁橱里。

（2）小件物品放抽屉里。

（3）不要将小件物品，如钱包、钢笔、电子记事簿等，乱扔在桌子上或放在枕头下面、毛毯之中，这样很有可能被客房服务员当作无用的物品清理掉。

2. 房间要整洁

（1）脱衣休息时，衣服、鞋袜应分别放好，不要随手乱抛、乱丢。

（2）休息过后，起床应将被子、毛毯叠好，并摆放整齐。

（3）在客房内吃水果、糖果、点心时，不要将果皮、纸屑丢在地上，应将其放入果盘或倒进垃圾桶内。

3. 浴室要卫生

（1）在浴室里洗脸、洗澡时应采取必要的措施，如使用防水帘，减少水量等，以防水溅到地面上。

（2）洗脸、洗澡后，要将水放掉，并将浴盆、浴缸洗净。

（3）大小便后，一定要立即放水冲洗干净。

（4）打开排风扇进行通风，除去室内气味，待空气清爽后，关闭排风扇。

4. 房内空气要卫生

（1）在客房内，不要吸烟。要吸烟的话，也不要乱弹烟灰、乱扔烟头，应将烟灰和烟头弹进、放进烟灰缸里，以免烧毁地毯。

（2）不要在室内吃气味难闻的食物、水果，不要存放腐败的食物。

（3）在夏天，衣服要勤换勤洗，也要勤洗澡，以消除不洁的体味，保持房内空气的清新。

三、内部活动礼仪

在宾馆里，有娱乐、餐饮、购物、通信、办公等多种设施。因此，在宾馆内部活动时，都应遵守以下礼仪规范。

（一）对着装的规定

在宾馆内部活动时，着装既要与周围的环境相协调，又要文明得体，不失身份。在这方面，对住宿者与非住宿者的具体要求稍有不同。

1. 住宿者须知。如果你是住宿在宾馆的人，在活动时，不允许身着睡衣、内衣、拖鞋出现在宾馆的公用、共享空间；也不允许光着膀子出行。

2. 非住宿者须知。如果你是到宾馆拜访友人的，要着装文明，切勿衣冠不整。具体而言，宾馆不欢迎衣衫不整者、不修边幅者入内；更不接纳穿背心、短裤、拖鞋的男士，穿泳装、三点式、睡衣的女士。

（二）活动的要求

在宾馆内活动，既要不超过规定的活动范围，又要注意自己的行为举止不妨碍别人。

一般能够活动的空间主要指宾馆所划定的公用、共享空间，例如大堂、餐饮、娱乐、购物、通信等场所。不能活动的空间指非公用、共享的内部空间以及危险之处，例如企业的办公室、其他客人的客房、宾馆服务人员的休息室、楼顶等处，均是一般客人的活动禁区。

1. 走动注意事项

（1）在宾馆内走动时，要保持正常的速度，要大大方方，不慌不忙。没有特殊原因，不要在宾馆内紧赶慢跑；也不要四处乱溜达，免得引起别人误会。

（2）不要跟随别人，在无人的地方尤其应注意这一点。如果你是单身女士，请不要长时间独自一个人在宾馆内的公共场所停留，以免被人误会。

（3）走动的时候，不要弄出声响。尤其穿钉有金属鞋跟、鞋掌的人，更要注意这一点。

2. 交谈

（1）在宾馆内的走廊、电梯、楼梯等处，遇到友人，除打招呼之外，不宜逗留过久。打算与他人在宾馆内找个地方畅谈的话，最佳的地点是大堂、咖啡屋或酒吧。

（2）在大堂、咖啡屋、酒吧与人交谈时，应注意调低音量，不要高谈阔论，大声说笑；也不要一边与熟人交谈，一边窥视陌生人，这样易给人以轻浮之感。

（三）用餐的要求

在宾馆内用餐时，应注意以下三点。

1. 耐心等候

（1）想要到宾馆的餐厅用餐时，最好提前打电话预订座位。如果临时决定前去的话，碰上人多，要按先来后到的顺序，耐心地排队等候，不要强占座位。

（2）进入有空位的餐厅，应在服务人员的指定之处就座。有特殊要求可提出，而不应与其他人争座、抢座。

（3）酒吧里的座位往往不甚讲究，与其他人可以同坐一桌，但就座前，先要争得对方同意。

2. 尊重侍者

（1）在点菜、用餐、要饮料时，对侍者要和气。面对年轻女侍者时，不要有调侃、纠缠对方的粗俗的举止。

（2）若对菜肴、酒水有要求、有意见，可向侍者提出，但不要要求过高。当自己的要求难以满足时，要保持克制，不要怒发冲冠，拍桌子砸碗，辱骂侍者。

3. 禁止酗酒

（1）在餐厅、酒吧内饮酒，应控制酒量，不能酗酒，更不能大发酒疯。

（2）饮酒时不能与人划拳行令，大声喧哗，更不能借机聚众闹事。

（四）娱乐的要求

设施完善的宾馆内设有歌厅、舞厅、氧吧、泳池、台球厅、桑拿浴等娱乐、健身场所。在这种场合娱乐健身时，应注意以下礼仪规范。

1. 着装的规定

（1）在宾馆内娱乐、健身时，打扮得只要行动方便，便于娱乐，吻合环境，即为得体。

（2）娱乐、健身场合的着装只适应于娱乐、健身场合，切勿将它穿去其他地方。

（3）娱乐、健身时的打扮不要过于怪异。例如，女士不宜穿黑皮短裙、黑色网眼丝袜；男士不宜打扮得过于花哨。

2. 合作规定

（1）在娱乐、健身时，使用某种设施时，不要一人独霸。他人想加入合用时，应表示欢迎；打算与他人合用时，应先礼貌地征得对方的同意。

（2）需要与其他人合作时，应彬彬有礼地发出邀请，不要勉强对方；他人邀请自己合作时，最好不要拒绝。假如想拒绝，也要先说"对不起"，然后说明理由，不要使对方尴尬。

3. 异性间交往规定

（1）在娱乐、健身场所，邀请异性合作时，必须尊重对方，不可调戏、逗弄。

（2）男士对女士要有绅士风度，要多加关照。对初次相识者要保持适当的距离，不可一见如故，口无遮拦，开黑色幽默，更不可动手动脚，骚扰对方。

（3）女士对男士要保持端庄贤淑的气质，要对初识者保持适当的距离，不可对男士抛媚眼、撒娇；更不可花男士的钱，这样有失自己的尊严。

（五）购物的要求

在宾馆里，一般都设有商场、超市、专卖店或商品柜台，供客人选购。在这类地方购物时，要注意以下四点。

1. 存包规定。进入自选的超级市场购物，如要求存包，应自觉遵守。没有必要的话，不要携带其他商品进入自选商场，以免生出麻烦。

2. 挑选规定。挑选商品时，不要漫无目标，随手乱指。对未选定的商品，不要乱动、乱用、乱抠、乱摸，以免造成损坏。

3. 付款规定。付款时，应当面与售货员做到货、钱两清。宾馆内的商品大多较贵，付款前要看清楚，不要到时捉襟见肘，当众出丑。

4. 退货规定。购买商品后，应保留发票，以供退、换商品之用。在退、换商品时，理由要充分，说话要客气，不要指责售货员或是冤枉对方。

第四节　电梯礼仪

电梯是大多数人生活中密不可分的交通工具，但懂得电梯礼仪和乘坐电梯时注意电梯礼仪的人并不多。搭乘电梯看似平常，却被许多职场人士列为头号尴尬情景，其实只要明确一些原则，尴尬是可以避免的，懂得一些电梯礼仪，让你在乘坐电梯时即安全又得体！

一、搭乘电梯的一般礼仪

电梯门口处，如有很多人在等候，此时请勿挤在一起或挡住电梯门口，以免妨碍电梯内的人出来，而且应先让电梯内的人出来之后方可进入，不可争先恐后。

靠电梯最近的人先上电梯，然后为后面进来的人按住"开门"按钮，当出去的时候，靠电梯最近的人先走。男士、晚辈或下属应站在电梯开关处提供服务，并让女士、长辈或上司先行入电梯，自己再随后进入。

在电梯里，尽量站成"凹"字形，挪出空间，以便让后进入者有地方可站，进入电梯后，正面应朝电梯口，以免造成面对面的尴尬。在前面的人应站到边上，如果必要应先出去，以便让别人出去。

二、共乘电梯所要注意的礼仪

（一）日常乘电梯礼仪

1. 为了您和他人的方便，切忌为了等人，让电梯长时间停在某一楼层，这样会引起其余乘客的不满。但也不要不等已在电梯门口的人，一上电梯就关门。

2. 进出电梯要礼让，先出后进。遇到老幼病残孕者，应让他们先行。如果电梯里人很多，不妨静候下一趟电梯。

3. 拎着鱼、肉等物品时，要包裹严密，尽量放在电梯角落，防止蹭在他人身上。

（二）与上司共乘电梯

1. 身为下属的你最好站在电梯口处，以便在开关电梯时为上司服务。而上司的理想位置是在对角处，以使得两人的距离尽量最大化，并卸下下属的心理负担。

2. 在电梯里讲话时不宜盯着对方的眼睛不放，目光可适当下移，以嘴巴和颈部为限。

3. 因电梯空间很小，所以讲话时最好不要有手部动作，更不能指手画脚，动作过大。

4. 打破沉默并不是下属的专利，上司也可利用这几十秒钟增进对下属的了解。

5. 如果上司正在思考或明显不想开口，那也完全没必要非要找个话题。
6. 酒后或吃大蒜后，最好嚼块口香糖再上电梯，而香烟则应在上电梯前掐灭。
7. 上下梯时长者、女士优先。

（三）与客人共乘电梯

1. 伴随客人或长辈来到电梯厅门前时，先按电梯上下的按钮。轿厢到达厅门打开时，若客人不止一人时，可先行进入电梯，一手按"开门"按钮，另一手按住电梯侧门，礼貌地说"请进"，请客人们或长辈们进入电梯轿厢。

2. 进入电梯后，按下客人或长辈要去的楼层按钮。若电梯行进间有其他人员进入，可主动询问要去几楼，帮忙按下。电梯内可视状况是否寒暄，例如没有其他人员时可略做寒暄，有外人或其他同事在时，可斟酌是否必要寒暄。电梯内尽量侧身面对客人。

3. 到达目的楼层：一手按住"开门"按钮，另一手并做出请出的动作，可说：到了，您先请！客人走出电梯后，自己立刻步出电梯，并热诚地引导行进的方向。

（四）进出电梯的礼仪

要注意出入顺序。与不认识的人同乘电梯，进入时要讲先来后到，出来时则应由外而里依次出入，不可争先恐后。不要一上电梯就站在门口，挡住别人，或与他人面对而立。如果够不着所在楼层的指示键，可以请人代劳并致谢。在电梯里不要总对着镜子整理服饰。

一、简答题

1. 乘坐公共汽车、火车、轮船各有什么礼仪上的要求？
2. 分别说明人们乘坐飞机时的先期准备、登机手续与乘机礼仪的要求。
3. 简述电梯礼仪的要求。
4. 简述宾馆住宿要注意的礼仪。

二、案例拓展训练与分析

案例一：

你是否像小王？

某公司王先生年轻肯干，点子又多，很快引起了总经理的注意并拟提拔为营销部经理。为慎重起见，决定再进行一次考查，恰巧总经理要去省城参加一个商品交易会，需要带两名助手，总经理于是选择了公关部杜经理和王先生。王先生自然同样看重这次机会，也想寻机表现一下。出发前，由于司机小张乘火车先行到省城安排一些事务尚未回来，所以，他们临时改为搭乘董事长驾驶的轿车一同前往。上车时，王先生很麻利地打开了前车门，坐在驾车的董事长旁边的位置上，董事长看了他一眼，但王先生并没有在意。车上路后，董事长驾车很少说话，总经理好像也没有兴致，似在闭目养神。为活跃气氛，王先生寻一个话题："董事长驾车的技术不错，有机会也教教我们，如果都自己会开车，办事效率肯定会更高。"董事长专注的开车，不置可否，其他人均无应和，王先生感到没趣，便也不再说话。一路上，除董事长向总经理询问了几件事，总经理简单地作回答后，车内再也无人说话。到达省城后，王先生悄悄问杜经理：董事长和总经理好像都有点不太高兴。杜经理告诉他原委，他才恍然大悟。会后从省城返回，车子改由司机小张驾驶。杜经理由于还有些事要处理，需在省城多住一天，同车返回的还是4人。这次不能再犯类似的错误了，王先生想。于是，他打开前车门请总经理上车，总经理坚持要与董事长一起坐在后排，王先生诚恳地说："总经理您如果不坐前面，就是不肯原谅来的时候我的失礼之处。"并坚持让总经理坐在前排才肯上车。回到公司，同事们知道王先生这次是同董事长、总经理一道出差，猜测着肯定提拔他，都纷纷向他祝贺。然而，提拔之事却一直没有人提及。

问题：案例中的小王在乘车时有哪些不妥之处？

案例二：

<h3 style="text-align:center">投诉电梯</h3>

一家五星级酒店有部观光电梯，入住酒店的客人，都要乘坐这部电梯上下，从来没有客人对它有什么看法。一天，一位来自英国的女士把这部电梯投诉到了总台，并要求见酒店经理。经理有些摸不着头脑，难道是电梯出了问题，让她在乘坐时感到不舒适。细问之下才知道，原来，这位英国女士住在16层，早晨，她准备到二楼用自助餐，在16层等电梯时，电梯开了，但门口站着三四个人，没有让开身子的意思。她想，总不能挤进去吧，于是等他们让开身子，但直到电梯门自动关上，他们仍然站着没动。经理听完，差一点就要笑了。就这么一件小事，也值得投诉？！女士接下来的话，却让经理十分难堪。女士说："客人乘电梯时没有礼仪，固然是他们自身的原因。但是我在电梯里找了半天，也没有发现类似的提醒启事，这说明你们在纵容这种行为，管理存在很大问题。"后来经理才知道，这位女士是英国一家酒店连锁公司的总裁，她对酒店的管理十分精到。这看似一个酒店管理瑕疵，其实是一个国家的文明礼仪问题。如果你生活在都市，有过乘电梯的经历，你就会一声叹息：为了方便自己出入，挤在门口；看到有人从远处跑来，让电梯门自动合上；争先恐后地往里挤等。这些细节，我们习以为常，见怪不怪。关于电梯礼仪问题，新加坡曾经掀起过一次"运动"，更让人惊讶的是，这场"运动"的发起者是时任总统的吴作栋。吴作栋亲自制定了乘坐电梯的礼仪，让国民遵守。这些礼仪通过十年的普及，现在，新加坡大多数高楼电梯里，很少看到争先恐后、你拥我挤的情景。教化需要一个过程。一个国家的文明程度的养成，往往需要时间，需要对规则一以贯之的遵守。

问题：案例中的电梯为什么受到投诉？你所了解的电梯礼仪有哪些？

训练一：模拟与客户同乘出租车。

训练二：模拟开私家车接客户。

训练三：模拟与公司同事坐火车出差。

第十一章 网 络 礼 仪

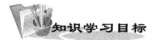
知识学习目标

通过本章的学习，了解网络礼仪的主要概念，具体的网络礼仪及网络礼仪的特点。

随着互联网的应用，网络在人们的日常生活中起着越来越重要的作用。如何更好地在网上和人沟通也需要技巧和艺术，网络礼仪的有效应用能帮助人们解决网络生活的问题。忽视网络礼仪的后果，可能会对他人造成骚扰，甚或引发网上骂战或抵制等事件，虽然不会像真实世界一样动武造成损伤，但对当事人也会是一种不愉快的经验。

第十一篇 河谷冲积

第一节 网络礼仪概述

一、网络礼仪的概念

今天人们经常使用的"网络礼仪"概念，是从英语 Netiquette 翻译而来，这是一个近年来才出现的新的英文单词，由"网络"（Network）和"礼仪"（Etiquette）组合而成。英语中 Etiquette 既指礼节、礼仪，如外交礼节（Diplomatic Etiquette），又指（同业间的）规矩、成规和行为格式，如医务界的成规（Medical Etiquette），或违反比赛规则（be against the etiquette of the game）等。

网络礼仪是网络行为文明程度的标志和尺度。现有的网络礼仪"格式"实际上是人们"应该"做的基本行为准则，网络人都认为这些是起码的道德要求，一个人如果连这些都做不到或不会做，很难相信他能够遵循更严格、更高的网络道德标准。就像一个售货员连起码的礼貌语言都不愿用，顾客很难相信他（她）的其他商业行为和日常行为会做得更好。从人们直接交往，到电话交往，再到网络交往，是人类交往方式的进步和变化，与此相适应也要求人们采用新的、变化的交往礼仪。

我们认为网络礼仪是互联网使用者在网上对其他人应有的礼仪，真实世界中，人与人之间的社交活动有不少约定俗成的礼仪，在互联网虚拟世界中，也同样有一套不成文的规定及礼仪，即网络礼仪，供互联网使用者遵守。

二、网络礼仪的组成

（一）招呼礼仪

在日常人际交往中，我们对不同身份和年龄的人有不同的打招呼方式和礼节，如对长辈称呼"您"，对同辈和晚辈可以用"你"。而在网络上，交谈双方的身份常常是不清楚的，这时你就必须考虑到"礼节"，如目前网络礼仪要求大写对方姓名的字母就是表示你对对方的一种尊重，小写则意味着一种不礼貌的行为。随随便便地往别人的"信箱"发信，或者发送广告单之类的东西也可以看成是不礼貌的行为，就像我们未经许可随便进入别人家里，或进门不敲门一样属于"非礼"行为。学会网络上新型的"招呼"方式和"结识"礼仪，是网络者行为礼仪的初级教程。

（二）交流礼仪

网络的一个最大优点就是为人们交流提供了方便、多样的方式，正是如此，也使得网络交流礼仪显现纷繁复杂的局面。如中国人常说，礼尚往来。也许这在交往范围较窄的"前网络"时代，你还可以从容"应付"，但以网络为媒介扩大了的交往中，信息量剧增，交往者众多的情况下，你就可能来不及"应付"，回不回复就成了一个问题。

（三）表达礼仪

表达礼仪可以表明一个人的态度和情感，如在网络上，表达幽默可以用三个符号：冒号（：）、连字号（-）和右括号（）)组合起来表示，成了：-)，这个合成符号按顺时针方向旋转90°就像一张笑脸，为什么要这样做呢？这可以表明发信者对所表述信息的基本态度,可以让收信人决定对待这条信息的方式,他看了这个符号后可以像对待一个幽默故事那样轻松处置,不必当真,否则收信人会对信件产生歧义。这实际上是一个"礼仪",一种方式,一种约定成俗的"规矩",在表明你的行为的同时,也表明对对方的尊重。

三、网络礼仪的特点

（一）普遍公认性

由于人类各民族地域和传统的差异,目前存在的交往礼仪也是千姿百态,同样的行为会有不同的"表达式"和"礼仪",对同样的行为也有不同的道德价值判断标准,如有的民族见面拥抱是礼仪,有的民族则认为这是"非礼",有的民族点头表示同意摇头表示拒绝,有的则相反。而网络礼仪则要求某种一致的"格式",只要是"在线"居民,大家都必须认同一致的行为方式,不仅仅是一般意义上的"可以理解",而且要求共同遵守。信息网络把各个区域连成一片,大多数情况下,要求有统一的规则,制定一致的信号,网络礼仪就是这样的标准和方式。

（二）技术可行性

网络社会,信息是靠电子通道传输的,因此礼仪的表达受到"线路"的制约,当多媒体传输技术没有普遍实行时,你的礼仪表达式只能是符号式的,我们日常表示礼仪的方式,握手、敬礼、干杯等不可能通过网络"现实化",只能是符号"象征化"。网络礼仪是符号礼仪,是技术的"需要"又是技术的"必然"。

（三）可理解性

网络礼仪的一些规则是从排除背景差异而达到正常交流的要求出发的,它要求某种行为方式整齐划一,看起来可能"严格"或者"繁琐",但却是必要的。如一些网络组织和信息服务机构要求进入者和索取信息者一项一项地填写自己的个人资料就是为了更多地了解你,你不要总认为自己了解自己就行,而让对方多了解你,这样才能更好地促进交流。你必须感觉到,你面对的不是电脑屏幕,而是网络中许多的生命体,网络中流动的是符号化了的你,别人对你来说也是一样。而且,网络礼仪是一种行为格式,就像语言格式一样,"语法"保证了它的可理解性,你遵守了语法规则,人们才能理解。

（四）弱强制性

从礼仪的一般特征看,礼仪都具有一定程度的强制性,它既然是固化、形式化了的行为方式,就"应该"而且在某些场合"必须"执行。当然,各种礼仪的强制度是不一样的,有些生活礼仪较弱,甚至可能变通。而有的礼仪,如宗教仪式,参加某种组织的加入仪式或庆典祭祀活动,其礼仪就具有较高的"强制性"。

网络礼仪的"弱强制性"是指网络行为主体由于网络行为本身的特点,更具有自主性和自由度,没有人站在你的身旁看着你做什么,技术的局限性和方便性,也许加上我们今天价值观中对隐私权的尊重,使得行为者在许多情况下即使做了不道德的事也能不为人知,因此网络礼仪和规范在今天很大程度上只是一些"建议",它的"弱"性可想而知。

第二节　网络礼仪的基本内容

一、电子邮件礼仪

如今互联网每天传送的电子邮件已达数百亿封，但有一半是垃圾邮件或不必要的。"在商务交往中要尊重一个人，首先就要懂得替他节省时间"，电子邮件礼仪的一个重要方面就是节省他人时间，只把有价值的信息提供给需要的人。

写电子邮件就能看出一个人为人处世的态度。你作为发信人写每封电子邮件的时候，要想到收信人会怎样看这封电子邮件，时刻站在对方立场考虑，将心比心。同时勿对别人的回答过度期望，当然更不应对别人的回答不屑一顾。

（一）电子邮件主题

主题是接收者了解邮件的第一信息，因此要提纲挈领，使用有意义的主题行，这样可以让收件人迅速了解邮件内容并判断其重要性。

1．一定不要空白标题，这是失礼的。

2．标题要简短，不宜冗长。

3．标题要能真实反映文章的内容和重要性，切忌使用含义不清的标题，如"王先生收"。

4．一封信尽可能只针对一个主题，不在一封信内谈及多件事情，以便于日后整理。

5．可适当用使用大写字母或特殊字符（如"＊"、"！"等）来突出标题，引起收件人注意，但应适度，特别是不要随便就用"紧急"之类的字眼。

6．回复对方邮件时，可以根据回复内容需要更改标题。

（二）电子邮件的称呼与问候

1．恰当地称呼收件者

邮件的开头要称呼收件人。这既显得礼貌，也明确提醒收件人，此邮件是面向他的，要求其给出必要的回应；在多个收件人的情况下可以称呼"大家"、"ALL"。

如果对方有职务，应按职务尊称对方，如"×经理"；如果不清楚职务，则应按通常的"×先生"、"×小姐"称呼，但要把性别先搞清楚。

不熟悉的人不宜直接称呼英文名，对级别高于自己的人也不宜称呼英文名。称呼全名也是不礼貌的，不要逮谁都用个"Dear×××"，显得很熟络。

2．电子邮件开头结尾要有问候语

最简单的开头写一个"Hi"，中文的写个"你好"；结尾常见的写个"Best Wishes"，中文的可以写个"祝您顺利"等。

（三）电子邮件正文

1．正文要简明扼要，行文通顺。

2．注意论述语气。根据收件人与自己的熟络程度、等级关系，邮件是对内还是对外性质的不同，选择恰当的语气进行论述，以免引起对方不适。

尊重对方，"请"、"谢谢"之类的语句要经常出现。

3. 正文多用明确的列表,以清晰明确。
4. 避免拼写错误和错别字。
5. 合理提示重要信息。
6. 合理利用图片,表格等形式来辅助阐述。

(四) 电子邮件的附件

1. 如果邮件带有附件,应在正文里面提示收件人查看附件。
2. 附件文件应按有意义的名字命名。
3. 正文中应对附件内容做简要说明,特别是带有多个附件时。
4. 附件数目不宜超过 4 个,数目较多时应打包压缩。
5. 如果附件是特殊格式文件,因在正文中说明打开方式,以免影响使用。
6. 如果附件过大,应分割成几个小文件分别发送。

(五) 电子邮件结尾签名

每封邮件在结尾都应签名,签名时要注意:
1. 签名信息不宜过多;
2. 不要只用一个签名档。

(六) 电子邮件的回复

1. 回复及时。及时回复是对他人的尊重,理想的回复时间是 2 小时内,特别是对一些紧急重要的邮件。

对每一份邮件都立即处理是很占用时间的,对于一些优先级低的邮件可集中在一特定时间处理,但一般不要超过 24 小时。

2. 回复有针对性。
3. 回复不得少于 10 个字。
4. 不要就同一问题多次回复讨论。

二、 网络新闻礼仪

网络新闻是 Internet 所提供的著名的服务之一。今天,Internet 上的网络新闻涉及的范围非常广泛,从科学、教育、文化讨论到政治、经济、音乐,从幽默、烹饪、健美到电影、小说、股票等,几乎无所不包。而且由于建立一个网络新闻是一件非常容易的事,几乎每天都会出现大量的新的网络新闻。因此,网络新闻的功能和变化是相当大的,一个网络用户几乎可以在任何时候找到他所感兴趣的网络新闻并且加入进去,他也不可能预料可能会出现什么样的新的网络新闻。

网络用户参加网络新闻,如网络新闻组,实际包含一系列具体的网络行为,而每一个具体行为都要遵守一定的规则和"礼仪"。如阅读、选择网络新闻、订阅或退出新闻组、投送新闻稿件、新闻组的管理、对新旧新闻的增删等,都有其规矩,或许每个新闻组自己也为其成员制定了自己的规则,这就是网络新闻的礼仪。

基本的在线交流礼仪要求如下。
1. 要让文件和信息简明扼要,每条信息集中于一个主题。
2. 观点要保持中立,不能主观臆断。
3. 不要用学术网从事商业或营利活动。

4. 签名应包括姓名、职业、单位和网址，但不要超过四行，签名中可选择的信息可以包括住址和电话号码。

5. 大写的词只用来突出要点，或使题目和标题更醒目，也可以用星号（*）围住一个词使它更突出。

6. 没经原作者的允许把个人电子函件、电子邮件寄往电子公告板是极端无礼的行为。

7. 慎用讽刺和幽默。

8. 尊重版权和出版条例。

9. 你所提的问题和发表的评论要与讨论组的主题相关。

第三节　网络规范

按一般理解，规范就是约定俗成或明文规定的行为标准。美国学者基辛（Roger Martin Keesing）指出，"每一种文化都包含一套大家或多或少都共同遵守的规则——这些规则维持着有秩序的社会生活，但这些社会生活标准仍不断与个人的驱力和目标冲突。而且由于集体标准和个人利益存在着鸿沟，于是就有人违反规则或以自己的规则行事。"网络交流时也有这种现象，所以要求有一套需要遵守的网络规范。

一、网络规范的特点

网络规范涉及人类的全部道德现象，它不像法律需要人们"自觉"去实践它，这才是真正意义上的道德行为。但在日常生活中，人们又必须把大家都"应该"遵循的行为方式形式化，变成一条条具体的、成文或不成文的标准，一来制约人们行为的过程和方向，二来可以有一个标准对人们道德行为进行判断和评价。因此，"各种道德都有规范形式，否则，既无从表现，也不能发挥其判断和调整行为的作用。依据道德内容的不同，人们提炼形成各个不同的规范序列。有职业道德的规范系统、社会公共道德的规范系统，阶级道德的规范系统等，由此构成社会意识形态中总的道德规范体系，织就了丰富、复杂的社会道德生活。"

（一）网络规范具有"普遍有效性"

通常人们认为，"礼仪"对我们的约束往往可能具有"非道德的关联性"，因为人们会觉得我非得与人吻别只是出于礼貌，大家都这么做，我也只能"例行公事"罢了，这仅仅出于对某种习俗的尊重，不存在道德判断问题。而"规范"不同，我们不遵守规范，这不仅是不礼貌，而且是不道德。这是基本规范的约束作用，它反映出人类普遍的、一般的道德关系。尤其对许多道德规范来说，它是历史过程中保留下来的稳定的东西，因此具有"全人类性"。

网络规范要打破地域和民族界限把世界联成一个"网络共同体"，如果各地区、各民族都以自己特有的习惯和规范来参与网络，网络社会就无法正常运作。因此，大家必须保留自己特有的东西，或让自己特有的东西为网络社会的人们共同赞成，或重新构建彼此都理解并遵循的规范，这样，网络交往才有可能。进一步说，也只有真正意义上的网络规范或"世界性的"规范（不是局部的、运用于某一种文化的规范）才能得到网络成员的赞成，才能形成合理有效的网络社会。

(二) 网络规范具有地域性

到目前为止，在国际互联网络上，或在整个世界范围内，一种全球性的网络规范并没有形成，有的只是各地区、各组织为了网络正常运作而制定的一些协会性、行业性计算机网络规范。这些规范由于考虑了一般道德要求在网络上的反映，也在很大程度上保证了目前网络发展水平的基本需要，因此很多规范具有普遍的"网络规范"的特征。而且，我们可以从不同的网络规范中抽取其相同的、普遍的东西来，最终上升为人类普遍的规范和准则。因此，这些规范应该引起我们重视，积极的网络道德建设态度应该是对它们加以概括，并最终遵守它们。

(三) 网络规范的责任性

国外研究者认为，每个网络用户必须认识到：在接近大量的网络服务器、地址、系统和人时，他们的行为最终是要负责任的。"国际互联网"或者"网络"不仅仅是一个简单的网络，它更是一个由成千上万的个人组成的网络"社会"，参与到网络系统中的用户不仅要意识到网络规则，也应认识到其他网络参与者的存在，即最终要认识到网络行为无论如何是要遵循一定的规范的。作为一个网络用户，你可以被允许接近其他网络或者连接到网络上的计算机系统，但你也要认识到每个网络或系统都有它自己的规则和程序，在一个网络或系统中被允许的行为在另一个网络或系统中也许是受控制，甚至是被禁止的。因此，遵守其他网络的规则和程序也是网络用户的责任，作为网络用户要记住这样一个简单的事实，一个用户"能够"采取一种特殊的行为并不意味着他"应该"采取那样的行为。

二、 网络规范的内容

(一) 基本的行为准则

1. 不应用计算机去伤害别人。
2. 不应干扰别人的计算机工作。
3. 不应窥探别人的文件。
4. 不应用计算机进行偷窃。
5. 不应用计算机作伪证。
6. 不应使用或拷贝你没有付钱的软件。
7. 不应未经许可而使用别人的计算机资源。
8. 不应盗用别人的智力成果。
9. 应该考虑你所编的程序的社会后果。
10. 应该以深思熟虑和慎重的方式来使用计算机。

(二) 美国的计算机协会规定的一般伦理道德和职业行为规范

1. 为社会和人类做出贡献。
2. 避免伤害他人。
3. 要诚实可靠。
4. 要公正并且不采取歧视性行为。
5. 尊重包括版权和专利在内的财产权。
6. 尊重知识产权。

7. 尊重他人的隐私。
8. 保守秘密。

(三) 南加利福尼亚大学网络伦理声明中指出的六种网络不道德行为

1. 有意地造成网络交通混乱或擅自闯入网络及其相连的系统。
2. 商业性地或欺骗性地利用大学计算机资源。
3. 偷窃资料、设备或智力成果。
4. 未经许可而接近他人的文件。
5. 在公共用户场合做出引起混乱或造成破坏的行动。
6. 伪造电子函件电子邮件信息。

思考与练习

一、简答题

1. 简述网络礼仪的含义。
2. 在网络交往中，如何和对方打招呼、交流与表达？
3. 简述网络礼仪的特点。
4. 在网络交往中怎样得体的发电子邮件？
5. 网络新闻礼仪有哪些？
6. 网络交往中，遵循的主要网络规范有哪些？

二、案例拓展训练与分析

"MSN、手机、电话一个都不能少。"这是每天上班之前心中对自己默许的一句话。

如今，这些事物成为年轻一代上班族工作的重要元素。可随着每天频繁地使用，每个人的网络交往中却渐渐出现了很多问题。阳光百合时尚顾问工作室的资深形象顾问牧融女士谈到有几种情况会在网络交往，尤其是商务交往中令人反感：假熟型、多问型、探求隐私型、没下文型、救世主型以及不知远近型。

牧融解释说，假熟型的人一般在网络上装扮得很熟识的样子，上来就开玩笑、说笑话，而自己根本就不知道对方是谁。其实他们应先自报家门，让对方清楚地知道你是谁，再继续以下的话题。多问型的人会在彼此不熟悉的情况下问题很多，比如询问老家、工作情况等，步步紧逼，让人感觉是网络警察一样，比较反感。探求隐私型常表现于为了拉近关系，聊一些个人生活等话题。问对方的收入、年龄、身高、婚姻状况等，网络交往中这是最应该避免的。没下文型主要是在交谈事情的时候，突然下线，失去了任何消息；如果遇到这种情况就应该和对方交代一下方可。救世主型的人是针对别人的名字发出某些感慨，表现过于关心，而对方恰恰是不希望被别人涉及或打扰的。而不知远近型则会开一些无谓的玩笑。毕竟，网络文字不足以表达思想和语气，所以很多语言还是需要三思而后行的。在网络交往中开玩笑要特别慎重，不熟悉对方的情况，不要轻易开玩笑。很容易引起对方误解和反感。同时牧融表示，网络交往更能体现一个人的修养和综合素质，对于网络礼仪也要特别注意，才真正做到网络为大家服务，成为良好的沟通工具。

而对于网络在工作中的重要沟通作用，北京雅致人生管理顾问公司副总经理、资深讲师杨子女士同时指出，工作中使用 MSN 等工具的时候要注意网络的语言礼仪；网上网下的行为要保持一致；打扰别人前需要征得对方同意；网名与实名相统一；尊重他人的时间和宽带状况；尊重隐私以及彼此分享知识与信息。

另外，业内人士指出，计算机网络的沟通方式的确会形成一种新的礼仪规范，其实是对人们提出了更高的礼仪要求。这不仅是日常的现实生活当中需要注意的交往细节，同时也要把这种注意延续到网络当中来。当然这更不排除手机和电话。如今手机短信中渐渐多起了无头无尾的莫名短信、没话找话的短信等，让接收方十分反感，而这也正是忽略了短信礼仪的表现。牧融表示，最基本的短信礼仪常常包括：用简短的文字把个人情况、事情梗概陈述清楚；在不能确认自己名字是否在对方手机内有储存的话，一定要自报家门；要把事情做完整，有问有答，有始有终，接到短信需要回复确认；重要的事情不能使用短信方式，如果对方是非常忙碌的人，也不能使用短信；有关工作方面的短信不要在非上班期间发送；不要为了拉近关系，对于未过见面的人不要贸然发短信。

问题：通过案例，你觉得在网络交往中应怎么做才比较得体？

第十二章 我国主要的礼俗介绍

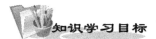 知识学习目标

通过本章的学习，了解我国主要的婚俗礼仪，学习汉族传统婚俗，简单了解几个少数民族婚俗；了解中国的诞辰礼仪，重要的传统节日和几个少数民族的礼俗。

习俗是人类社会发展中沿袭下来的各种习惯的总和。礼俗和节庆的礼仪活动，是我国传统文化的一个重要组成部分。我国自古就是一个农业大国，在长期的农业生产中，许多节日、礼俗都是由古代历法的年、月、日和节气时令结合或长期的风俗习惯形成的。

民间传统节日起源于民间的生产生活及人们驱邪避灾、弃恶扬善的愿望和追求。它对人们的生活产生了很大的影响。

本章主要介绍以下内容：婚俗、诞辰礼仪、传统节日、少数民族的礼俗。

第一节　婚　　俗

一、汉族传统婚俗

（一）汉族传统婚俗的一般步骤

1. 定亲

媒人提亲后，若男女双方八字相夹，没有相冲，便互相交换两家的庚谱，作定亲的凭据。

2. 过大礼

在婚前 15～20 天，男方择定良辰吉日，携带礼金和多种礼品送到女方家。

3. 安床

在婚礼前数天由好命佬①将新床搬至适当位置。然后，在婚礼之前，再由好命婆负责铺床，将床褥、床单及龙凤被等铺在床上，并撒上各式喜果，如红枣、桂圆、荔枝干、红绿豆及栗子、花生等。安床后任何人皆不得进入新房及触碰新床，直至新人于结婚当晚进房为止。

4. 嫁妆

在女方收到大礼后，女方的妆套要在婚礼的前一天之前送到男方家。嫁妆是女方家身份与财富的象征。

5. 祭祖

出门迎娶新娘之前，男方要先祭拜祖先，禀告婚事已定，祈求保佑。

6. 迎亲

近年来，迎亲（接新娘）成为整个婚礼的一大高潮。新娘由姐姐或伴娘带出来交给父亲，再由父亲交给新郎。迎亲车队以双数为佳。男女两家都要提前准备喜宴，还要请好厨师、傧相、伴娘、账房及其他勤杂人员等。这些人应聘后，应在迎娶的前一天到主家开始工作，作好迎亲摆宴的准备。

传统婚礼一般是女家早晨"出嫁酒"、男家中午"摆喜宴"；如果是纳婿（招郎——男到女家）则反之。

一切准备就绪后，男家鸣炮奏乐，出发迎亲。女家在迎亲队伍到来之前，要准备好喜筵。姑娘要由母亲或姐姐梳好头，化好妆（谓之"开脸"），然后饰上凤冠霞帔，蒙上红布盖头，等待迎亲的花轿。迎亲队伍到达后，新郎拜见新娘的家人，接着是女家开筵。席间，媒人和新郎要小心谨慎一些，因为中国民间有不少不成文的习俗，在新婚的三天里，亲朋好友中的平辈和晚辈可以别出心裁地在媒人和新郎身上编演几出小小的喜剧，称之为"洗媒"和"挂红"（乡下俗称"贺新客"）。新娘的嫂子说不定会在盛给新郎的饭里埋伏半碗辣椒面；新娘的妹妹会在斟酒时给姐夫脸上抹一把锅底灰，对这些能增加欢乐气氛的小闹剧，媒人和新郎应该容让，绝不能生气、发火，甚至同主客吵

---

① 所谓"好命佬"和"好命婆"是男女家中的长辈，择父母子女健在，婚姻和睦者。

闹、扭打。

早宴之后，新郎与新娘互相给对方佩戴胸花。然后，新郎新娘在引导下向新娘的长辈行过礼，伴娘就可搀着新娘上花车了。新娘上车后，即奏乐鸣炮，启轿发亲。接亲的队伍在将要到达新郎家门口时，男家要鸣炮动乐相迎。男家请的伴娘（一般是年轻貌美的女子）要上前将新娘搀下来，傧相上前赞礼，宾客向新郎、新娘身上散花（一般用红、黄各色纸屑替代），将婚礼推向高潮。

7. 燃鞭炮

迎亲礼车在行列途中，迎亲前在婆家燃放鞭炮，意为迎亲开始；到达女方家之后还要燃放鞭炮以表示迎亲队伍已经到达。

8. 吃桌

在出发前，新娘要与父母兄弟姊妹一起吃饭，离别在即，新娘通常面带愁容，大家说一些吉祥的话，有的地方是新郎要在女方家吃饭，吃饭时一口吃双数，临走时要偷偷拿走一双筷子（其实女方已经准备好），意为从此女儿将在婆家吃饭。

9. 等待新郎或叫门

在女方家门口，应有一男童手持茶盘等候新郎礼车的到来，新郎下车后，应赏男童红包答礼，再进入女方家。有的地方是女方在闺房装扮等候，男方叫门，叫门需要发放红包。

10. 拜别

离开新娘家前，新娘应叩拜父母道别，并盖上头纱，新郎鞠躬行礼。

11. 礼车

在新娘礼车刚开动时，女方家长应在车后撒一碗清水，一碗白米，清水代表女儿已是泼出去的水，以后的一切再也不干涉，白米是祝愿女儿有吃有穿，事事有成。

12. 掷扇（有些地方已将此步骤省去）

礼车启动后，新娘应将扇子丢到窗外，表示不将坏脾气带到婆家去，扇子由新娘的兄弟拾回。

13. 牵新娘

新娘到男方家时由礼车走出时，应由男方一两位有福气之长辈将新娘牵出礼车，并扶新娘进入大厅，新娘下车时脚下要踩红福。

14. 门槛（许多地方也已将这一步骤省去）

门槛代表着门面，新人一定要从门槛上跨过去。

15. 祭祖

新人合祭祖先，新郎再带新娘入新房。

16. 喜宴

时下流行中西结合式的婚礼，新人大都在晚上宴请客人同时举行观礼仪式，在喜宴上，换下新娘礼服，穿上晚礼服向各桌敬酒。新媳妇一过门，婆家就该筹备酒席招待客人了。喜宴一般分为三部分。

第一部分：招待男女送客。女送客一般是在新人的洞房或婆家的客厅用餐，而男送客在自家或酒店招待都可以。

第二部分：招待新媳妇娘家来认亲的亲戚及新郎姥姥家的亲戚。新郎的舅舅是上宾，招待这些亲戚时要找同辈的亲戚来陪。

第三部分：招待社会上的朋友。这是三部分中规模最大、最隆重的喜宴。

每个宴桌上准备烟两盒，麻花、糖各一盘，酒不计量，白酒、啤酒、红酒都要准备齐全。另外，负责收喜资、记账以及领客等服务人员要提前安排好，以防手忙脚乱。

喜宴开始之前，新人及父母要在喜宴入口处接待客人。席间敬酒时，如果时间宽余，可以分开进行，时间紧的话也可同时进行。在敬酒时，新人可以让跟随端盘的人提前给他们倒上白开水代替白酒。

客人用餐完毕离席时，新人及父母要在门口恭送。

17. 送客

喜宴完毕后，新人应站在门口送客，手中应端着盛香烟、喜糖的茶盘。

18. 进洞房

将竹筛和铜镜放在新床上，为求日后生男。准备花生、枣、莲子、桂圆、栗子等，象征早生贵子。婚礼当天白天，新娘不能躺下，否则可能一年到头都病倒在床上。

19. 闹洞房

中国有闹洞房的风俗。在过去，由于很多新人们婚前都不太熟悉甚至不相识，新婚之夜要他们生活在同一空间，可能会觉得不自在。闹洞房，无疑可以通过公众游戏让新人消除隔阂，捅破羞怯的"窗户纸"。而在今天，闹洞房主要是向新人们表示祝福之意。

20. 新人归宁

新娘出嫁三天便回门（现在，有的为图省事在结婚当天就回门），称为归宁。通常，由新娘的弟妹到新郎家，请新郎新娘相偕回娘家。大多上午接受邀请，中午聚餐，日落前回家为宜。归宁时，新郎要带礼品，如烟、酒等，最好取偶数赠予岳家。

(二) 结婚典礼

结婚典礼主要有以下步骤。

1. 来宾入席。
2. 主持人入席。
3. 介绍人入席。
4. 证婚人入席。
5. 男、女傧相引新郎、新娘缓步进场。门口至主桌的地面需铺红地毯，进场需四名花童托起婚纱，创造气氛。专人向新人身上撒花蕊，同时鸣炮、奏乐。
6. 证婚人宣读结婚证书。
7. 新郎、新娘交换饰物，新郎亲吻新娘。
8. 证婚人致词。
9. 介绍人致词。
10. 来宾致贺词。
11. 主婚人致贺词。

当今结婚典礼越来越受到人们的重视，很多都是由专业的婚礼司仪主持。

二、少数民族婚礼礼仪

由于我国少数民族众多,因篇幅有限,在此仅举例介绍蒙古族、回族、朝鲜族的婚礼礼仪。

(一) 蒙古族的婚礼礼仪

蒙古族婚礼充分体现了这个古老民族勤劳勇敢、能歌善舞的独特风格。由于分布广阔,各地婚俗既有共同点,也有不同点。比如,新郎佩带火镰、蒙古刀和弓箭,致颂词、祝词和对歌等都是蒙古族婚礼的共同点。

东部地区接亲时新娘坐轿车,大门口对歌,洞房门口致颂词、祝词。更为精彩的是欢送送亲宾客时抢新郎的帽子,以试双方的机智勇敢和坐骑快慢。这既保留了传统习俗,又表现了牧区特点。

西部牧区接亲时新娘骑马,整个婚礼仪式充满了牧区特点。西部牧区婚礼中最为热闹而又比较完整地保留传统习俗的还是鄂尔多斯婚礼。迎亲那天,双方的亲戚朋友穿着盛装聚集在双方家中。接亲的队伍由新郎、接亲亲家、伴郎组成,新郎身背弓箭,男方的亲友们在门口以歌声送接亲队伍出发,新郎一行来到女方家要绕蒙古包一圈,才能下马。伴娘此时用毛毡拦住新郎的队伍,开始对歌,伴娘要考问男方很多问题,男方的接亲亲家要对答如流。经过一番盘问,女方对接亲队伍的回答满意了,新娘才可以把礼物献上,伴娘撤去白毡,请客人进蒙古包里,隆重的"乌查"(全羊席) 开始。新郎在歌声中向新娘父亲献上哈达。新娘此刻在另一座蒙古包里打扮一新与好友们依依惜别、宴席结束,新娘要去夫家了,娘家人唱着"送女歌"送行。接亲队伍回到新郎家,只见门前燃着两堆火,新娘要拉着新郎从火堆另一端递过来的鞭梢,从火中间走过。这仪式象征着爱情坚贞不渝,暗含纯洁辟邪、兴旺发达之意。进蒙古包后婚礼开始,揭去新娘的红盖头,新娘一一拜过公婆和亲戚长辈。新郎手执铜壶,新娘手端放有银碗的酒盘向宾客敬酒,被敬酒者一定要一饮而尽,并祝新人幸福。婚礼进入高潮,丰盛的宴席、醇香的美酒、宾客的欢歌起舞,包含了对新人的衷心祝愿。

(二) 回族的结婚礼仪

回族青年男女举行婚礼的前两三天,男方要带上蒸馍、羊肉给女方家送去。结婚那天,男方要去车接新娘。新娘要穿红衣服,洗大净,称"离娘水"。同时,还要请全可人(即父母双全、子女双全、夫妻和睦的人)送亲。送亲宜早不宜迟。把新娘接到门口时,新郎要围着车转一圈,然后将新娘和送亲人迎进大门。有条件的从大门到新房门,要铺红毡或毛毯子,如果没有条件要由新娘的哥哥(或是舅舅)抱着新娘走进新房,新娘的鞋是不能沾地的。两家客人互道过"色拉目"后,举行念"尼卡哈"仪式。首先请阿訇选诵一段《古兰经》,然后,阿訇当着证婚人问新郎"你愿意娶她为妻吗?"新郎如愿意要马上表态。再问新娘,新娘表示同意,阿訇则宣布:"从现在起,你们二位正式结为夫妻。"并告诫二位新人要互敬互爱。"尼卡哈"仪式结束后,新娘新郎才进洞房。

新郎进洞房后,揭去新娘的红盖头,摘掉头上的喜花,互相交换礼物,新郎送给新娘包着钱的红纸包,新娘给新郎小红布蛋蛋式"针扎子",新郎还要用喜糖、核桃、喜枣撒向前来要喜糖的人，称为"撒喜"。晚饭过后，大家开始闹洞房，由一人当司仪，出点子，让新郎、新娘表演节目。

（三）朝鲜族的结婚礼仪

朝鲜族的传统婚礼仪式，有新郎婚礼和新娘婚礼。

新郎骑马去迎亲，在新娘家举行的婚礼叫新郎婚礼，一般按奠雁礼、交拜礼、合卺礼、席宴礼等顺序进行。奠雁礼：新郎迎亲时带去一只木制的彩色模雁，放到新娘家客房门外一张小桌上，把模雁往前轻轻推三次，之后行跪拜礼。雁是双双高飞，至死不离的鸟类，奠雁象征新郎新娘像雁一样永相爱，守贞节，不分离。交拜礼：奠雁礼后，新郎、新娘相互跪拜，然后交换酒杯，互相敬酒。合卺礼：交拜礼后，新郎进到新娘房间，同新娘见面，互问家安。席宴礼：就是新郎接受婚席。席上摆满糕饼、糖果和鸡、鱼、肉、蛋等，由傧相和邻里青年相陪。结束时，给新郎上饭上汤，在大米饭碗底要放3个去皮的熟鸡蛋。新郎用饭时要吃鸡蛋，但不全吃，留一两个在饭底下；退席后，由新娘吃新郎留下的鸡蛋。

新娘离家上轿前，要向父母与长辈叩首告别。新娘坐轿到新郎家后，举行新娘婚礼。新娘婚礼备有婚席，还要举行舅姑礼。新娘婚席，过去都在院子里举行，以便大家都来观看祝贺，现在一般在屋内举行。新娘在婚席前正襟跪坐。新娘婚席比新郎婚席要丰盛，在桌上一定要摆一只煮熟的整公鸡，鸡嘴里还叼着一个大红辣椒，以示吉祥。新娘婚席摆好后，先请陪新娘前来的女方近亲过目，以示男方不亏待新娘。婚礼当晚，近亲和村子里的青年男女为新郎、新娘开娱乐晚会，往往歌舞到深夜。

婚后的第二天早晨，新娘备好礼品叩见公婆及近亲，叫舅姑礼。此外，还有"初行"、"亲宴"、"姻亲相面"等婚后的一些礼仪。现在，新事新办，新郎不骑马，新娘不坐轿，婚礼从简，已成为风气，从而出现了朴素大方、热闹的婚礼仪式。

第二节　诞辰礼仪

诞辰礼仪分为出生礼和生日礼。出生礼包括诞生礼、三朝礼、满月礼、百日礼、周岁礼。而生日礼，是指在每年的出生日，所进行的纪念、庆贺的活动。

一、出生礼

汉族传统的出生礼，因地域之别而具有不同的风貌和表现样式，但总的来看，汉族传统的出生礼中，大都包含了诞生、三朝、满月、百日、周岁五种主要礼仪，其具体表现形式也基本大同小异。传统出生礼的主要风俗有以下五种。

（一）诞生礼

1. 男弄璋、女弄瓦

《诗经·小雅·斯干》曰："乃生男子，载寝之床。载衣之裳，载弄之璋。""乃生女子，载寝之地。载衣之裼，载弄之瓦。"意思是说，如果生了男孩，就让他睡在床上，给他穿华美的衣服，给他玩白玉璋；如果生的是女孩，就让她睡在地上，把她包在襁褓里，给她陶制的纺锤玩。在古代重男轻女、男尊女卑的意识非常明显。

2. 男悬弓、女悬帨

"子生。男子设弧于门左，女子设帨于门右。"（《礼记·内则》）若生的是男孩，则在侧室门左悬弓一副；若是女孩，则在侧室门右悬帨。帨，音"睡"，是女子所用的佩巾。周礼昏礼中，女子出嫁，母亲也要亲自为女儿系结佩巾。显然，弓与帨，具有鲜明的性别特征。

3. 名子

孩子出生后，大人为其取名，称为"名子"。

4. 报喜

一般是由孩子的父亲赴亲友家，主要是岳父母家报喜。所持喜物主要有红鸡蛋等。

（二）贺三朝

三朝礼是孩子出生三日后举行的礼仪，主要风俗有以下五个。

1. 射天地四方

"故男子生，桑弧蓬矢，以射天地四方。天地四方者，男子之所有事也。故必先有志于其所有事，然后敢用谷也，饭食之谓也。"（《礼记·射义》）男孩出生三天以后，父母抱其出外，用弓箭射天地四方。很明显，这是期待男孩长大后志向高远。对女孩子，则不行此礼。

2. 接子

婴儿出生三天后可以抱出来，俗称"接子"，俗规，接子要选择三天内的吉日，天子的太子要太牢（即三牲皆备）行礼，大夫的长子用少牢，士长的长子用一猪，庶人的长子用一猪。

3. 洗三

又叫"洗三朝"、"洗儿"等。据记载，洗三朝在唐代即已出现，宋代已很流行。这是婴儿出生三日后举行的洗浴仪式。各地做法不尽相同，但基本过程大同小异：用艾熬水，给小孩洗澡。前来祝贺的亲友拿银钱、喜果之类的东西，往洗澡盆里搁，叫做"添盆"。洗婆根据亲友所投物品不同，口念不同的吉祥话。如：若搁枣儿、栗子，就说"早立子儿"；若搁莲子，就说"连生贵子"，等等。洗完后，有的还用葱在孩子身上拍打三下，取聪（葱）明伶俐之意。洗三时，亲朋好友纷纷以红包贺礼，主人则以糕点等款待，并留亲友吃"洗三面"。

洗后，还有一项重要仪式，称为"落脐炙囟"，即去掉新生儿的脐带残余，并敷以明矾，熏炙婴儿的囟顶，表示新生儿就此脱离了孕期，正式进入婴儿阶段。

4. 开奶

这天产妇开始给新生儿喂奶。为了使婴儿将来能吃苦，喂奶前在奶头上先洒几点黄连水，使婴儿吃奶前先尝到苦味。而后将糖等汁水用手指抹在婴儿嘴上，让婴儿吃奶。

5. 拜床母

传说床神有男女之分，床婆贪杯，而床公好茶，所以以酒祀床母，以茶祀床公，民间在婚礼、生育、三朝、满月等时候有拜床母的习俗，多以浇了酒的肉等为祭。

（三）满月礼

满月礼又叫弥月礼，小孩出生满一月举行，主要风俗如下。

1. 满月酒

民间普遍流行的满月礼风俗。此日，亲朋好友带礼物来道贺，主人设丰盛宴席款待，称为满月酒。

2. 剃胎发

满月时，为小孩第一次剪理头发，称为剃胎发。一般是请理发匠上门，理完后给赏钱。小孩则着新衣。

3. 移窠

移窠又叫移巢、满月游走等。民间风俗，婴儿初生是不能随便走动的，到了满月时就可以了。此时，母亲抱着婴儿到别人房间中去，四处游走，称为移窠。

（四）百日礼

1. 穿"百家衣"

幼儿百日，民间风俗给他穿百家衣。父母期望孩子健康成长，认为这需要托大家的福，托大家的福就要吃百家饭、穿百家衣。从各家取一块布片，将布片拼合起来做成服装也就成了百家衣。

2. 戴长命锁

长命锁是挂在儿童脖子上的一种装饰物，民间认为，只要佩挂上这种饰物，就能辟灾去邪，"锁"住生命。长命锁的前身是"长命缕"。佩长命缕的习俗，最早可追溯到汉代，据《荆楚岁时记》、《风俗通》等书的记载，在汉代，每端午佳节，家家户户都在门楣上悬挂上五色丝绳，以避不祥。到了魏晋南北朝时，这股丝绳被移到了妇女臂上，渐成为妇女和儿童的一种臂饰。在当时，由于战争频繁，加之瘟疫、灾荒不断，人民渴望平安，所以用五色彩丝编成绳索，缠绕于妇女和儿童手臂，以祈求辟邪去灾祛病延年。这种彩色丝绳，就被称之为"长命缕"、也叫"长生缕"、"续命缕"、"延年缕"、"五色缕"、"辟兵缯"、"朱索"、"百索"等。到了宋代，这种风俗，继续存在。不仅流行在民间，还传入宫廷，除妇女儿童之外，男子也可佩戴。每到端午节前，皇帝还亲自将续命缕赏赐给近臣百官，以便他们在节日佩戴。宋代称这种五彩丝绳编结物为珠儿结、彩线结，其形制已较复杂。除丝绳、彩线外，还穿有珍珠等物，在当时汴京等地的街市上还有不少店铺和市贩，专门以销售这种饰物为生。到了明代，风俗变迁，成年男女使用者日少，通常用于儿童，并成为一种儿童颈饰。

（五）周岁礼

抓周，又叫"试儿"，"罗列盘盏于地，盛果木、饮食、官诰、笔研、算秤等经卷针线应用之物，观其所先拈者，以为征兆，谓之'试晬'。此小儿之盛礼也。"（《东京梦华录》）小孩不经意的一抓，引起大人浮想联翩，这一风俗极为普遍，至今仍然流行于民间，还出现了专为小儿抓周时使用的套装礼器。

二、生日礼

生日对一个人很重要，不但人有生日，国家民族也有生日。在古代，中国只有皇族才能称诞，皇帝的生日叫圣诞，太子的生日叫寿诞。两宫皇太后的生日叫寿旦，比太子又低了一级，皇后和嫔妃就只能称生日了。

在我国无论青少年还是中老年人每逢生日都要庆贺一番，也即所谓"过生日"。尤以10岁、30岁为最隆重，年满50岁的老人举行庆祝活动，则称"做寿"，逢十做大寿。过去对小孩子过生日一般不太重视，吃顿寿面就算是庆祝生日了；而为老人祝寿却非常讲究，通常要设寿堂、贴寿联、挂寿幛、点寿烛、献寿桃、吃寿面等。然而近几年，孩子们的生日越来越受到家长的重视，包括成年人的生日在内，往往成为人们进行日常交往的契机，特别是随着改革开放，庆祝生日的礼仪逐渐融合了东西方文化的特征，形成了一种新的风尚。

年龄身份不同，"做寿"规模也各异。一般而言，40岁以上，逢十的大寿比较重要，不同一般规模。过寿时，亲朋好友要为寿星准备寿幛、寿烛、寿桃、寿面等。40岁以上多以寿桃寿面为礼。本家还要外加白糖5斤。未满40的为馒头、切面。5岁、20岁只用切面。寿桃被视为仙桃，八百年结果一次，面条取其绵长。寿联寿幛均书吉庆祝贺语词。隆重者做寿，设寿堂，摆寿烛，张灯结彩。寿翁坐在正位，接受亲友、晚辈祝贺、叩拜。仪式完毕，共吃寿宴；寿堂香案上，陈列春桃、八仙人等。寿烛要红色。中堂有大寿福，拜寿礼由主持者喊礼。辈分不同，拜礼也有区别。平辈一揖，子侄孙辈四拜，有的还要以寿盘盛熟鸡蛋四枚或枣汤一碗奉于寿者。除寿日拜贺外，还有寿日之前拜者，为预祝；寿日之后拜寿，叫补祝。

在习俗上，50岁前所做的生日称"内祝"，也就是在自家内做生日庆祝之意。到了50岁时所做的生日才可称"做寿"，而亲朋好友也要送贺礼祝寿，之后每十年做一次，称为大生日。一般做寿，各年纪有所不同称呼，称呼为下：50岁：称暖寿、半百添寿；60岁：称小寿；70岁：称中寿；80岁：称上寿、大寿；90岁：称绛老添寿；100岁：称期颐。

一般寿诞的活动都由子孙发起，除了要布置寿堂外，还要准备供品祭神拜祖，并准备寿宴招待亲友。在寿宴的菜肴中，猪脚面线是不可或缺的，猪脚象征强健，面线象征长寿，祝福寿星身体健康、长命百岁。吃寿面时，要将寿面拉高抽长，表示寿星将会福寿绵长，忌讳从中间咬断。前往祝寿的亲友以礼盒、酒或红包等贺礼来祝寿，主人则回以寿桃、红蛋、猪脚面线等来回礼。出嫁的女儿则要加送鸡、蛋、桃、龟、衣服、金饰、红包贺母寿；加送鞋、帽、衣服、红包贺父寿，俗称"拜寿"或"敬寿"。

一般来讲，为他人庆祝生日应该了解以下礼节。

1. 应邀前往，不要不请自到。

2. 送生日礼物。参加他人的生日聚会，送礼物是一种祝贺，也是一种礼节。送给朋友或者小孩子的生日礼物可供选择的范围很广，如生日贺卡、鲜花、蛋糕、玩具、学习用品、衣物饰品或者少量礼金；然而送给老人的生日礼物则要注意许多禁忌，如不能送钟表，"钟"与"终"谐音，预示着不吉利。

3. 送上祝福的吉祥话语，如"生日快乐"，"健康长寿"等。

4. 礼让"寿星"。我国礼俗认为生日这一天，应该尽量满足寿星的各种愿望，这样他才会在一年中心想事成，所以言行之间尽量不要拂了"寿星"的意愿。

在家中举办生日晚会，应事先搞好卫生，对房间进行适当装饰。晚会开始前，生日主人应站立在门口迎接客人，并对每位客人说："感谢光临。"应邀前往的客人应准时到达，赠送礼物,可根据生日主人的爱好或需要进行挑选。送鲜花是普遍受欢迎的。客人到齐后,生日晚会即可宣布开始。生日蛋糕与生日蜡烛是必备的。生日蛋糕上所插的生日蜡烛的枝数要同生日主人的年龄相对应。20 岁以下可用 1 枝蜡烛代表 1 岁,有几岁插几枝,20 岁就插 20 枝。20 岁以上者,可用 1 枝大蜡烛代表 10 岁,1 枝小蜡烛代表 1 岁来表示。蜡烛要提前固定在蜡烛托上,然后把蜡烛托插在蛋糕上面。直接把生日蜡烛插在生日蛋糕上的做法是不足取的。

生日晚会的程序是如下。

首先,点燃生日蜡烛,来宾向生日主人致祝词,并向他敬酒,生日主人应向来宾致答谢词。

其次,众人齐声唱《祝你生日快乐》这首歌,生日主人应在歌声中把点燃的生日蜡烛一口气全部吹灭,来宾以掌声来烘托喜庆气氛。接着,由主人把生日蛋糕切成数份,分给在场的每人一份。

最后,大家共同要求生日主人第一个表演节目,然后共同表演些活泼轻快的节目,或举行舞会助兴。客人一般不要中途退场。

生日晚会结束后,生日主人应将来宾送至门外,并再次向大家表示感谢。要是寄生日贺卡的话,应在生日晚会之前寄达。

【知识拓展】

生日聚会的由来

生日聚会的习俗产生于很久以前的欧洲。人们认为在生日的那一天,魔鬼会闻讯而来。为了使过生日的人免受伤害,朋友和家人会来到他家和他共度危难并带来关切之情和良好的祝愿。赠予礼物能让气氛变得更加愉快从而把魔鬼挡在门外。起初只有国王被认为有足够的分量获得举行生日聚会的权利。渐渐地,孩子们也能够在自己生日的当天举行生日聚会。最早为孩子举行的生日宴会出现在德国,被称为 Kinderfests。

几千年来,中国人的生日记录方法跟西方人大相径庭。中国人新的一岁开始于农历新年的大年初一,就是说除夕过后,每个人就长了一岁。所以新年辞旧迎新的含义里还有岁数的含义,但一般过生日还是习惯使用农历。所以每个人可以有两个生日,一个农历一个公历。因为中国农历纪年法是一种经过修订的月历,是跟月亮的公转周期有关的,所以每一年农历生日对应的公历日期不一样。

第三节 传统节日

我国的传统节日形式多样,内容丰富,是我们中华民族悠久历史文化的一个组成部分。传统节日的形成过程,是一个民族或国家的历史文化长期积淀凝聚的过程,我国的传统节日无一不是从远古发展过来的,从这些流传至今的节日风俗里,还可以清晰地看到古代人民社会生活的精彩画面。

我国的传统节日大多与节气有关,节气为节日的产生提供了前提条件。我国最早的风俗活动是和原始崇拜、迷信禁忌有关，神话传奇故事也为节日平添了几分浪漫色彩，还有宗教对节日的影响以及一些历史人物被赋予永恒的纪念。所有这些，使中国的节日有了深沉的历史感。中国的节日有很强的内聚力和广泛的包容性，与我们民族源远流长的悠久历史一脉相承，是一份宝贵的精神文化遗产。

在此，我们仅介绍其中几个有代表性的节日。

一、春节

（一）春节的由来

春节和年的概念，最初的含意来自农业。古时人们把谷的生长周期称为"年"，《说文·禾部》："年，谷熟也"。在夏商时代产生了夏历，以月亮圆缺的周期为月，一年划分为十二个月，每月以不见月亮的那天为朔，正月朔日的子时称为岁首，即一年的开始，也叫年。年的名称是从周朝开始的，至西汉才正式固定下来，一直延续到今天。古时的正月初一被称为"元旦"，直到中国近代辛亥革命胜利后，南京临时政府为了顺应农时和便于统计，规定在民间使用夏历，在政府机关、厂矿、学校和团体中实行公历，以公历的元月一日为元旦，农历的正月初一称春节。

1949年9月27日，在中国人民政治协商会议第一届全体会议上，通过了使用世界上通用的公历纪元，把公历的元月一日定为元旦，俗称阳历年；农历正月初一通常都在立春前后，因而把农历正月初一定为"春节"，俗称阴历年。

传统意义上的春节是指从腊月初八的腊祭或腊月二十三的祭灶开始，一直到正月十五，其中以除夕和正月初一为高潮。在春节这一传统节日期间，我国的汉族和大多数少数民族都要举行各种庆祝活动，这些活动大多以祭祀神佛、祭奠祖先、除旧布新、迎禧接福、祈求丰年为主。活动形式丰富多彩，带有浓郁的民族特色。

（二）春节的习俗

春节到了，意味着春天将要来临，草木复苏万象更新，新一轮播种和收获季节又要开始。在新春到来之际，人们要充满喜悦载歌载舞地迎接这个节日。人们迎接的方式多种多样，年俗庆祝活动也异常丰富多彩。

1. 扫尘。民间把农历腊月二十三到年三十这段时间叫做"迎春日"，也叫"扫尘日"。在春节前扫尘搞卫生，是我国人民素有的传统习惯，意味着辞旧迎新。"腊月二十四，掸尘扫房子"。据《吕氏春秋》记载，我国在尧舜时代就有春节扫尘的风俗。按民间的说法：因"尘"与"陈"谐音，新春扫尘有"除陈布新"的含义，其用意是要把一切穷运、晦气统统扫出门。这一习俗表达了人们破旧立新的愿望和辞旧迎新的祈求。每逢春节来临，家家户户都要打扫卫生，清洗各种器具，拆洗被褥窗帘，洒扫六闾庭院，掸拂尘垢蛛网，疏浚明渠暗沟。到处充满着欢欢喜喜搞卫生、干干净净迎新春的欢乐气氛。

2. 备年货。春节前十天左右，家家户户都要准备年货。年货包括鸡鸭鱼肉、茶酒油酱、南北炒货、糖饵果品等。同时还要准备一些过年时走亲访友时赠送的礼品，小孩子要添置新衣新帽，准备过年时穿。

3. 贴对联、窗花和"福"字。对联，又叫"春联"、"门对"、"春贴"。它以工整、对偶、简洁、精巧的文字，抒写人们的美好愿望。春节前要在住宅的大门上粘贴红纸黄字的新年寄语，也就是用红纸写成的春联。屋里张贴色彩鲜艳寓意吉祥的年画，门前挂大红灯笼或贴福字及财神、门神像等。

在贴春联的同时，一些人家要在屋门上、墙壁上、门楣上贴上大大小小的"福"字。春节贴"福"字，是我国民间由来已久的风俗。"福"字指福气、福运，寄托了人们对幸福生活的向往，对美好未来的祝愿。为了更充分地体现这种向往和祝愿，有的人干脆将"福"字倒过来贴，表示"幸福已到"、"福气已到"。民间还有将"福"字精描细画做成各种图案的，有寿星、寿桃、鲤鱼跳龙门、五谷丰登、龙凤呈祥等。

在民间人们还喜欢在窗户上贴各种剪纸——窗花。窗花不仅烘托了喜庆节日气氛，而且集装饰性、欣赏性和实用性于一体。剪纸在我国是一种很普及的民间艺术，千百年来深受人们的喜爱，因它大多是贴在窗户上的，所以也被称为"窗花"。窗花以其特有的概括和夸张的方式将吉事祥物、美好愿望表现得淋漓尽致，将节日装点得红火富丽。

4. 年画。春节挂贴年画在城乡也很普遍，浓墨重彩的年画给千家万户平添了许多兴旺欢乐的喜庆气氛。年画是我国的一种古老的民间艺术，反映了人民朴素的风俗和信仰，寄托着他们对未来的希望。年画，也和春联一样，起源于"门神"。随着木板印刷术的兴起，年画的内容已不仅限于门神之类单调的主题，变得丰富多彩。在一些年画作坊中产生了《福禄寿三星图》、《天官赐福》、《五谷丰登》、《六畜兴旺》、《迎春接福》等精典的彩色年画，以表达人们喜庆祈年的美好愿望。我国年画有三个重要产地：苏州桃花坞、天津杨柳青和山东潍坊，形成了中国年画的三大流派，各具特色。

我国现今收藏最早的年画是南宋《随朝窈窕呈倾国之芳容》的木刻年画，画的是王昭君、赵飞燕、班姬和绿珠四位古代美人。民间流传最广的是一幅《老鼠娶亲》的年画，描绘了老鼠依照人间的风俗迎娶新娘的有趣场面。民国初年，上海郑曼陀将月历和年画两者结合起来。这是年画的一种新形式。这种合二而一的年画，以后发展成挂历，至今风靡全国。

5. 放鞭炮。春节的另一名称叫过年。在过去的传说中，年是一种为人们带来坏运气的动物。年一来，树木凋敝，百草不生；年一过，万物生长，鲜花遍地。为了赶走年，人们用鞭炮来轰赶它，于是有了燃鞭炮的习俗；另一种说法是古时候有个叫年的孩子，为替乡邻驱除腊月三十晚上必来村中夺食人畜的夕，不畏艰险，用他的聪明和智慧终于赶走了夕，为人们赢来了欢天喜地的正月初一。为纪念这个叫年的孩子，人们就称农历正月初一为过年，而腊月三十晚被称为除夕。中国民间有"开门爆竹"一说。即在新的一年到来之际，家家户户开门的第一件事就是燃放爆竹，以爆竹声除旧迎新。爆竹是中国特产，亦称"爆仗"、"炮仗"、"鞭炮"。其起源很早，至今已有两千多年的历史。放爆竹可以创造出喜庆热闹的气氛，是节日的一种娱乐活动，可以给人们带来欢愉和吉利。随着时间的推移，爆竹的应用越来越广泛，品种花色也日渐繁多，每逢重大节日、喜事庆典，及婚嫁、建房、开业等，都要燃放爆竹以示庆贺，图个吉利。现在，湖南的浏阳，广东的佛山和东尧，江西的宜春和萍乡，浙江的温州等地区是我国著名的花炮之乡，生产的爆竹花色多，品质高，不仅畅销全国，而且还远销世界各地。

6. 守岁。除夕守岁是最重要的年俗活动之一，守岁之俗由来已久。最早记载见于西晋周处的《风土志》：除夕之夜，各相与赠送，称为"馈岁"；酒食相邀，称为"别岁"；长幼聚饮，祝颂完备，称为"分岁"；大家终夜不眠，以待天明，称为"守岁"。

"一夜连双岁，五更分二天"，除夕之夜，全家团聚在一起，吃过年夜饭，点起蜡烛或油灯，围坐炉旁闲聊，等着辞旧迎新的时刻。通宵守夜，象征着把一切邪瘟病疫照跑驱走，期待着新的一年吉祥如意。这种习俗后来逐渐盛行，到唐朝初期，唐太宗李世民写有"守岁"诗："寒辞去冬雪，暖带入春风"。直到今天，人们还习惯在除夕之夜守岁迎新。

古时守岁有两种含义：年长者守岁为"辞旧岁"，有珍爱光阴的意思；年轻人守岁，则是为了延长父母寿命。

离家在外的孩子过春节时都要回老家过年。除夕之夜全家老小一起熬年守岁，欢聚酣饮，共享天伦之乐。

7. 拜年。新年的初一，人们都早早起来，穿上最漂亮的衣服，打扮得整整齐齐，出门去走亲访友，相互拜年，恭祝来年大吉大利。拜年的方式多种多样，有的是同族长带领若干人挨家挨户地拜年；有的是同事相邀几个人去拜年；也有大家聚在一起相互祝贺，称为"团拜"。由于登门拜年费时费力，后来一些上层人物和士大夫便使用名帖相互祝贺，由此发展出来后来的"贺年片"。

春节拜年时，晚辈要先给长辈拜年，祝长辈长寿安康，长辈可将事先准备好的压岁钱分给晚辈，据说压岁钱可以压住邪祟，因为"岁"与"祟"谐音，晚辈得到压岁钱就可以平平安安度过一岁。压岁钱有两种，一种是以彩绳穿线编作龙形，置于床脚，此记载见于《燕京岁时记》；另一种是最常见的，即由家长用红纸包裹分给孩子的钱。压岁钱可在晚辈拜年后当众赏给，亦可在除夕夜孩子睡着时，由家长偷偷地放在孩子的枕头底下。现在长辈为晚辈分送压岁钱的习俗仍然盛行。初二、初三走亲戚看朋友，一般初二女婿到岳父岳母家拜年，初三到亲戚朋友家道贺祝福，人们相互说些恭贺新禧、恭喜发财、过年好等话，同时还会祭祖。

8. 闹。春节还要突出一个"闹"字，节日的热烈气氛不仅洋溢在各家各户，也充满各地的大街小巷，一些地方的街市上还有舞狮子、耍龙灯、演社火、游花市、逛庙会等习俗。这期间花灯满城，游人满街，热闹非凡，盛况空前，直闹到正月十五元宵节过后，春节才算真正结束了。

春节是汉族最重要的节日，但是蒙古族、满族、壮族、瑶族、白族、高山族、达斡尔族、侗族、赫哲族、哈尼族、黎族等十几个少数民族也有过春节的习俗，只是过节的形式各有自己的民族特色，更韵味无穷。这在下一节会有简单的介绍。

9. 春节食俗。在古代的农业社会里，大约自腊月初八以后，家庭主妇们就要忙着张罗过年的食品了。因为腌制腊味所需的时间较长，所以必须尽早准备，我国许多省份都有腌腊味的习俗，其中又以广东省的腊味最为著名。

年糕因为谐音"年高"，再加上可以做成变化多端的口味，几乎成了家家必备的应景食品。年糕的式样有方块状的黄、白年糕，象征着黄金、白银，意寓新年发财的意思。

年糕的口味因地而异。北京人喜食江米或黄米制成的红枣年糕、百果年糕和白年糕;河北人则喜欢在年糕中加入大枣、小红豆及绿豆等一起蒸食;山西北部、内蒙古等地,过年时习惯吃黄米粉油炸年糕,有的还包上豆沙、枣泥等馅;山东人则用黄米、红枣蒸年糕。北方的年糕以甜为主,或蒸或炸,也有人干脆蘸糖吃。南方的年糕则甜咸兼具,例如苏州及宁波的年糕,以粳米制作,味道清淡。除了蒸炸以外,还可以切片炒食或是煮汤。甜味的年糕以糯米粉加白糖、猪油、玫瑰、桂花、薄荷、素蓉等配料,做工精细,可以直接蒸食或是蘸上蛋清油炸。

过年的前一夜叫团圆夜,离家在外的游子都要不远万里赶回家来,全家人要围坐在一起包饺子过年。饺子的做法是先和面做成饺子皮,再用皮包上馅,馅的内容是五花八门的,各种肉、蛋、海鲜、时令蔬菜等都可入馅。正统的饺子吃法,是清水煮熟,捞起后以调有醋、蒜末、香油的酱油为佐料沾着吃。也有炸饺子、烙饺子(锅贴)等吃法。因为和面的"和"字就是"合"的意思,饺子的"饺"和"交"谐音,"合"和"交"又有相聚之意,所以用饺子象征团聚合欢;又取更岁交子之意,非常吉利;饺子因为形似元宝,过年时吃饺子,也带有"招财进宝"的吉祥含义。一家大小聚在一起包饺子,话新春,其乐融融。

10. 春节的忌讳。在我国很多地方,大年初一扫地的时候,都忌讳从屋里往门外扫,认为这样会把家里的财扫出去,一年都无财可发。要扫地需从门口往屋里扫,并把这叫做"捞财"。吃饭时忌讳摔碎盘、碗等,认为这很不吉利,如果实在不小心打碎了杯盘、碗盏,要及时说"碎碎(岁岁)平安"。节日期间忌讳说不吉利的话,如与人谈论与死、病、灾有关的话题,与此有关的字眼也要回避。还忌讳与家人或朋友吵架。

【知识拓展】

春节传说:贴春联和门神

据说贴春联的习俗,大约始于一千多年前的后蜀时期,这是有史为证的。此外根据《玉烛宝典》、《燕京岁时记》等著作记载,春联的原始形式就是人们所说的"桃符"。在中国古代神话中,相传有一个鬼域的世界,当中有座山,山上有一棵覆盖三千里的大桃树,树梢上有一只金鸡。每当清晨金鸡长鸣的时候,夜晚出去游荡的鬼魂必赶回鬼域。鬼域的大门坐落在桃树的东北,门边站着两个神人,名叫神荼、郁垒。如果鬼魂在夜间干了伤天害理的事情,神荼、郁垒就会立即发现并将它捉住,用芒苇做的绳子把它捆起来,送去喂虎。因而天下的鬼都畏惧神荼、郁垒。于是民间就用桃木刻成它们的模样,放在自家门口,以避邪防害。后来,人们干脆在桃木板上刻上神荼、郁垒的名字,认为这样做同样可以镇邪去恶。这种桃木板后来就被叫做"桃符"。

到了宋代,人们便开始在桃木板上写对联,一则不失桃木镇邪的意义,二则表达自己美好心愿,三则装饰门户,以求美观。又在象征喜气吉祥的红纸上写对联,新春之际贴在门窗两边,用以表达人们祈求来年福运的美好心愿。

为了祈求一家的福寿康宁,一些地方的人们还保留着贴门神的习惯。据说,大门上贴上两位门神,一切妖魔鬼怪都会望而生畏。在民间,门神是正气和武力的象征。古人认为,相貌出奇的人往往具有神奇的禀性和不凡的本领。他们心地善良,捉鬼擒魔是他们的天性和责任，人们所仰慕的捉鬼天师钟馗，即是奇形怪相。所以民间的门神永远都怒目圆睁，相貌狰狞，手里拿着各种传统的武器，随时准备同敢于上门来的鬼魅战斗。由于我国古代民居的大门，通常都是两扇对开，所以门神总是成双成对。

唐朝以后，除了以往的神荼、郁垒二将以外，人们又把秦叔宝和尉迟恭两位唐代武将当作门神。相传，唐太宗生病，听见门外鬼魅呼号，彻夜不得安宁。于是他让这两位将军手持武器立于门旁镇守，第二天夜里就再也没有鬼魅骚扰了。其后，唐太宗让人把这两位将军的形象画下来贴在门上，这一习俗开始在民间广为流传。

二、元宵节

每年农历的正月十五日，春节刚过，迎来的就是中国的传统节日——元宵节。

正月是农历的元月，古人称夜为"宵"，所以称正月十五为元宵节。正月十五日是一年中第一个月圆之夜，也是一元复始，大地回春的夜晚，人们对此加以庆祝，同时也是庆贺新春的延续。元宵节又称为"上元节"。

按中国民间的传统，在这皓月高悬的夜晚，人们要点起彩灯万盏，以示庆贺。大家出门赏月、燃灯放焰、喜猜灯谜、共吃元宵，此时合家团聚、同庆佳节，其乐融融。

元宵节是中国的传统节日，所以全国各地都过，大部分地区的习俗是差不多的，但各地也还是有自己的特点。

1. 吃元宵。"元宵"作为食品，在我国也由来已久。宋代，民间即流行一种元宵节吃的新奇食品。这种食品，最早叫"浮元子"，后称"元宵"，生意人还美其名曰"元宝"。元宵即"汤团"或"汤圆"，这与"团圆"字音相近，取团圆之意，象征全家人团团圆圆，和睦幸福，人们也以此怀念离别的亲人，寄托了对未来生活的美好愿望。

2. 观灯。汉明帝永平年间，因汉明帝提倡佛法，适逢蔡愔从印度求得佛法归来，讲述印度摩揭陀国每逢正月十五，僧众云集瞻仰佛舍利，是参佛的吉日良辰。汉明帝为了弘扬佛法，下令正月十五夜在宫中和寺院"燃灯表佛"。此后，元宵放灯的习俗就由原来只在宫廷中举行而流传到民间。即每到正月十五，无论士族还是庶民都要挂灯，城乡通宵灯火辉煌。元宵放灯的习俗，在唐代发展成为盛况空前的灯市。当时的京城长安已是拥有百万人口的世界最大都市，社会富庶。在皇帝的亲自倡导下，元宵灯节办得越来越繁华。中唐以后，已发展成为全民性的狂欢节。唐玄宗时，长安的灯市规模很大，燃灯五万盏，花灯花样繁多，皇帝命人做巨型的灯楼，金光璀璨，极为壮观。

宋代，元宵灯会无论在规模上和灯饰的奇幻精美方面都胜过唐代，而且活动更为民间化，民族特色更强。以后历代的元宵灯会不断发展，灯节的时间也越来越长。唐代的灯会是"上元前后各一日"，宋代又在正月十六之后加了两日，明代则延长到由初八到十八整整十天。

到了清代，满族入主中原，宫廷不再办灯会，民间的灯会却仍然壮观。日期缩短为五天，一直延续到今天。

灯在台湾民间具有光明与添丁的含义，点燃灯火有照亮前程之意，且台语"灯"与

"丁"谐音代表生男孩,因此往昔元宵节时妇女都会刻意在灯下游走,希望"钻灯脚生卵葩"(就是钻到灯下游走,好生男孩)。

3. 中国的情人节。元宵节也是一个浪漫的节日,元宵灯会在封建的传统社会中,也给未婚男女相识提供了一个机会,传统社会的年轻女孩不允许外出自由活动,但是过节却可以结伴出来游玩,元宵节赏花灯正好是一个交谊的机会,未婚男女借着赏花灯也可以顺便为自己物色对象。元宵灯节期间,又是男女青年与情人相会的时机。

4. 走百病。元宵节除了庆祝活动外,还有信仰性的活动,那就是"走百病",又称"烤百病"、"散百病"。参与者多为妇女,他们结伴而行,走墙边、过桥或走郊外,目的是祛病除灾。

三、春龙节

二月二日为春龙节。

春龙节古代时叫中和节,农民俗称春耕节。民间流传的谚语说:"二月二日,龙抬头,大仓满,小仓流",形象地说明了这个节日的源流。原来,民间流传这样一种说法,每逢农历二月初二,是主管雨水的龙王爷抬头日子,水利是农业的命脉,雨水多起来,对农业至关重要。实际上,所谓的龙抬头,是有些冬眠的生物开始复苏,这也与二十四节气的"惊蛰"有关。惊蛰过后,大地复苏,农民将告别农闲,又该下地劳动了。过去农民有耍正月的习俗,二月将进入春耕大忙季节,为了预祝当年的丰收,所以农民过春耕节,提醒自己一年的农闲结束了,该收心务农了。

春龙节起源于唐朝,盛行于明朝。由于农业节气的关系,该下雨时不下,农耕备播将无法进行,所以农民要耍龙灯,祈求龙王适时降雨。现在农村仍有二月二吃炒豆的习俗,这也与传说有关。相传武则天当上皇帝,惹恼了玉皇大帝,传谕四海龙王不准下雨。龙王看到人间无雨的惨景于心不忍,私自下雨,不幸被玉皇大帝知道,便把龙王压在大山下,并下旨说要等到金豆开花才能释放。人间为了救龙王,便在二月二这天家家户户炒豆子,以示金豆开花,迫使玉皇大帝不得不释放了龙王。传说归传说,却从此有了二月二的时令食品。现在农村每到二月二,或炒金豆,或炒地瓜棋,或炒面棋,成为中国独特饮食文化现象,不能不说是古代劳动人民勤劳智慧的结晶。

二月二春龙节,反映了古代农业受天气制约的现实,以及农民渴望风调雨顺、五谷丰登的美好愿望。古代的不少节日,随着时代的变迁或消亡或改变了内容,唯独春龙节还在农村流行,这也反映了我国是一个农业大国的现实。

四、清明节

清明是我国的二十四节气之一。由于二十四节气比较客观地反映了一年四季气温、降雨、物候等方面的变化,所以古代劳动人民用它安排农事活动。《淮南子·天文训》云:"春分后十五日,斗指乙,则清明风至。"按《岁时百问》的说法:"万物生长此时,皆清洁而明净,故谓之清明。"清明一到,气温升高,雨量增多,正是春耕春种的大好时节。故有"清明前后,点瓜种豆"、"植树造林,莫过清明"的农谚。可见这个节气与农业生产有着密切的关系。

但是,清明作为节日,与纯粹的节气又有所不同。节气是我国物候变化、时令顺序的标志，而节日则包含着一定的风俗活动和某种纪念意义。

1. 扫墓。清明节是我国传统节日，也是最重要的祭祀节日，是祭祖和扫墓的日子。扫墓俗称上坟，祭祀死者的一种活动。汉族和一些少数民族大多都是在清明节扫墓。

按照旧的习俗，扫墓时，人们要携带酒食果品、纸钱等物品到墓地，将食物供祭在亲人墓前，再将纸钱焚化，为坟墓培上新土，折几枝嫩绿的新枝插在坟上，然后叩头行礼祭拜，最后吃掉酒食回家。唐代诗人杜牧的诗《清明》："清明时节雨纷纷，路上行人欲断魂。借问酒家何处有？牧童遥指杏花村。"写出了清明节的特殊气氛。直到今天，清明节祭拜祖先，悼念已逝的亲人的习俗仍很盛行。

2. 踏青。清明节，又叫踏青节。按阳历来说，它是在每年的4月4日至6日之间。《东京梦华录》载："清明日，都市人出郊，四野如市，往往就芳树苑囿之间，杯盘酬劝，抵暮而归。"这种活动就是踏青。清明时节，正是春光明媚草木吐绿的时节，也正是人们春游（古代叫踏青）的好时候。所以古人有清明踏青，并开展一系列体育活动的习俗。我国民间长期保持着清明踏青的习惯。

3. 放风筝。我国民间在这天有放风筝的习俗。风筝又称纸鸢、鹁鸽，其历史已经超过两千年。山东潍坊举办的国际风筝节，成为国内外风筝爱好者旅游观光、放飞风筝的盛大节庆活动。

每逢清明时节，人们不仅白天放风筝，夜间也放。夜里在风筝上或拉线上挂上一串串彩色的小灯笼，像闪烁的明星，被称为"神灯"。过去，有的人把风筝放上蓝天后，便剪断牵线，任凭清风把它们送往天涯海角，据说这样能除病消灾，给自己带来好运。

4. 荡秋千。秋千，意即揪着皮绳而迁移。它的历史很古老，最早叫千秋，后为了避忌讳，改为秋千。古时的秋千多用树枝为架，再拴上彩带做成。后来逐步发展为用两根绳索加上踏板的秋千。打秋千不仅可以增进健康，而且可以培养勇敢精神，至今为人们特别是儿童所喜爱。

5. 蹴鞠。鞠是一种皮球，球皮用皮革做成，球内用毛塞紧。蹴鞠，就是用足去踢球。这是古代清明节时人们喜爱的一种游戏。相传是黄帝发明的，最初目的是用来训练武士。

6. 植树。清明前后，春阳照临，春雨飞洒，种植树苗成活率高，成长快。因此，自古以来，我国就有清明植树的习惯。有人还把清明节叫做"植树节"，植树风俗一直流传至今。

7. 戴柳。旧时汉族民间有清明戴柳、插柳的习俗，清明不戴柳已是一种禁忌。清明戴柳的习俗据说是与寒食节禁烟有关，这种习俗始于晋文公重耳为祭介子推，号令百姓家家插柳禁烟。这也说明戴柳是祭祖的一种重要形式。

五、端午节

农历五月初五，是中国民间的传统节日——端午节，它是中华民族古老的传统节日之一。端午也称端五、端阳、重午。此外，端午节还有许多别称，如午日节、重五节、五月节、浴兰节、女儿节、天中节、地腊、诗人节、龙日等。虽然名称不同，但总体上说，各地人民过节的习俗还是同多于异的。

过端午节，是中国人两千多年来的传统习惯，这个节日的真正起源是古代华夏人对传说中的祖先——龙的祭礼活动。由于地域广大，民族众多，加上许多故事传说，于是不仅产生了众多相异的节名，而且各地也有着不尽相同的习俗。

（一）端午节的由来与传说

关于端午节的由来，说法甚多，诸如：纪念屈原说；纪念伍子胥说；纪念曹娥说；起于三代夏至节说；恶月恶日驱避说；吴月民族图腾祭说等。以上各说，各本其源。据学者闻一多先生的《端午考》和《端午的历史教育》列举的百余条古籍记载及专家考古考证，端午的起源，是中国古代南方吴越民族举行图腾祭的节日，比屈原更早。但千百年来，屈原的爱国精神和感人诗词，已广泛深入人心，故人们"惜而哀之，世论其辞，以相传焉"。因此，纪念屈原之说，影响最广最深，占据主流地位。在民俗文化领域，中国民众把端午节的龙舟竞渡和吃粽子等，都与纪念屈原联系在一起。

（二）端午节的习俗

我国民间过端午节是较为隆重的，庆祝的活动也是各种各样，比较普遍的活动有以下几种形式：

1. 赛龙舟。赛龙舟是端午节的主要习俗。相传起源于古时楚国人因舍不得贤臣屈原投江死去，许多人划船追赶拯救。他们争先恐后追至洞庭湖时不见他的踪迹，之后每年五月五日人们划龙舟以纪念他。竞渡之习，盛行于吴、越、楚。

其实，"龙舟竞渡"早在战国时代就有了。在急鼓声中划刻成龙形的独木舟，做竞渡游戏，以娱神与乐人，是祭仪中半宗教性、半娱乐性的节目。后来，赛龙舟除纪念屈原之外，在各地人们还赋予了不同的寓意。

江浙地区划龙舟，兼有纪念当地出生的近代女民主革命家秋瑾的意义。夜龙船上，张灯结彩，来往穿梭，水上水下，情景动人。贵州苗族人民在农历五月二十五至二十八举行"龙船节"，以庆祝插秧胜利和预祝五谷丰登。云南傣族同胞则在泼水节赛龙舟，纪念古代英雄岩红窝。不同民族、不同地区，划龙舟的传说有所不同。直到今天在南方的不少临江河湖海的地区，每年端午节都要举行富有自己特色的龙舟竞赛活动。

2. 端午食粽。端午节吃粽子，这是中国人民的又一传统习俗。粽子，又叫"角黍"、"筒粽"，其由来已久，花样繁多。据记载，早在春秋时期，用菰叶（茭白叶）包黍米成牛角状，称"角黍"；用竹筒装米密封烤熟，称"筒粽"。东汉末年，以草木灰水浸泡黍米，用菰叶包黍米成四角形，煮熟，因水中含碱，成为广东碱水粽。晋代，粽子被正式定为端午节食品。

一直到今天，每年五月初，中国百姓家家都要浸糯米、洗粽叶、包粽子，其花色品种更为繁多。从馅料看，北方多包小枣的北京枣粽；南方则有豆沙、鲜肉、火腿、蛋黄等多种馅料，其中以浙江嘉兴粽子为代表。吃粽子的风俗，千百年来，在中国盛行不衰，而且流传到朝鲜、日本及东南亚诸国。

3. 佩香囊。端午节小孩佩香囊，传说有避邪驱瘟之意，实际是用于襟头点缀装饰。香囊内有朱砂、雄黄、香药，外包以丝布，再以五色丝线弦扣成索，做成各种不同的形状，结成一串，形形色色，清香四溢，玲珑可爱。

4. 悬艾叶菖蒲。民谚说："清明插柳，端午插艾"。在端午节，人们把插艾和菖蒲作为重要内容之一。家家都洒扫庭除，以菖蒲、艾条插于门楣，悬于堂中。并用菖蒲、艾叶、榴花、蒜头、龙船花，制成人形或虎形，称为艾人、艾虎；制成花环、佩饰，美丽芬芳，妇人争相佩戴，用以驱瘴。

插艾和菖蒲是有一定防病作用的。端午节也是自古相传的"卫生节"，人们在这一天洒扫庭院，挂艾枝，悬菖蒲，洒雄黄水，饮雄黄酒，激浊除腐，杀菌防病。这些活动也反映了中华民族的优良传统。端午节上山采药，则是我国各个民族共同的习俗。

（三）端午节的忌讳

民间认为端午节这一天不吉利，有"躲午"的习惯。周岁以内的婴儿要送到外婆家去躲藏，小孩身上要佩戴缝制的小狗、小人等。这些东西要小心保护，忌讳丢失，否则年内将有灾难。躲过端午后，要将所佩戴的东西扔到水里去，以祛除灾祸。

六、七夕节

在我国，农历七月初七的夜晚，天气温暖，草木飘香，这就是人们俗称的七夕节，也有人称之为"乞巧节"或"女儿节"。这是中国传统节日中最具浪漫色彩的一个节日，也是过去姑娘们最为重视的日子。

在晴朗的夏秋之夜，天上繁星闪耀，一道白茫茫的银河横贯南北，银河的东西两岸，各有一颗闪亮的星星，隔河相望，遥遥相对，那就是牵牛星和织女星。

七夕坐看牵牛、织女星，是民间的习俗。相传，在每年的这个夜晚，是天上织女与牛郎在鹊桥相会之时。织女是一个美丽聪明、心灵手巧的仙女，凡间的妇女便在这一天晚上向她乞求智慧和巧艺，也少不了向她求赐美满姻缘，所以七月初七也被称为乞巧节。传说在七夕的夜晚，抬头可以看到牛郎织女的银河相会，或在瓜果架下可偷听到两人在天上相会时的脉脉情话。

（一）七夕节的由来

七夕乞巧，这个节日起源于汉代，后来的唐宋诗词中，妇女乞巧也被屡屡提及，这一习俗尤其在民间经久不衰，代代延续。宋元之际，七夕乞巧相当隆重，京城中还设有专卖乞巧物品的市场，世人称为乞巧市。

【知识拓展】

关于牛郎织女的传说

七夕节始终和牛郎织女的传说相连，这是一个千古流传的爱情故事，成为我国四大民间爱情传说之一。

相传在很早以前，南阳城西牛家庄里有个聪明、忠厚的小伙子，父母早亡，只好跟着哥哥嫂子度日。嫂子马氏为人狠毒，经常虐待他，逼他干很多的活。一年秋天，嫂子逼他去放牛，给他九头牛，却让他等有了十头牛时才能回家，牛郎无奈只好赶着牛出了村。

牛郎独自一人赶着牛进了山，在草深林密的山上，他坐在树下伤心，不知道何时才能赶着十头牛回家，这时，有位须发皆白的老人出现在他的面前，问他为何伤心，当得知他的遭遇后，笑着对他说："别难过，在伏牛山里有一头病倒的老牛，你去好好喂养它，等老牛病好以后，你就可以赶着它回家了"。

牛郎翻山越岭，走了很远的路，终于找到了那头有病的老牛，他看到老牛病得厉害，就去给老牛打来一捆捆草，一连喂了三天，老牛吃饱了，抬起头告诉他：自己本是天上的灰牛大仙，因触犯了天规被贬下天来，摔坏了腿，无法动弹。自己的伤需要用百花的露水洗一个月才能好。牛郎不畏辛苦，细心地照料了老牛一个月，白天为老牛采花接露水治伤，晚上依偎在老牛身边睡觉，到老牛病好后，牛郎高高兴兴赶着十头牛回了家。

回家后，嫂子对他仍旧不好，曾几次要加害他，都被老牛设法相救，嫂子最后恼羞成怒把牛郎赶出家门，牛郎只要了那头老牛相随。

一天，天上的织女和诸仙女一起下凡游戏，在河里洗澡，牛郎在老牛的帮助下认识了织女，二人互生情意，后来织女便偷偷下凡，来到人间，做了牛郎的妻子。织女还把从天上带来的天蚕分给大家，并教大家养蚕、抽丝，织出又光又亮的绸缎。

牛郎和织女结婚后，男耕女织，情深义重，他们生了一男一女两个孩子，一家人生活得很幸福。但是好景不长，这事很快便让天帝知道，王母娘娘亲自下凡来，强行把织女带回天上，恩爱夫妻被拆散。

牛郎上天无路，还是老牛告诉牛郎，在它死后，可以用它的皮做成鞋，穿着就可以上天。牛郎按照老牛的话做了，穿上牛皮做的鞋，拉着自己的儿女，一起腾云驾雾上天去追织女，眼见就要追到了，岂知王母娘娘拔下头上的金簪一挥，一道波涛汹涌的天河就出现了，牛郎和织女被隔在两岸，只能相对哭泣流泪。他们的忠贞爱情感动了喜鹊，千万只喜鹊飞来，搭成鹊桥，让牛郎织女走上鹊桥相会，王母娘娘对此也无奈，只好允许两人在每年七月七日于鹊桥相会。

后来，每到农历七月初七，相传牛郎织女鹊桥相会的日子，姑娘们就会来到花前月下，抬头仰望星空，寻找银河两边的牛郎星和织女星，希望能看到他们一年一度的相会，乞求上天能让自己能像织女那样心灵手巧，祈祷自己能有如意称心的美满婚姻，由此形成了七夕节。

（二）乞巧七夕的习俗

七夕节最普遍的习俗，就是妇女们在七月初七的夜晚进行的各种乞巧活动。

乞巧的方式大多是姑娘们穿针引线验巧，做些小物品赛巧，摆上些瓜果乞巧，各个地区的乞巧的方式不尽相同，各有趣味，这里略举一二。

在山东济南、惠民、高青等地的乞巧活动很简单，只是陈列瓜果乞巧，如有喜蛛结网于瓜果之上，就意味着乞得巧了。而鄄城、曹县、平原等地吃巧巧饭乞巧的风俗却十分有趣：七个要好的姑娘集粮集菜包饺子，把一枚铜钱、一根针和一个红枣分别包到三个水饺里，乞巧活动以后，她们聚在一起吃水饺，传说吃到钱的有福，吃到针的手巧，吃到枣的早婚。

广州的乞巧节独具特色，节日到来之前，姑娘们就预先备好用彩纸、通草、线绳等编制成各种奇巧的小玩意，还将谷种和绿豆放入小盒里用水浸泡，使之发芽。待芽长到两寸多长时，用来拜神，称为"拜仙禾"或"拜神菜"。从初六晚开始至初七晚，一连两晚，姑娘们穿上新衣服，戴上新首饰，一切都安排好后，便焚香点烛，对星空跪拜，称为"迎仙"，从三更至五更，要连拜七次。

在福建，七夕节时要让织女欣赏、品尝瓜果，以求她保佑来年瓜果丰收。供品包括茶、酒、新鲜水果、五子（桂圆、红枣、榛子、花生、瓜子）、鲜花和妇女化妆用的花粉以及一个上香炉。一般是斋戒沐浴后，大家轮流在供桌前焚香祭拜，默祷心愿。女人们不仅乞巧，还有乞子、乞寿、乞美和乞爱情的。而后，大家一边吃水果，饮茶聊天，一边玩乞巧游戏。

七夕乞巧的应节食品，以巧果最为出名。巧果又名"乞巧果子"，款式极多。主要的材料是油、面、糖、蜜。《东京梦华录》中称之为"笑厌儿"、"果食花样"。宋朝时，街市上已有七夕巧果出售。巧果的做法是：先将白糖放在锅中熔为糖浆，然后和入面粉、芝麻，拌匀后摊在案上擀薄，晾凉后用刀切为长方块，最后折为梭形，入油炸至金黄即成。手巧的女子，还会捏塑出各种与七夕传说有关的花样。

直到今日，七夕仍是一个富有浪漫色彩传统节日。但不少习俗活动已弱化或消失，唯有象征忠贞爱情的牛郎织女的传说，一直流传于民间。

七、中秋节

每年农历八月十五日，是传统的中秋佳节。这时是一年秋季的中期，所以被称为中秋。在中国的农历里，一年分为四季，每季又分为孟、仲、季三个部分，因而中秋也称仲秋。八月十五的月亮比其他几个月的满月更圆、更明亮，所以又叫做"月夕"、"八月节"。此夜，人们仰望天空如玉如盘的朗朗明月，自然会期盼与家人团聚。所以，中秋又称"团圆节"。此时人们设宴赏月、把酒问月，庆贺美好的生活，或祝远方的亲人健康快乐，和家人"千里共婵娟"。

中秋节的习俗很多，形式也各不相同，但都寄托着人们对生活无限的热爱和对美好生活的向往。中秋佳节，人们最主要的活动是赏月和吃月饼了。

1. 赏月。在中秋节，我国自古就有赏月的习俗。《礼记》中就记载有"秋暮夕月"，即祭拜月神。到了周代，每逢中秋夜都要举行迎寒和祭月。设大香案，摆上月饼、西瓜、苹果、李子、葡萄等时令水果，其中月饼和西瓜是绝对不能少的。西瓜还要切成莲花状。

2. 吃月饼。俗话说："八月十五月正圆，中秋月饼香又甜"。月饼最初是用来祭奉月神的祭品。最初月饼是在家里制作的，清袁枚在《隋园食单》中就记载有月饼的做法。到了近代，有了专门制作月饼的作坊，月饼的制作越来越精细，馅料考究，外形美观，在月饼的外面还印有各种精美的图案，如"嫦娥奔月"、"银河夜月"、"三潭印月"等。以月之圆兆人之团圆，以饼之圆兆人之常生，用月饼寄托思念故乡、思念亲人之情。月饼还被用来当作礼品送亲赠友，联络感情。

3. 其他中秋节的习俗。中国地缘广大，人口众多，风俗各异，中秋节的过法也是多种多样，并带有浓厚的地方特色。

（1）在福建浦城，女子过中秋要穿行南浦桥，以求长寿；在建宁，中秋夜以挂灯作为向月宫求子的吉兆；上杭县人过中秋，儿女多在拜月时请月姑；龙岩人吃月饼时，家长会在中央挖出直径二三寸的圆饼供长辈食用，意思是秘密事不能让晚辈知道。这个习俗是源于月饼中藏有反元杀敌信息的传说；金门中秋拜月前要先拜天公。

（2）广东潮汕各地有中秋拜月的习俗，主要是妇女和小孩，有"男不圆月，女不祭灶"的俗谚。晚上，皓月初升，妇女们便在院子里、阳台上设案当空祷拜。银烛高燃，香烟缭绕，桌上还摆满佳果和饼食作为祭礼。当地还有中秋吃芋头的习惯，潮汕有俗谚："河溪对嘴，芋仔食到"。八月间，正是芋头收成时节，农民都习惯以芋头来祭拜祖先。这固然与农事有关，但民间还有一则流传广泛的传说：公元1279年，蒙古贵族灭了南宋，建立元朝，对汉族人民进行了残酷的统治。马发据守潮州抗元，城破后，百姓惨遭屠杀。为了不忘胡人统治之苦，后人就取芋头与"胡头"谐音，且形似人头，以此来祭奠祖先，历代相传，至今犹存。

（3）中秋夜烧塔在一些地方也很盛行。塔高1～3米不等，多用碎瓦片砌成。大的塔底端还要用砖块砌成，约占塔高的1/4，然后再用瓦片叠砌而成，顶端留一个塔口，供投放燃料用。中秋晚上便点火燃烧，燃料有木、竹、谷壳等，火旺时泼松香粉，引焰助威，极为壮观。民间还有赛烧塔规例，谁把瓦塔烧得全座红透则胜，不及的或在燃烧过程中瓦塔倒塌的则负，胜的由主持人发给彩旗、奖金或奖品。据传烧塔是元朝末年，汉族人民为反抗残暴统治者，于中秋起义时举火为号的由来。

八、重阳节

农历九月九日，为传统的重阳节。因为古老的《易经》中把"六"定为阴数，把"九"定为阳数，九月九日，日月并阳，两九相重，故而叫重阳，也叫重九。古人认为是个值得庆贺的吉利日子，并且从很早就开始过此节日。

庆祝重阳节的活动多彩浪漫，一般包括出游赏景、登高远眺、观赏菊花、遍插茱萸、吃重阳糕、饮菊花酒等活动。

九九重阳，因为与"久久"同音，有长久长寿的含意，况且秋季也是一年收获的黄金季节，重阳佳节，寓意深远。人们对此节历来有着特殊的感情，唐诗宋词中有不少贺重阳、咏菊花的诗词佳作。1989年，我国把每年的九月九日定为老人节。

（一）重阳节的起源

九九重阳，早在春秋战国时的《楚辞》中已提到了。屈原的《远游》里写道："集重阳入帝宫兮，造旬始而观清都"。这里的"重阳"是指天，还不是指节日。三国时魏文帝曹丕《九日与钟繇书》中，则已明确写出重阳的饮宴了："岁往月来，忽复九月九日。九为阳数，而日月并应，俗嘉其名，以为宜于长久，故以享宴高会。"

晋代文人陶渊明在《九日闲居》诗序文中说："余闲居，爱重九之名。秋菊盈园，而持醪靡由，空服九华，寄怀于言。"这里同时提到菊花和酒。大概在魏晋时期，重阳日已有了饮酒、赏菊的做法。到了唐代，重阳被正式定为民间的节日。

到明代，九月重阳，皇宫上下要一起吃花糕以庆贺，皇帝要亲自到万岁山登高，以畅秋志，此风俗一直流传到清代。

【知识拓展】

重阳节的传说

相传在东汉时期，汝河有个瘟魔，只要它一出现，家家就有人病倒，天天有人丧命，这一带的百姓受尽了瘟魔的蹂躏。

一场瘟疫夺走了青年恒景的父母，他自己也因病差点儿丧了命。病愈之后，他辞别了心爱的妻子和父老乡亲，决心出去访仙学艺，为民除掉瘟魔。恒景四处访师寻道，访遍各地的名山高士，终于打听到在东方有一座最古老的山，山上有一个法力无边的仙长。恒景不畏路途的艰险和遥远，在仙鹤指引下，终于找到了那座高山，找到了那个有着神奇法力的仙长。仙长被他的精神所感动，终于收留了恒景，不仅教给他降妖剑术，还赠他一把降妖宝剑。恒景废寝忘食苦练，终于练出了一身非凡的武艺。

这一天仙长把恒景叫到跟前说："明天是九月初九，瘟魔又要出来作恶，你本领已经学成，应该回去为民除害了。"仙长送给恒景一包茱萸叶，一盅菊花酒，并且密授避邪用法，让恒景驾着仙鹤赶回家去。

恒景回到家乡，在九月初九的早晨，按仙长的叮嘱把乡亲们领到了附近的一座山上，发给每人一片茱萸叶，一盅菊花酒，做好了降魔的准备。中午时分，随着几声怪叫，瘟魔冲出汝河，但是瘟魔刚扑到山下，突然闻到阵阵茱萸奇香和菊花酒气，便戛然止步，脸色突变。这时恒景手持降妖宝剑追下山来，几个回合就把瘟魔刺死剑下，从此九月初九登高避疫的风俗年复一年地流传下来。梁人吴均在他的《续齐谐记》一书里曾有此记载。

后来人们就把重阳节登高的风俗看作是免灾避祸的活动。另外，在人们的传统观念中，双九还是生命长久、健康长寿的意思，所以后来重阳节被立为老人节。

（二）重阳节的习俗

金秋送爽，丹桂飘香，农历九月初九日的重阳佳节，活动丰富，情趣盎然，有登高、赏菊、喝菊花酒、吃重阳糕、插茱萸等习俗。

1. 登高。在古代，民间在重阳有登高的风俗，故重阳节又叫"登高节"，相传此风俗始于东汉。唐代文人所写的登高诗很多，大多是写重阳节的习俗。杜甫的七律《登高》，就是写重阳登高的名篇。登高所到之处，没有统一的规定，一般是登高山、登高塔。

2. 吃重阳糕。据史料记载，重阳糕又称花糕、菊糕、五色糕，制无定法，较为随意。九月九日天明时，以片糕搭儿女头额，口中念上祝词，祝愿子女百事俱高，乃古人九月作。糕的本意。重阳糕讲究要作成九层，像座宝塔，上面还作两只小羊，以符合重阳（羊）之义。有的还在重阳糕上插一小红纸旗，并点蜡烛灯，是用"点灯"、"吃糕"代替"登高"的意思，而小红纸旗代替茱萸。当今的重阳糕，仍无固定品种，各地在重阳节吃的松软糕类都称之为重阳糕。

3. 赏菊并饮菊花酒。重阳节正是一年的金秋时节，菊花盛开。据说赏菊及饮菊花酒，起源于晋朝大诗人陶渊明。陶渊明以隐居、诗和酒出名，也以爱菊出名。后人效之，遂有重阳赏菊之俗。北宋京师开封，重阳赏菊之风盛行，当时的菊花就有很多品种，千姿百态。民间还把农历九月称为"菊月"。在菊花傲霜怒放的重阳节里，观赏菊花成了节日的一项重要内容。清代以后，赏菊之习尤为昌盛，且不限于九月九日，但仍然是重阳节前后最为繁盛。

4. 插茱萸和簪菊花。重阳节插茱萸的风俗，在唐代就已经很普遍。古人认为在重阳节这一天插茱萸可以避难消灾，佩戴于臂或把茱萸放在香袋里面佩戴，有的还将其插在头上的。大多是妇女、儿童佩戴，有些地方，男子也佩戴。重阳节佩茱萸，在晋代葛洪《西经杂记》中就有记载。除了佩戴茱萸，人们也有头戴菊花的。唐代就已经如此，历代盛行。宋代，还有将彩缯剪成茱萸、菊花来相赠佩戴的。清代，北京重阳节的习俗是把菊花枝叶贴在门窗上，"解除凶秽，以招吉祥"。这是头上簪菊的变俗。

九、冬至节

冬至，是我国农历中一个非常重要的节气，也是一个传统节日，至今仍有不少地方有过冬至节的习俗。冬至俗称"冬节"、"长至节"、"亚岁"等。早在2500年前的春秋时代，我国已经用土圭观测太阳测定出冬至来了，它是二十四节气中最早制定出的一个，时间在每年的阳历12月22日或者23日之间。

冬至是北半球全年中白天最短、黑夜最长的一天，过了冬至，白天就会一天天变长。古人对冬至的说法是：阴极之至，阳气始生，日南至，日短之至，日影长之至，故曰"冬至"。冬至过后，各地气候都进入一个最寒冷的阶段，也就是人们常说的"进九"，我国民间有"冷在三九，热在三伏"的说法。

在我国古代对冬至很重视，冬至被当作一个较大节日，而且有庆贺冬至的习俗。《汉书》中说："冬至阳气起，君道长，故贺。"人们认为过了冬至，白昼一天比一天长，阳气回升，是一个节气循环的开始，也是一个吉日，应该庆贺。《晋书》上记载有"魏晋冬至受万国及百僚称贺……其仪亚于正旦。"说明古代对冬至日的重视。现在，一些地方还把冬至作为一个节日来过。北方地区有冬至宰羊，吃饺子、吃馄饨的习俗，南方地区在这一天则有吃冬至米团、冬至长线面的习惯。某些地区在冬至这一天还有祭天祭祖的习俗。

(一) 冬至节由来与传说

冬至过节源于汉代，盛于唐宋，相沿至今。《清嘉录》甚至有"冬至大如年"之说，这表明古人对冬至十分重视。人们认为冬至是阴阳二气的自然转化，是上天赐予的福气。汉朝以冬至为"冬节"，官府举行的祝贺仪式称为"贺冬"，例行放假。《后汉书》中有这样的记载："冬至前后，君子安身静体，百官绝事，不听政，择吉辰而后省事。"所以这天朝廷上下要放假休息，军队待命，边塞闭关，商旅停业，亲朋各以美食相赠，相互拜访，欢乐地过一个"安身静体"的节日。唐、宋时期，冬至是祭天祭祖的日子，皇帝在这天要到郊外举行祭天大典，百姓在这一天要向父母尊长祭拜，现在仍有一些地方在冬至这天过节庆贺。

1. 冬至传说之一

过去老北京有"冬至馄饨夏至面"的说法。相传汉朝时，北方匈奴经常骚扰边疆，百姓不得安宁。当时匈奴部落中有浑氏和屯氏两个首领，十分凶残。百姓对其恨之入骨，于是用肉馅包成角儿，取"浑"与"屯"之音，呼作"馄饨"，恨以食之，并求平息战乱，能过上太平日子。因最初制成馄饨是在冬至这一天，所以有在冬至这天家家户户吃馄饨的习俗。

2. 冬至传说之二

吃"捏冻耳朵"是冬至河南人吃饺子的俗称。为何有这种食俗呢？相传南阳医圣张仲景曾在长沙为官，他告老还乡时正是大雪纷飞的冬天，寒风刺骨。他看见南阳白河两岸的乡亲衣不遮体，有不少人的耳朵被冻烂了，心里非常难过，就叫其弟子在南阳关东搭起医棚，用羊肉、辣椒和一些驱寒药材放置锅里煮熟，捞出来剁碎，用面皮包成像耳朵的样子，再放下锅里煮熟，做成一种叫"驱寒矫耳汤"的药物施舍给百姓吃。服食后，乡亲们的耳朵都治好了。后来，每逢冬至人们便模仿做着吃，所以形成吃"捏冻耳朵"的习俗。以后人们称它为"饺子"，也有的称它为"扁食"和"烫面饺"，人们还纷纷传说吃了冬至的饺子不冻人。

3. 冬至传说之三

冬至吃狗肉的习俗据说是从汉代开始的。相传，汉高祖刘邦在冬至这一天吃了樊哙煮的狗肉，觉得味道特别鲜美，赞不绝口。从此在民间形成了冬至吃狗肉的习俗。现在的人们纷纷在冬至这一天，吃狗肉、羊肉以及各种滋补食品，以求来年有一个好兆头。

4. 冬至传说之四

在江南水乡，有冬至之夜全家欢聚一堂共吃赤豆糯米饭的习俗。相传，有一位叫共工氏的人，他的儿子不成才，作恶多端，死于冬至这一天，死后变成疫鬼，继续残害百姓。但是，这个疫鬼最怕赤豆，于是人们就在冬至这一天煮吃赤豆饭，用以驱避疫鬼，防灾祛病。

（二）冬至节的风俗

冬至的经过数千年节发展，形成了独特的节令食文化。诸如馄饨、饺子、汤圆、赤豆粥、黍米糕等都可作为年节食品。曾较为时兴的"冬至亚岁宴"的名目也很多，如吃冬至肉、献冬至盘、供冬至团、馄饨拜冬等。

较为普遍的有冬至吃馄饨的风俗。早在南宋时，临安人就在冬至吃馄饨，开始是为了祭祀祖先，后逐渐盛行开来。馄饨发展至今，更成为名号繁多、鲜香味美、遍布全国各地、深受人们喜爱的著名小吃。馄饨名号繁多，江浙等大多数地方称其为馄饨，而广东则称云吞，湖北称包面，江西称清汤，四川称抄手，新疆称曲曲等。

吃汤圆也是冬至的传统习俗，在江南尤为盛行。"汤圆"是冬至必备的食品，是一种用糯米粉制成的圆形甜品。"圆"意味着"团圆"、"圆满"，冬至吃汤圆又叫"冬至团"。民间有"吃了汤圆大一岁"之说。冬至团可以用来祭祖，也可用于互赠亲朋。古人有诗云："家家捣米做汤圆，知是明朝冬至天。"

北方还有不少地方，在冬至这一天有吃狗肉和羊肉的习俗，因为冬至过后天气进入最冷的时期，中医认为羊肉狗肉都有壮阳补体的功效，民间至今有冬至进补的习俗。

在我国台湾还保存着冬至用九层糕祭祖的传统。用糯米粉捏成鸡、鸭、龟、猪、牛、羊等象征福、禄、寿的动物，然后用蒸笼分层蒸熟，用以祭祖，以示不忘老祖宗。同姓同宗者于冬至或前后约定，集到祖祠中照长幼之序，一一祭拜祖先，俗称"祭祖"。祭典之后，还会大摆宴席，招待前来祭祖的宗亲们。大家开怀畅饮，相互联络下久别生疏的感情，称之为"食祖"。冬至节祭拜祖先，在台湾一直世代相传，以示不忘自己的"根"。

冬至是一个内容丰富的节日。据传，冬至在历史上的周代是新年元旦，曾经是个很热闹的日子。在今天江南一带仍有吃了冬至夜饭长一岁的说法，俗称"添岁"。

与冬至有着密切关系的是在北京流传了几百年的《九九歌》。从冬至那天算起，以九天作一单元，连数九个九天，到九九共八十一天，冬天就过去了。

【知识拓展】

九九歌

一九二九不出手；三九四九冰上走；
五九六九沿河看柳；七九河开八九雁来；
九九加一九，耕牛遍地走。

十、腊八节

（一）腊八节的起源

在中国，农历十二月又被称作腊月，农历十二月初八就叫腊八节。腊八节是中国汉民族的传统节日，也被视为春节的前奏，此后"年味"日渐浓郁起来。据说，佛教创始人释迦牟尼的成道之日也在十二月初八，因此腊八也是佛教徒的节日，称为"佛成道节"。

据记载，腊八节最早源于中国古代的腊祭。中国人自古就重视农业。每当农业生产获得丰收时，古人便认为是天地万物诸神助佑的结果，要举行庆祝农业丰收的盛大报谢典礼，称为"蜡祭"。蜡祭仪式结束以后，古人要进行宴乡活动，用新产的黍米做粥，大伙儿聚餐，欢度佳节。后来的蜡祭，发展成以祭祀祖宗为主的节日。

腊八这一天还有吃腊八粥的习俗。腊八粥也叫七宝五味粥，我国喝腊八粥的历史，已有一千多年。中国各地腊八粥的品种繁多，争奇竞巧。

（二）腊八粥各地食俗

至今我国江南、东北、西北广大地区人民仍保留着吃腊八粥的习俗，广东地区已不多见。所用材料各有不同，多用糯米、红豆、枣子、栗子、花生、白果、莲子、百合等煮成甜粥，也有加入桂圆、龙眼肉、蜜饯等同煮的。冬季吃一碗热气腾腾的腊八粥，既可口有营养，又能增福增寿。

1. 天津。煮腊八粥，同北京近似，讲究些的还要加莲子、百合、珍珠米、薏仁米、大麦仁、粘秫米、黏黄米、芸豆、绿豆、桂圆肉、龙眼肉、白果、红枣及糖水桂花等，色、香、味俱佳，近年还有加入黑米的。这种腊八粥可供食疗，有健脾、开胃、补气、安神、清心、养血等功效。

2. 山西。别称八宝粥，以小米为主，附加以豇豆、小豆、绿豆、小枣，还有黏黄米、大米、江米等煮之。晋东南地区，腊月初五即用小豆、红豆、豇豆、红薯、花生、江米、柿饼加水煮粥，又叫甜饭，亦是食俗之一。

3. 陕北。在腊八之日，熬粥除了用多种米、豆之外，还得加入各种干果、豆腐和肉混合煮成。通常是早晨就煮，或甜或咸，依人口味自选酌定。倘是午间吃，还要在粥内煮上些面条，全家人团聚共餐。吃完以后，要将粥抹在门、灶台上及门外树上，以驱邪避灾，迎接来年的农业大丰收。民间相传，腊八这天忌吃菜，说吃了莱庄稼地里杂草多。陕南人腊八要吃杂合粥，分"五味"和"八味"两种。前者用大米、糯米、花生、白果、豆子煮成；后者用上述五种原料外加大肉丁、豆腐、萝卜，另外还要加调味品。腊八这天人们除了吃腊八粥，还得用粥供奉祖先和粮仓。

4. 山东。"孔府食制"中，规定"腊八粥"分两种，一种是用薏米仁、桂圆、莲子、百合、栗子、红枣、粳米等熬成的，盛入碗里还要加些"粥果"（雕刻成各种形状的水果），用于点缀。这种粥专供孔府主人及十二府主人食用；另一种是用大米、肉片、白菜、豆腐等煮成的，是给孔府里当差们喝的。

5. 江苏。吃腊八粥分甜、咸两种，煮法一样，只是咸粥是加青菜和油。苏州人煮腊八粥要放入茨菇、荸荠、胡桃仁、松子仁、芡实、红枣、栗子、木耳、青菜、金针菇等。清代苏州文人李福曾有诗云："腊月八日粥，传自梵王国，七宝美调和，五味香掺入。"

6. 浙江。煮腊八粥一般都用胡桃仁、松子仁、芡实、莲子、红枣、桂圆肉、荔枝肉等，香甜味美，食之祈求长命百岁。据说，这种煮粥方法是从南京流传过来的。

除了腊八粥外，腊八节还要吃腊八豆腐、翡翠碧玉腊八蒜，煮"五豆"、腊八面等。

参考文献

[1] 李柠. 礼仪修养 [M]. 北京：高等教育出版社，1996.
[2] 金正昆. 大学生礼仪 [M]. 北京：高等教育出版社，2000.
[3] 李莉编. 实用礼仪教程 [M]. 北京：中国人民大学出版社，2004.
[4] 刘金同等. 公共关系实务 [M]. 北京：清华大学出版社，2006.
[5] 谭敏等. 国际社交礼仪 [M]. 北京：中信出版社，1990.
[6] 王景海. 中华礼仪全书 [M]. 长春：长春出版社，1992.
[7] 邢颖等. 社交与礼仪 [M]. 北京：民族出版社，1993.
[8] 杨松河. 外交 社交 礼仪 [M]. 北京：军事谊文出版社，1993.
[9] 谷敏等. 社交礼仪 [M]. 北京：中国农业出版社，1994.
[10] 舒安娜. 现代交际礼仪手册 [M]. 郑州：河南科技出版社，1994.
[11] 张和平. 社交礼仪 [M]. 北京：中国商业出版社，1994.
[12] 李天民. 社交礼仪指南 [M]. 北京：团结出版社，1995.
[13] 体义等. 商务活动礼仪与禁忌 [M]. 长春：吉林教育出版社，1996.
[14] 宋金成. 现代社交礼仪教程 [M]. 济南：山东大学出版社，1997.
[15] 周芙蓉. 礼仪教程 [M]. 北京：中国长安出版社，2003.
[16] 〔法〕让塞尔. 西方礼节与习俗 [M]. 上海：上海人民出版社，1987.
[17] 〔日〕寺西千代子. 国际礼仪手册 [M]. 吉林：吉林文史出版社，1998.
[18] 〔美〕道马赖恩. 送礼的艺术与礼仪 [M]. 上海：上海外语教育出版社，1992.
[19] 〔英〕林布伦南. 21世纪商务礼仪 [M]. 北京：中国计划出版社，2004.